日本学研究

郭连友 主编

31

第31辑

北京日本学研究中心、教育部国别和区域研究基地日本研究中心

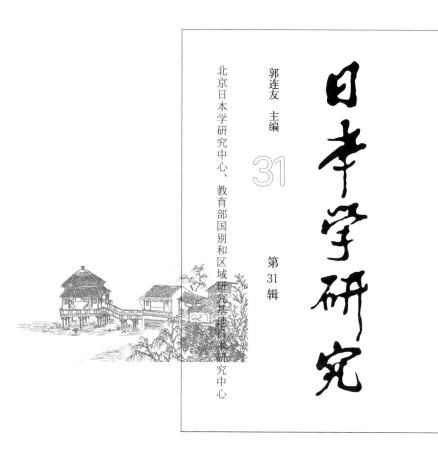

社会科学文献出版社
SOCIAL SCIENCES ACADEMIC PRESS (CHINA)

目　录

特别约稿

热点问题

国别和区域

日本语言与教育

日本文学与文化

书评

特别约稿

荻生徂徕及其之前的儒学

——以孔子形象为主*

〔日〕平石直昭 著**　张厚泉 译***

【摘　要】 荻生徂徕将明代李攀龙、王世贞提倡的文学运动理念——古文辞作为解释儒学古典的方法论进行了重新定义，并运用这种方法，与古注、新注、古义学等徂徕之前的经典注释对峙，树立了独自的儒学学说。本文通过与徂徕之前的儒学相比较，从经学和孔子形象两个方面阐明其独到的见解。

在经学方面，徂徕进一步加深了始于仁斋的、对汉宋两学天人相关说的批判，彻底切断了天地自然与人世间的连续性。另外，针对“道”“极”“教/传”，其视古注为“古来相传之说”予以肯定，从而为自身学说的可靠性提供了支撑；在孔子形象方面，徂徕批判地吸取了他之前的《论语》注释，塑造了一个由“革命家”“管仲‘霸道’路线继承者”“传道家”“六经论定者”四个方面构成的新的孔子形象。

【关键词】 荻生徂徕　儒学　文献注释　经学　孔子形象

* 本文原题『荻生徂徠と先行儒学——孔子像を中心に』，载于源了圆，严绍璗编『日中文化交流叢書3　思想』，東京：大修館書店，1995年，第220~255頁。译成中文时，作者做了适当的修改。译文为教育部中央高校基本科研业务费“东华大学儒学与近代词研究基地”的阶段性成果（20D111410）。

** 平石直昭：东京大学社会科学研究所名誉教授，研究领域：日本思想。

*** 张厚泉：东华大学外语学院，教授。

一 荻生徂徕的业绩

近世日本出现了许多优秀的儒学学者。例如，力求系统地祖述朱子学说的山崎闇斋、提出独自的道德学说的伊藤仁斋、作为第六代将军家宣的智囊、对幕府政权起到重要作用的新井白石等。但是，值得特书的是荻生徂徕（1666～1728，宽文6－享保13），其学问范围的广度和思想独创性尤为引人注目。

譬如其《钤录》《明律国字解》《政谈》等著作，显示了徂徕在军事学、法律学、幕府政治领域里达到的登峰造极的水平。只要浏览这些著述，就能够深刻理解其对政治、社会、生活的广泛关注，以及通晓如何治理这种社会的各种制度。

另外，作为文人，徂徕的实力在《徂徕集》中得到了充分的显示，其风雅文采的个性尽显其中。明治时期的历史评论家山路爱山曾将《徂徕集》比喻为犹如一个“鬼斧神工的大花园”[①]，可谓真知灼见。

徂徕还著有一部称得上汉日对译辞典的《译文筌蹄》。当时，日本正处于元禄、享保时代，“唐音”受到了广泛的关注。[②] 在这种状况下，该书在语言这一最基础领域向读者提供了值得信赖的知识，受到该书教益的，其中不乏一些是在经学方面与他意见相左的人。

再者，徂徕在40岁左右受到中国明代的李攀龙、王世贞等人主张的启示后，开始提倡古文辞学。针对唐朝韩退之等人的“今文”文体，李王等有意识地用秦汉以前的“古文辞”撰写文章。徂徕将这一文学运动的理念升华为古典解释的方法论（《学则》是这方面的主要著作）。[③] 而且，这种以通“古”的“事”与“辞”为目标的方法论至18世纪后半叶后，为本居

① 〔日〕山路爱山：『荻生徂徠』，『史論集』，東京：みすず書房，1958（初版1893年），第15頁。这篇论文恐为近代日本评论家撰写的描述徂徕全体形象的首篇力作，特别是对徂徕的古文辞学方法（正文后述）的理解非常透彻。

② 〔日〕石崎又造：『近世日本における支那俗語文学史』，東京：弘文堂，1943年。当时的史料载于古典研究会编：『唐語辞書類集』全20卷，別卷1卷，東京：汲古書院，1969～1977。

③ 关于这一情况，诚如徂徕自身所述：“李王二公没世用其力于文章之业，而不遑及经术。然不佞藉其学，以得窥经术之一斑焉。”「答屈景山第一書」，『徂徠集』，『日本思想大系36 荻生徂徠』，東京：岩波書店，1973，第530頁。

宣长的《古事记》研究、前野良泽等兰学家所做的西洋社会研究提供了重要的、方法上的启示。[①]

如上所述，徂徕的知识活动面非常广泛。但是，他倾注了最大精力的是《论语》和以六经为中心的、秦汉之前的古典研究。通过这些研究，探明儒教主要范畴的意义和相互关联，复原“古道”，是其作为学者追求的最大目标。徂徕在经学方面的《辨道》《辨名》《论语征》等主要著作，是这项工作的辛勤成果，而且在这些著作里显示出的徂徕学，如超越性的“天”的观念，“道”的圣人作为说，“穷理”和“格物致知”的区别等，构成了其极为独特的思想形式。[②] 这也是该学问之所以在整个东亚的思想史上，为何必须给予一个正当地位的理由所在。

但是，徂徕以古文辞学为武器，着手重新构建这些经典注释时，至少有三个强有力的解释体系耸立在其面前。即：①以“古注”的汉代儒学为中心的训读注释的成果；②以宋代儒者特别是北宋的程明道、程伊川兄弟和南宋的朱子（晦庵）为中心的性理学立场的解释体系（即新注）；③被称为“古义学”的、日本伊藤仁斋的儒学。

其中的①，特别是在有关中国古代的礼乐制度、风俗习惯、政治性事件等具体事实的详细知识，是非常出色的。②以理气论为中心的、统一的世界解释，在提出具有一些合理主义的哲学体系方面，拥有压倒性的影响力。而③对徂徕来说，仁斋相当于前一个时代的前辈，他倾注了半辈子的

---

① 有关徂徕与宣长之间的传承关系，见〔日〕村岡典嗣『本居信長』，東京：岩波書店，1934，第431頁。有关人物关系，宣长在京都游学时师事的堀景山（同上文“屈景山”），在信奉朱子学的同时也接受了古文辞学的方法。参照“不尽言”，〔日〕滝本誠一编『日本経済大典 第17卷』，東京：啓明社，1929。另外，宣长在国学方面的老师贺茂真渊也曾师从过太宰春台的弟子渡边蒙庵，因此，无法否认受到过徂徕的影响（同上村冈著，第423页）。如果加上他本人的读书经历，可以说在多方面与徂徕有着千丝万缕的关系。另外，徂徕学对兰学家的影响，〔日〕佐藤昌介早在『洋学史研究序説』一书中就以杉田玄白为例指出过（東京：岩波書店，1964，第60頁起）。此外，徂徕举出的汉语学习上的注意点，成为兰学家学习荷兰语的指南（〔日〕大槻玄沢：『蘭訳梯航』，『日本思想大系 64　洋学上』，東京：岩波書店，1976年，第388頁）。另外，志筑忠雄在其著『蘭学生前父』的序文中也有“物氏译筌所言甚是，欲知汉学，必先知文字本来之面目，兰学亦如此”等记录。“物氏译筌”指“物部茂卿”，即徂徕的『訳文筌蹄』。该史料引自沼田次郎：「志筑忠雄についての一二の問題」，『蘭学資料研究会研究報告』141号，蘭学資料研究会，1963年5月。

② 〔日〕平石直昭：『徂徠学の再構成』，『思想』，東京：岩波書店，1988年4月第766号，第82~101頁。《徂徕学的重构》，刘岳兵主编《日本儒学与思想史研究》，张博译，天津人民出版社，2016。本文译者注。

精力撰写了《论语》《孟子》注释后，建立了具有体系的、独自的儒学理论。毋庸赘言，作为自己尊敬的竞争对手，徂徕十分关注仁斋。这一点从其称仁斋为“对日本（这样的小国）而言是极不相称的大豪杰”的评价也是显而易见的（《答问书附卷往复书简》1，第494页）[①]。那么，徂徕是如何对这三者进行批判和继承的呢？以下列举几个经学的观点对其进行考察。

二 徂徕学及其之前的学说（一）

为便于解释，首先对徂徕学与宋学[②]（性理学）的关系作一番梳理。对于徂徕而言，后者虽然背离“古道”反而影响甚大，因此是作为必须打倒的最大劲敌出现的。在这方面，他继承并贯彻了仁斋开拓的性理学批判的衣钵。

众所周知，仁斋是以《论语》《孟子》为基础重新构建了儒教理论的。这两部著作中没有（或有矛盾）的观念，是作为异端而遭到其批驳的。事实上，基于这种观点，他从史料角度对《大学》《中庸》进行了彻底的批判。考虑到这两部著作在性理学中的重要地位，仁斋的批判显然具有推倒偶像的意义。仁斋对这些经典进行注释后认为，“理”“太极”“本然之性”“敬”等观念均非孔孟的思想学说而予以了否定（参见《语孟字义》相关处）。

徂徕年轻时读过这些著述，因此，仁斋的这些观点给了他很大的启发。之后，他从古文辞（不同于仁斋古义学）的方法和立场上，对宋学展开了更激烈的批判。徂徕将“理气”“天理人欲”“本然气质”“体用”“豁然贯通”“气质变化”“静坐”等与“先王孔子之道”进行比较后均未在文献上找到根据，因此予以否定（辨名，第176页。《徂来先生答问书》1，第475页等）。反之，“道”是中国古代的先王作为“人性”、“人情”和“天地之道理”的前提条件设置的礼乐制度，是为了天下太平。

---

① 正文中引用的出典，遵循原著的书名、卷、页排列，使用“，”号分开，原则上不使用书名号。无汉文体时，中文为译者译。如：答问书附卷往复书简、经子史要览等。译者注。

② 迄今为止所知，徂徕直至晚年，使用了可与“理学”互换的“宋学”一词。例如，在享保10年8月、10月所作的两封信笺中表示：“只今迄专宋学被成候与相见候”、“宋学御止被成候与申候儀”等。《徂来先生答问书》1，第468、482页。另外，在其去世的前一年享保12年12月所作的『復谷大雅』中也有“足下满腔皆宋学”。『徂徕集』，『日本思想大系36 荻生徂徠集』，東京：岩波書店，1973年，第518頁。本文的“宋学”概念均根据徂徕的这一用法。

但是，这种对宋学的批判蕴含着重要的哲学内涵。之所以这么说，是因为宋学所谓的天人相关的连续世界观（自然秩序与人类秩序之间直接相关联的学说）是建立在其宏大的、理气论的体系基础之上的。理气论的否定和圣人作为说，是与这种连续世界观的否定联动的。至此，对于徂徕而言，天地自然和人类世界之间是有断层的，前者对于人类来说是不可知的（《徂来先生答问书》1，第438页）。这是对“天则理”这一宋学合理主义的否定。这一点，正如丸山真男曾经敏锐指出的那样，徂徕学为日本的近代合理主义的展开做好了准备。[①] 诚然，这并不意味着宋学的合理主义与近代合理主义是直接相连的。因为若要后者成立，就必须先从宋学式的自然观的束缚中解放出来。[②]

接下来分析徂徕学与仁斋学的关系。如上所述，徂徕虽然在宋学批判方面继承了仁斋的学说，但另一方面，也对其中几个关键主张持严厉批判的态度。第一，仁斋强调了“先王之道”和“孔子之教”的非连续方面，认为夏殷周三代的圣王从政治的立场肯定了鬼神占卦，而孔子“不语怪力乱神”，确立了具有普遍意义的道德思想。这就是说孔子胜过舜尧的理由所在，孔子因此被称为万世之师（《语孟字义》，鬼神）。与此相对应，徂徕主张“孔子之道，先王之道也”（辨道，第12页/同第200页），[③] 始终强调两者的连续性。对于仁斋所描述的道德教师的孔子形象，徂徕则强调了作为政治家的孔子形象。个中不仅有基于孝悌忠信的道德秩序，而且折射出徂徕重视安民仁政的政治价值的实现与统治者应有的统治责任的观点。

第二，以上问题与《论语》和“六经”处于怎样的关系这一文本问题密切相关。毋庸赘言，《论语》以孔子的言行为中心，“六经”以唐虞三代的先王事迹为中心。如此一来，孔子和先王的关系是连续的还是非连续的，即刻就与如何看待两个文本关系的问题联系在一起了。仁斋视《论语》“实为最上至极宇宙第一书”，比“六经”更为重视（童子问，第22页/大系

---

① 〔日〕丸山真男：『日本政治思想史研究』，東京：東京大学出版会，1983年新装版，第186～188頁。

② 为使近代合理主义为明治时期的日本所理解并接受，首先需要由徂徕学和宣长的非合理主义推翻宋学合理主义的体系，宋学体系崩溃的前提是当时的日本知识分子先要从宋学的自然观（阴阳五行的天人相关说）中自我解放，这样才能将自然作为真正的自然去客观地理解。——译者注。以下译者注均在本文作者指导下添加。

③ 正文中引用的日语训读体和汉文体出自同一本书时，书名后的页码为原文引用的训读体页码，其后的“/同××页”为译者加注的汉文体页码。——译者注

97，第204页）。[①] 他还引用程子的话作为旁证："论语孟子既治，则六经可不治而明矣。"（童子问，第20页/同大系97，第204页）仁斋认为，"六经"就像一幅画，记录了人类所有的活动事实。因此，如果不事先阅读论语、孟子，在熟知了"义"之后再学习"六经"的话，就有可能误入歧途（《语孟字义》，第98页。童子问，第181页/同大系97，第242页）。

但徂徕认为，这种观点是极端错误的。因为"诗书礼乐"的"四教"，抑或加上《易》《春秋》的"六经"，正是古人以君子为目标而学习的"物"。只有在这种"物"（六经）的世界里畅游，自然吸取其中先王赋予的"义理"后，"德慧术知"才会应运而生。《大学》里的所谓"格物致知"就是这个意思（辨道，第35页/同第208页。辨名，第167页/同第250页）。另一方面，徂徕认为《论语》是一部论述这些作为"物"的、包含在"六经"里的"义理"的书。因此，如果去除"物"而只读《论语》的话，就会陷入"空洞的议论"（原文为"议论的空言"）。如此，仁斋的学说"如同未习剑术而论胜负之理"，这是徂徕批判仁斋的要点所在（《经子史要览》1，第517页）。

三　徂徕学及其之前的学说（二）

以上从徂徕学的角度，就其与宋学、仁斋学的关系作了一番梳理，与此相比，其与汉代儒学为中心的"古注"的关系则难以概括。众所周知，就汉学自身而言，前汉和后汉的特征各异。另外，"古注"也是由魏朝的何晏等对众多学者的学说片段进行甄选取舍而成的。鉴于此，在"古注"里很难找到能与宋学、仁斋学相抗衡的体系性。因此，一般情况下也难以探讨其与徂徕学的关系，但徂徕重视各个具体的"古注"也是事实。以下就徂徕论及的部分，对两者的关系进行比较。

首先，从批判的角度分析，徂徕对汉儒将《孟子》中首次出现的"仁义礼智"与"性"相提并论、配于"五行"的做法提出了批判（辨道，第20页。《论语征》3，第380页等）。例如，徂徕指出，"礼"是先王制定的"道"，它既不是"性"也不是"德"（《论语征》3，第400页）。与此相

① 正文中引用的日语训读体和汉文体在不同书籍时，如『童子問』的页码，原文训读体引自1970年清水茂校注的岩波文库版。译文的汉文体引自『日本古典文学大系97　近世思想家文集』（東京：岩波書店，1966）的相应章节。——译者注

关，他否定了董仲舒主张的所谓灾异说。灾异说认为，地震、蝗害、干旱等自然灾害是上天对帝王的警告，遇到这种异常情况的帝王应该感到恐慌、自省并努力治政。但徂徕认为，这是从人的立场（个人识见）对上天的任意揣度，无疑是对至高无上的天的冒渎（辨名，第121页）。据此，如同否定了基于宋学理气论的天人相关说一样，徂徕也否定了基于五常与五行匹配关系的汉学天人相关论。

其次，徂徕虽然批判汉儒，但另一方面在对“道”“极”等主要范畴的理解，以及对师徒之间通过“道”的学习而建立的传授方法的理解方面，借助汉儒学说建立了自己的学说。以下就对其继承的角度进行考察。

（1）徂徕认为，“道”不是“天地自然之道”，而是先王“穷理尽性”人为建立的“礼乐”。徂徕之所以这么定义，是以孔安国对《论语》“子之武城”章（阳货）的注为重要典据的。众所周知，该章有一句著名的格言“割鸡焉用牛刀”，但受到孔子取笑的子游如此答道：“昔者偃也（子游的自称）闻诸夫子曰，君子学道则爱人，小人学道则易使也。”针对对话中出现的“道”一词，孔安国的批注是“道谓礼乐也”（第5482页），[1] 这从以上孔子来到子游管辖的武城，听到“弦歌之声”的文脉来看，是极为自然的解释。

徂徕在其主要著作中反复引用这个孔注，强调这才是孔子当时对“道”的含义的解释（“古时言语汉儒尤不失其传哉”。辨道，第13页/同第201页。辨名，第44页。《论语征》4，第632页）。即，他批判了宋学将类似“天理”“太极”等形而上的实体作为“道”的认识，在视其为实定性[2]的制度解释方面引用了汉儒的注释。

（2）在对“极”这一观念的理解上，徂徕也从汉儒“极即中”的解释中获得了启发。他指出，宋儒将“至极”的意思理解为“极”是错误的，应该作为“基准”的意思理解才是正确的（辨名，162页）。事实上，先王

---

① 未标注书名的页码均为『十三経注疏』，京都：中文出版社，1979年10月四版的页码。——译者注

② 日语原文的“实定”出自 positive law 的日语译词“实定法”（汉语译为“实体法”“成文法”）。作者冀希通过本文将徂徕对“道”和“学问”的思考用“实定的”表达时，是基于英语 positive law 的日语译词考虑的。在英文语境里，相对于自然法 natural law 而言，由人的行为和习惯制定的法称为 positive law，日本的法律界称之为“实定法”。徂徕将“道”和“礼乐制度”视为圣人的制作物，这种观点是属于“实定法”式的，据此，这里用了“实定法”来说明徂徕的观点。——译者注

圣主的“继天立极”确实是指为天下万民制定的、作为行为准则的礼。其“贤者俯就，而不肖者企而及之”[1] 是核心。即，制礼不仅是贤者（君子），还必须是不肖者（人民）也能够实现（如三年之丧）的程度（中程度）。“极即中”的汉儒解释把握得恰到好处，因而获得肯定（“汉儒训极为中，礼者所以教中也，……要之去古未远，师弟所传授，古义尤存者尔。”辨道，第16页/同第201页。辨名，第74、108页。《论语征》4，第655、701页）。

（3）与上述问题相关，徂徕在古人如何解释“儒学”的问题上，也是将汉代的注释作为重要典据的。即，司马迁将儒学与黄老之道做了比较后，讥讽“儒者之道、博而寡要”，而徂徕援引该讥讽做出了“虽讥之乎，其去古未远，亦能形容圣人之道者矣”的评价（《史记》“太史公自序”。《论语征》3，第411页/同第59页。辨道，第27页）。徂徕之所以做出如此评价，是因为他所认为“道”是先王所立的礼乐，涵盖了人们全部的社会生活。作为这种制度集合体的“道”，无法还原为抽象的原理，其浩瀚的内容只有通过不断学习才能获得。[2] 正因如此，即便以孔子的聪明睿智，他也只能通过“好学”才能掌握。所以，徂徕排除了宋儒所谓的通过“脱然贯通”把握“太极”的学问观，在自己实定性的学问观的形成过程中也借用了汉时的学说。

（4）那么，这种“道”在古代中国的师弟之间又是如何传授的呢？在相关学习方法的理解上，徂徕从古注中也获得了重要的启示。例如对于《论语·阳货》“子曰予欲无言”，何晏的注释是“言之为益少，故欲无言”

① 〔日〕荻生徂徠：『辨名』極二則，『日本思想大系36 荻生徂徠』，東京：岩波書店，第248頁。——译者注

② 〔日〕田原嗣郎：『徂徠学的世界』，東京大学出版会，1991。这是一部自始至终从这种观点解释徂徕学的力作。但另一方面，徂徕对《论语》“子曰莫我知也夫”章（宪问）的“下学上达”解释为“学先王之诗书礼乐而达于先王之心也”（『論語徵』4，第562页/同第207页）。另外，对“子曰由之瑟”章（先进）的“由也升堂矣、未入于室也”的解释也是“身通六艺，而其材足以为大夫，是升堂者也。通礼乐之原，而知古圣人之心，是入室者也”（『論語徵』4，第463~464页/同第113页）。因此，在学习先王的诗书礼乐这一“物”的过程中，一些特定的人不久是可以达到“先王之心”“礼乐之原”之境界的。类似孔子、颜渊这样的人，他们达到这种境界后，就会重新制作适合当代的礼乐。这说明，徂徕的“道”不会停留在实际制度的水平上。对于雍也篇等出现的“博文”，徂徕表示：“不必求深知天地万物之理，性命道德之奥，与礼乐之原也”（『辨名』，第167页/同第250页）。但这并不意味着因为“博文”是学问的出发点，而无须掌握“礼乐之原”的意思。

（第 5485 页）。徂徕是根据如下理由对此做出了“古来相传之说”的评价。即：“盖先王之教，礼乐而已矣。其意以为言之为益少也。故以礼乐教之。”只是及至孔子时代，人们已经不知“礼乐之义”了。于是，孔子不得不举出“一隅”（义的一部分），余下的让弟子自己思考并领悟，但弟子屡屡误解为“义止是焉”。因此，孔子：“欲无言，明礼乐之义，不可以言尽也。”（《论语征》4，第 650 页/同 301 页）

同样，在“吾与回言、终日不违如愚”章（为政）的解释中，徂徕引用孔安国注“不违者，无所怪问于孔子之言，默而识之如愚”（第 5345 页），做出了“汉儒解经，多古来相传之说如此”的评价。诚如徂徕所言：“夫学问之道，一意从事先王之教，而不用其智力，以竢油然生焉”（《论语征》3，第 420 页/同第 67 页）。毋庸赘言，上述徂徕对古注的评价与其“格物致知”论（参照上述辨道第 35 页，辨名第 167 页）是相关联的。

以上，就徂徕学与诸学各派的继承、批判关系进行了梳理。概而言之，徂徕从仁斋的立场出发，对汉、宋两学的天人相关说进行了批判。同时在理解“道”、“教”、[①] 语言与礼乐的关系等方面，从汉儒的学说中获得了启发。徂徕将这些内容定为“古来相传之说”，从而为自身的学术立场提供了权威支撑。

但是，上述梳理是对如何理解并构建儒学体系的经学问题的考察。除此之外，还有一个如何认识孔子的人物形象及其生涯形象的问题。即，如何理解孔子的抱负、意图、挫折和再起，以及他的全部事迹的问题。毋庸赘言，这个课题是作为如何对《论语》相关各章做出统一解释的问题出现的。而且，从这一方面考察时，徂徕学和其他诸学的关系，远比上述概括的“道”的情况更为复杂。究其原因，徂徕并非仅从汉儒的“古注”中获得启示，而且广泛自由地学习了宋儒、仁斋的观点和解释，从而塑造了独自的孔子形象。因此，四者的关系自然也就相当错综复杂了。

特别是以下几点值得引起注意：（1）在《论语征》的正文中，即便是徂徕没有论及的部分，但其受到的文献注释的“影响”也可窥一瞥；（2）在相关章句的解释中，虽然出现了与文献注释不同的见解，但可以发现，这种不同实际上是受到了对<u>其他</u>章句的文献注释的“影响”；（3）与（1）相关，有关孔子的形象表面上非常醒目地注明是汉儒“古来相传”之说，令

① 本文中，作者视“极”为“道”或“教”的一部分。——译者注

人感到意外的是，实际上有很多是受到了（未明确记载）新注、仁斋注“启示”。

当然，毋庸赘言的是，要厘清这四者错综复杂的关系，不仅对《论语》，还有必要就四者对相关经典的全部解释进行比较，这在有限的时间和篇幅里显然是无法完成的。据此，以下通过列举徂徕论述孔子形象的几个要点，就四者对《论语》相关章句的解释进行相互比较和探讨，厘清上述交叉关系的一隅。

四 关于孔子形象

根据《论语征》及其他论述可可知，徂徕塑造的孔子形象由以下几个方面构成。①

(1) 作为“革命”家的孔子形象。徂徕指出，自文王武王之后，周朝历经五百年至孔子时代，正值“革命之秋”（即王朝交替的时期）。因此，若遇“明王”兴盛而起用他，孔子做好了为新王朝制作礼乐的准备。

(2) 作为管仲“霸道”路线继承者的孔子形象。另外，持上述观点的徂徕又认为，周的礼乐在孔子所处的时代尚未完全颓废。因此，在当时的条件下，孔子以管仲曾经辅佐齐桓公取得成功那样，在尊重周室的同时，将会盟天下诸侯的“霸”作为追求的现实目标。

(3) 作为“传道”家的孔子形象。徂徕指出，抱有上述政治抱负的孔子即便到了 50 岁仍未获得加官晋爵，未能成为大夫。至此，孔子领悟到，赋予自己的“天命”是将“先王之道”传授给后世。徂徕并且认为，孔子的各国游历，比起政治流亡，更主要的是“访求”散佚在各地的“道”。

(4) 作为“六经”论定（确立正统）者的孔子形象。徂徕指出，孔子时代虽说还没有诸子百家，但已逐渐出现了端倪（《论语征》3，第 591 页）。另外，留在鲁国的弟子进步显著。在这种状况下，作为“传道”和教育的方法，孔子确定了“六经”。这样，自古以来通过口头传授和传习的诗、礼、乐等，在孔门首次以书籍的形式进行传授。

综上所述，徂徕塑造的孔子形象，既有礼乐制作或立志再兴“周道”

---

① 与本文类似的问题角度研究孔子形象的有，〔日〕田尻祐一郎：『荻生徂徠の孔子形象』，高崎哲学堂設立の会編『論集 江戸の思想』，1989。但是如本文从文献注释的批判传承关系中，阐述徂徕的孔子形象的独自性的研究，迄今为止几近空白。

而遭受挫折的政治家的一面，也有由此而生的“佛郁”因“六经”论定而得到排除，并投身传“道”事业的学者的一面，孔子形象可以认为是由这两个方面构成的。在这个大的逻辑框架下，嵌入《论语》的相关章句，同时参考文献注释，形成了一种独特的解读方法。以下举例考察。

五 “革命”家的孔子形象

孔子立志于礼乐制作的观点最早并非徂徕提出的。早在《孟子》里就有一段将孔子比喻为天子的记述（公孙丑上），前汉的春秋公羊派将其发扬光大，提出了孔子素王说，认为取代周朝礼乐的新“道”是孔子预先为汉朝制作的。[①]《春秋》是从这个角度被理解的。当然，徂徕并不持这种“素王”的观点。但是，他塑造的孔子革命家的形象是源于这些汉代学者的学说这一点是毋庸置疑的。

例如，对《论语》“仪封人请见”章（八佾）的“天将以夫子为木铎”这一句，孔安国的注解是：“木铎施政教时所振也。言天将命孔子制作法度，以号令于天下。”（第 5359 页）徂徕对本章的解说并未遵循孔注（参照后述），但是毫无疑问，作为礼乐制作者的孔子形象，徂徕从这些《论语》的古注疏中是获得了启发的。

另外，在司马迁撰写的《史记》《孔子世家》中，引用了楚昭王欲将七百里的领地封给孔子时，令尹子西提出反对的言论。根据这段记载，子西问昭王，在昭王的外交官、辅佐官、将军、宫内官中是否有分别能与孔门的子贡、颜回、子路、宰予相当的人才？昭王答：“无有。”于是，子西对昭王说：“今孔丘述三王之法，明周召之业。”这样的人物加上以上那样优秀的弟子，如果拥有广阔领地的话，那对于楚国可能会引发严重的不安。对于《孔子世家》中的这段叙述，徂徕未必会认为那是一件真实的事情，但另一方面，如其所述：“孔子平生欲为东周，其教育弟子，使各成其材，将以用之也。”（辨道，第 12 页/同第 200 页）徂徕认为孔子培养弟子是有备于将来的政治意图的。根据上述史料分析，认为徂徕受到了《孔子世家》的启发，恐无悬念。

---

① 〔日〕日原利国：『春秋公羊伝の研究』，東京：創文社，1976，第 17 頁。〔日〕狩野直喜：『両漢学術考』，東京：筑摩書房，1964，第 65 頁起。

这种作为制作（志向）者的孔子形象，在《论语征》的“子曰周监于二代”章（八佾，3，第 469 页）、“子曰凤鸟不至”的章（子罕，4，第 381 页），“子路曾皙冉有公西华侍坐”章句（先进，4，第 476 页）等均有相关解释。但是，从注重徂徕注释与文献注释错综复杂关系的角度分析，特别值得关注的是徂徕对“颜渊问为邦”章（卫灵公）的解释。

众所周知，该章是孔子综合了四代的礼乐后，答复颜渊提问的章句。对此，徂徕做出如下注释：“制作礼乐、革命之事，君子讳言之。故颜子止问为邦。而孔颜之时，革命之秋也。且颜子用舍行藏，与孔子同。若天纵之，亦圣人矣。故孔子以制作礼乐告之。”（《论语征》4，第 584 页/同第 231 页）

在这些徂徕的解释里，甚至还有几处将颜渊也视为圣人的观点。但这里特别值得注意的是《论语》正文里出现的颜渊“为邦”之问，徂徕是将其作为与“天下”整体的“革命”相关的概念解释的。那么，这与文献注释有着怎样的关系呢？

邢昺对古注的疏是将本章作为“问治国之礼法于孔子”（第 5466 页），按照《论语》正文“问为邦”的字面意思解释的，而新注解释为颜渊问“治天下之道”。就这一点而言，可以认为徂徕接受的反而是新注。但是在之所以如此解释的理由方面，朱子与徂徕之间是各不相同的。朱子称“颜子是王佐之才”,[①] 所以实际上问的是“治天下之道”，只不过谦虚而说成“为邦”。与此相对比，徂徕是将这个提问与“革命之秋”这一时代认识联系起来理解的。一般来说，徂徕对《论语》各章的解释，与提出一般原则的解释相比，更倾向于在历史背景的关联中的具体把握，本章也是其中的一个例子。综上所述，基于“君子”忌讳公开议论“革命”这一政治性的理由，颜渊发出了“为邦”之问，这与从颜渊的人品角度说明的朱子注解是全然不同的。

但是我们发现，徂徕在这里所说的“讳言之”的理解，是从仁斋对其他章句所做的注释中获得的启发。众所周知，“南宫适问于孔子曰”章（宪问，《论语征》4，第 537 页）自马融的古注以来，南宫适是将孔子喻为古代圣人的“禹·稷”理解的。而且邢昺对此章的疏做了如下评论：“孔子勤行道德，亦当王有天下也。”（第 5452 页）这里虽然也出现了孔子素王说，但值得引起注意的是，仁斋在此基础上作了“（南宫适称）禹稷躬稼而有天

① “王佐”同“佐王”，意即辅佐君王之才之义。——译者注

下之言，在所当讳，故夫子不答”（《论语古义》，第205页）的注释。即，这句话犯了政治忌讳（涉及含有废除现王朝的意思），所以孔子没有答复适南宫之问。

但是，《论语征》就本章相关部分的这一点未做任何说明，而在“子路曾皙冉有公西华侍坐”章（先进）的解释中，徂徕论及上述“南宫适”章时，做出了如下论述：“南容所言，亦曾点之志（指制作礼乐、陶冶天下之大志），但露其机。故孔子所以不为对也。”（《论语征》4，第477～478页/同第127页）也就是说，南宫适（徂徕视其与南容为同一人）所论礼乐制作（革命）有忌讳之处，所以孔子保持了沉默。而曾点用不为他人觉察（与政治完全无关的季节的活动）的“微言”向孔子表达了“制作之志”，因此孔子赞成曾点的想法。如此解读的话，君子之所以忌讳公开谈论“革命”，显然是因为其中的政治含义，这一点可以说是受到了仁斋对“南宫适”章注释的启发的。

与此相关有一点值得注意的是仁斋对“颜渊问为邦”章的注解。针对颜渊提问中出现的“为邦”，仁斋的解释是：“为者，创为之谓，创造纪纲法度也。”（《论语古义》，第233页）也即颜渊不是单纯地询问一般的“治国”方法，而是在请教如何“创造”“纪纲法度”、建立一个新国家的方法。既然是“为邦”，就不涉及“天下”整体的问题。但认为徂徕创造礼乐制作这一契机是受到了仁斋这些注释的启发，恐无悬念。如此，尽管是《论语征》里没有明确释明的部分，徂徕还是在承袭了其之前的文献注释的基础上提出了新学说的。

六　追求“霸”的孔子形象

以上从“革命”家的角度对孔子形象进行了考察。徂徕认为，只要现今的周王朝存在，就不应该追求这种“革命”。即，“孔子虽聪明睿知，文武之道未坠地，故未能制作。犹如天束之然。然天若或纵之，必将当制作之任”（子罕“大宰问于子贡曰”章。《论语征》4，第379页/同第17页）。另外，在《弁名》“天命帝鬼神”第17则中，对《孟子》里出现的“天吏”一词，徂徕认为这是“乱世之辞也”，所以认为孔子时代还没有这个词，也是基于同样的时代认识。如此一来，在具备实现最大限纲领的客观条件之前的这一段时期，孔子在政治上是否无所作为呢？

在徂徕看来，颜渊和曾点似乎就是这样的人物。譬如，徂徕在“子曰回也其庶乎”章的讲解中就认为，“颜子不欲小用其才，即伊吕之志也”。颜渊受于天命，不久就要作为“王佐”兴起，如同伊尹、吕不韦一样，也曾在陋巷里忍受过贫困之苦（先进，《论语征》4，第468页/同第119页）。但是，孔子对此认为：“知其不可而为之者。”（宪问）这一点与颜渊不同（第468页）。那么这又是怎么回事呢？

这一点值得注意的是，对于通常只是想当然地作为孔子的政治热情理解的各章内容，徂徕是将孔子对具体形势的认识与对管子的高度评价结合起来解释的。例如，在《论语》（阳币）中记载着这么一段话。公山弗扰据费邑反叛，来邀请孔子，孔子答复（反对孔子前往的）子路道：“如有用我者，吾其为东周乎。”何晏对该章句的注释（古注）是：“兴周道于东方，故曰东周。”（第5483页）朱子、仁斋、徂徕都沿用了这个注释，没有什么改变。但是，一个大的区别在于徂徕对此作了详细说明：“兴周道于东方者，尊王室以号令天下，管仲之事也”（《论语征》4，第633页/第281页）。

这个说明的意义，通过分析徂徕对相关章句的解释即可一目了然。即，对于“卫公孙朝问在子贡曰”章（子张，《论语征》4，第696页/同第349页）中的“文武之道未坠于地”一句，徂徕的解释是：“谓周礼乐未亡也”，“夫文武者，周先王也。孔子为周臣子也，故曰为东周也”。如此一来，孔子所说的“吾其为东周乎”，就要置于以下的条件下解释。即，徂徕认为，作为周室臣子的孔子，只要周室礼乐尚存就不抱“革命”的志向，而是像管仲所做的那样，在周室的权威下会盟诸侯，安定天下。如果受天命的新“明王”一旦出现，那就可以在其之下开启礼乐制作之途。但是，如果这个可能性不是很确定，那么管仲的做法似乎是更为现实的选择。上文引用徂徕的一句“孔子平生欲为东周”也是基于这种蕴含的意味而发的。即，礼乐制作是为王朝交替（革命）的紧急事态而准备的，“平生”是“为周臣子”，以复兴“周”为目标的；并且作为这个思想的先行者的管仲是获得正面评价的。以下，就徂徕的相关观点在其《论语》解释中是如何显示的做一番考察。

在“卫灵公问陈”（卫灵公）章中，作为对灵公的回答，孔子有一句名言：“俎豆之事，则尝闻之矣；军旅之事，未之学也。”自孔安国的“俎豆礼器”、郑玄的“军旅末事”的注释（均为古注，第5465页）之后，这句话一直被认为是礼为本、军为末的治国一般原则。对此，徂徕的理解是，这是在春秋末期当时的政治形势下，孔子从军事手段和外交谈判孰优孰劣的角度思考这一章句的。试引用他的注释如下。

“俎豆犹樽俎，谓衣冠之会，如晏子折冲樽俎，曾子所谓笾豆之事（泰伯篇），亦以朝聘会同言之。蓋以兵威服邻国。不如以礼率之。方是时，文武之道未坠地而在人。子贡云尔。是岂后世儒者所谓道乎。亦言礼耳。以礼率之，诸侯欲不从之，岂可得乎”（《论语征》4，第572页/同第219页）。

值得注意的是，“文武之道，未坠于地”在此处也是作为关键概念的出现的。即，孔子认为，只要周的礼乐仍然残存，与其用武力征服邻国，不如利用周的礼乐制度会盟诸侯更好。这是一种视外交手段比武力征服更好的观点。徂徕之所以这么理解，显然是与齐桓公的宰相管仲多次召集诸侯会盟相关的。因此就有“管仲九合诸侯，不以兵车，孔子深与之”之说（第57页）。

但是，如此劝说灵公召集诸侯会盟的孔子，在其晚年的最后时刻，在鲁国听到齐国陈恒弑其主君简公的消息后，恳请哀公讨伐齐国（宪问）。徂徕认为，这是孔子基于当时的形势认识、判断一定能获胜的基础上作出的请求。因此，徂徕指出：“若使哀公听孔子之请，则鲁之霸，可计日而待，而圣人之兴，亦未必不在斯举焉。”（《论语征》4，第551页/同第197页）外交交涉，抑或是武力干涉，尽管手段不同，但孔子都视“霸”为当时面临的政治目标，在这一问题上，徂徕的观点是一以贯之的。

如上所述，徂徕在《辨名》中所述的“王霸之辩”是“古所无也”，因此，也就不难理解“当春秋时，岂有所谓霸道哉。使孔子见用于时，亦必为管仲也”（第183页/同第254页），这是基于以上所述的、在一定条件下的现实选择。就此而言，管仲是被赋予了孔子的先例地位的。

此外，徂徕认为孔子和管子的本质区别在于“圣人之道”和“善人之道”（先进）的差异。所谓“善人”，按照徂徕的说法是“豪杰之士，如管仲辈是也”（《论语征》4，第469页/同第120页）。这与新注之后从道德角度理解（善人）的解释是完全不同的。并且针对“不践迹，亦不入于室”这一孔子对“善人”之“道”的评论，徂徕认为管仲所处的时代“盖先王礼乐，有所以统理天下者”的“迹”还有遗留，尽管如此，“善人”（具体如管仲）还是无视这些“迹”不去践行，而是以另一种与圣人不同的方法实现了仁的天下。就实现了“仁”这一点上，乍一看“善人”是“或似能入圣人之阃奥”，看似进入了圣人之阃奥，但其实并非如此。孔子为否定善人的这一做法，做出了“断以不入室耳”（《论语征》4，第469页以下/同第121页），即尚未达到圣人境界之意的批判。

由此可知，区别“圣人”和“善人”的标准，是由作为统治天下方法是否按照“礼乐”决定的。这恰与前述的“制作（志向）者孔子像”与“管仲继任者孔子像”的不同相对应。并且徂徕在这两个孔子形象之间如同架起了一座桥梁，对“子曰管仲之器小哉”章（八佾）做出了如下解释。

> 孔子无尺土之有，亦异于汤与文武焉。孔子见用于世邪。唯有管仲之事已。然其时距文武五百年，正天命当革之秋也。使孔子居管仲之位，则何止是哉。故孔子与其仁而小其器，盖惜之也。亦自道也。夫孔子小之，而终不言其所以小之，可以见已。（《论语征》3，第485页/同第147页）

据此，一方面，孔子首先与管仲一样，作为诸侯的“相”以“霸”为目标。另一方面，从宏观的角度观察，鉴于当时持续了五百年的周王朝正处于交替期，孔子私下或许也有“礼乐制作”的志向。只是因为这意味着“革命”，所以徂徕认为，孔子“小之（管仲之器），而终不言其所以小之”罢了。

七 “传道”家的孔子形象

以上，就徂徕描述的孔子形象，主要从政治家的一面进行了考察。其最大的特征就是，孔子将“礼乐制作”这一最大纲领秘藏心中的同时，作为“平生之志”，又在“周道”的前提之下提出了“为东周”。如上所述，政治家的孔子形象本身并无特别之处。但是，这种以两个阶段的革命家面貌出现的孔子形象，可以说是徂徕首次明确提出的。

然而，徂徕认为孔子胸怀上述志向的同时，不久就明白了自己的“天命”是将“先王之道”传承给后世，并将主要精力倾注于“道”的研究和教育方面了，即从政治挫折到作为“儒者”的研究教育这一曲折过程中把握孔子的一生。但应该引起注意的是，在这种曲折中把握孔子的观点，早已由朱子、仁斋提出过（参照后文）。那么，徂徕的观点在这方面又有怎样的特征呢？我们试从以下几个方面进行分析。

众所周知，《论语》（为政）有一句“五十而知天命”的名言。值得关注的是，徂徕是将其与孔子当时的官爵制度、人事升迁制度联系起来理解的。即，他引用《礼记·王制》及其他文献所述认为，当时的用人制度是，读书人四十岁为官，积累十年的职业经验后，五十岁晋爵成为大夫，然后被委派到在各部门担任管理要职。可想而知，孔子当然也是在这种制度的前提下抱着政治愿望的吧。但孔子面对的事实是，即使到了五十岁也仍然没有得到大夫的任用。于是，孔子领悟到了赋予自己的“天命”不是布“道”的政治，而是将其传授给万世的学问的事业（论语征，3，第414页/同第61～62页）。

“孔子未免身为匹夫。五十而知天命。然后修 先王之道传诸人。以儒自处，以好学自称。”（《论语征》3，第372页/同第10页）。“士学先王之道以成德，将以用于世”（同第13页）。如果不为在上者所使用的话，心里就会产生不满和疑惑。“然亦有命焉，行先王之道于世，命也。传先王之道于人，命也。唯命不同。于是时教学以为事，藉以忘忧。”（《论语征》3，第374页/同第13页）徂徕如此解释“学而”章，也是对上述论点的佐证。据此，徂徕塑造的孔子形象，在孔子五十岁前后发生了很大的方向转换。

然而，如上所述，朱子和仁斋也都承认孔子具有这种方向转换的。但是，朱子持这种观点是基于“欲行其道于天下”而“天下周流”之后的孔子，在“知其终不用”（公冶长篇“子在陈曰”章，参照朱注）的状况下而产生的。根据《孔子世家》的记载，孔子当时六十岁前后。据此，是什么契机使孔子做出了方向转换的？转换是发生在什么时候？在这两个问题上，徂徕做出了与朱子（仁斋也如此）不同的解释（以上朱注将在另一处再度举例）。

徂徕虽然塑造了这种孔子形象，但他并不认为五十岁之后的孔子完全放弃了政治愿望。如上所述，孔子请求哀公讨伐杀死简公的陈恒，据《春秋左氏传》记载，这是发生在哀公十四年，即孔子去世前二年的事情。徂徕就是根据该记载做出“鲁之霸”“圣人之兴”的解释的。上述观点，即，晚年的孔子并没有完全放弃政治志向这一孔子理解是显而易见的。此外，徂徕认为孔子在抱有这种政治志向的同时，将其主要精力放在了对“道”的研究及新一代的培养上了。而且在对《论语》理解这一问题上应该注意的是，徂徕建立这种知命说的观点，对几个章句进行了独自的解释。例如在“述而不作”章（述而，《论语征》3，第598页/同第273页）、“子曰德之不修”章（述而，《论语征》3，第603页/同第279页）、“子谓颜渊曰”章（述而，《论语征》3，第612页/同第289页）、“叶公问孔子”章（述而，《论语征》3，第623页/同第298页）、“子曰莫我知也夫”章（宪问，论语征，4，第562页/同第207页）等解释中均有体现。以下从与文献注释关系的角度，选择令人关注的章句进行探讨。

“仪封人请见”章（八佾）中有一句“天将以夫子为木铎”。如上所述，孔安国是作为预言孔子的礼乐制作来理解的。那么可以认为，作为制作者的孔子形象，徂徕是从这些古注中获得启示的。但是徂徕对本章的内容理解与孔注明显不同。“仪封人之言，知命之言。知孔子为万世师。盖孔子取之。故录。”（《论语征》3，第491页/同第155页）也就是说，与孔注相反，徂徕认为孔子洞察到了自己的“天命”在于“传道”，所以说“孔子取之。故录”。《辨名》“天命帝鬼神”中的“五十而知天命”章的解释也与此相同。

值得引起注意的是，徂徕的这种解释，具有传承了朱子某些观点和仁斋注释的一面。首先朱子自己也在上述孔注的基础上论道：“言乱极当治，天必将使夫子得位设教，不久失位也。”即，预言了失去官位而离开故国的孔子，很快就会政治复权。但是，朱子同时也介绍了“木铎所以徇于道路，言天使夫子失位，周流四方以行其教，如木铎之徇于道路也”的观点。即，天为了让孔子的学问在天下普及，故意使他失去官职，以便周游天下。这种观点与朱子前述的观点完全相反。而徂徕在提出自己的说法时，是从这些观点中获得启示的。“朱注后说为是”就是这个意思。

再者，仁斋的以下注释也不能忽视。“言天下久乱，道将自绝。故天将使夫子为木铎，诏道于万世。”（古义，第45页）这里既没有政治复权的故事，也没有天下周游的踪影。取而代之的是向“万世”告诫“道”的视点。以上所引徂徕文中的“万世之师”，成了这里的一个启示。这样，在朱注后说和仁斋注上获得启示的同时，进而联系到徂徕自己的知命说，从而得出了本章的解释。

令人关注的是，与上述相关联，徂徕对孔子的各国游历的理解，是将重点置于“道”的“访求”这一点上的。徂徕认为，孔子所处的时代“先王之道废坏已极”。其结果，什么是“先王之道”？世道已处于“是非淆乱，不可得而识也”的状况。于是“孔子访求四方，釐而正之。然后道大集于孔子，而六经于是乎书”（辨名，第63～64页/同第217页，另第166页）。

并且在这种观点上，对“论语”的几个章句展开了解释。例如，对“子曰朝听道”章（里仁）的解释，徂徕引用“文武之道，未坠于地在人”（前出）指出，在“道”未完全堕落之前就应该收集、传承。“孔子所至访求，汲汲乎弗已”（《论语征》3，第505页/同第217页）。另外，对“子谓子贡曰”章（公冶长）的理解上，“先王之道，散在天下。孔子无常师，访求四方，迺集于我”（《论语征》3，第531页/同第198页），也表达了同样的观点。

当然，以这种“道”的访求者身份出现的孔子形象，并非徂徕最早提出。例如，早在《孔子家语》里就已经记载了孔子到周国向老聃请教礼，向苌弘请教乐，考察了各种制度后回到鲁国的故事（观周篇）。[1] 另外，其为了调查夏礼、殷礼，分别在子孙的国家杞、宋找到的故事（问礼篇）。[2] 确实，徂徕是从这些传说中得到启发的。只是通常的孔子传（例如《孔子世家》）中，这类传说发生在孔子青壮年时期。即，与鲁国大夫的孔子在五十岁中期失去官职后周游各国，不是一个故事。但是，如前所述，徂徕是将方向转换与五十岁知命说联系起来理解的。因此，通常被当作政治避难（或为了仕途的游说）的孔子晚年各国游历，也主要是被作为寻访学问之“道”展开的。

此外，徂徕还塑造了追求“霸”的孔子形象。孔子的这一面，是为寻求能够称“霸”的诸侯，当然就会周游天下了。事实上，徂徕也不否认孔子会见卫灵公、齐景公等，回答政治问题的咨询。因此，孔子晚年的各国游历，究竟是出于学术目的还是政治目的，实际上是一个相当微妙的问题。

如上所述，徂徕在解释《论语》时，倾向于将各章与其政治形势等背景的关联中展开理解。尽管如此，从《论语征》的各章中几乎没有发现对孔子言行与其所处年代进行推断的尝试。这种难以理解的落差理由，或可从上述诸点中可窥一斑。

八 “六经”论定者的孔子形象

以上，对徂徕如何就孔子从政治家到学者的曲折人生与五十岁知命说

① 问礼于老聃，访乐于苌弘，历郊社之所，考明堂之则，察庙朝之度。（中略）自周反鲁，道弥尊矣。——译者注

② 我欲观夏道，是故之杞，而不足征，吾得夏时焉；我欲观殷道，是故之宋，而不足征也，吾得乾坤焉。——译者注

联系起来认识的过程进行了梳理。徂徕认为，五十岁后对于孔子来说，“先王之道”的“访求”成为主要目标。但徂徕指出，这并不意味着孔子当时也掌握了如何将“道”传到后世的方法。即，孔子意识到了“传道”这一“天命”，但尚未找到实现传道的方法。于是，徂徕就这样将这两件本不相关的事情联系在了一起，在这里也将其独特的解释加进了《论语》。以下就“子在陈曰”章（公冶长）的解读进行考证。

该章的古注（孔安国注，邢昺疏）是在如下的文脉中理解的。孔子离开故乡鲁国已久，在陈国产生了望乡之念，于是发出“归与！归与！”的感叹。但是为了不让人感到奇怪，“吾党之小子狂简，斐然成章，不知所以裁之”。即，留在鲁国的弟子们虽然“进取于大道”，但恐其不知如何不至于失正或陷于异端，所以自己是为了他们而回国的。值得注意的是，邢昺疏中有一句“不即归而言此者恐人怪己故托此为辞”（第 5373 页）。孔子所主张的门第教育的理由，只不过是一个借口罢了。

与此相对比，朱子对该章的注释具有更深刻的含义。从开头一节就明确表示：“此孔子周流四方，道不行而思归之叹也。”也就是说，以实现“道”为目标而周游天下的孔子，至此领悟到自己最终不会为君王所用，于是选择了回归故乡、培养和指导新一代之路。该章是作为这种政治挫折和方向转换的告白来理解的（“夫子初心，欲行其道于天下，至是而知其终不用也。于是始欲成就后学，以传道于来世”）。而且朱子认为，无法得到最理想的“中行之士”。于是，作为次善的“狂简之士”被选为教育对象（次善之说，基于《孟子》“尽心下”的议论）。

此外，朱子并没有特别论及孔子这种“传道”的转变带来了怎样的历史结果。从正面提出这个问题的是仁斋。仁斋认为孔子这种从政治到教学的转变结果，是“夫子之教，大被万世之由也”，正因如此，门人才记录了这句话（《论语古义》，第 72 页）。换言之，仁斋将三代圣人与孔子的非连续方面这一独自的学说（参照本文之二第五段）与本章结合起来解释，认为正是因为孔子放弃了政治，才能建立起历经万世也仍适用的“教法”。三代圣人只是对症疗法似地起到治理民众的作用，而与其相比，这是划时代的进步。所以说，“至于吾夫子，而后教法始立，道学始明。犹日月之丽天，而万古不坠也。猗嗟盛哉。此虽夫子不幸，然在万世学者，则实大至幸也”（《论语古义》，第 72 页）。字里行间显露出与黑格尔“理性的狡智”相似的见解。

与上述朱注·仁斋注相比较，如“孔子道不行于当世，乃欲传之后”（《论语征》3，第547页/同216页）所述，徂徕对该章在持“传道”的意思表达的观点上是一致的，但同时也有很大的区别。（1）徂徕继承孔安国注的“简大也”，认为“狂简”是“志”大的“狂者”，做出了“先王之道大，非狂简不能负荷”的解读。徂徕认为孔子是为了传“道”，因而惦记着他们。这与朱注之后、作为“次善”的“狂简”的观点是完全不同的这一点是重要的。（2）对该章的孔子言论，作为“自悔”意思的解释。即，徂徕认为，孔子对热心学习“道”而取得进步的弟子“弃之远游”表示后悔。既无望乡之念的表达，也无政治挫折的表白。对于孔子而言，挫折早已在五十岁的时候就经历过了。（3）认为“不知所以裁之”的主语是孔子本人，且徂徕门派周围似乎都作为训读“不曾知晓”，这一点特别重要。也就是说，徂徕认为这一句是孔子回顾自身，为自己不知凭何依据引导“狂简之士”而自悔（“不知所以裁之者，孔子不知也。自悔其不知，而欲归以裁之也”）。反而言之，这也意味着这个阶段是孔子第一次想到“修六经”这一“传道”方法的意思。事实上，“所以裁之，谓方法。孔子归鲁修六经，乃其方法也”（《论语征》3，第547/同216），徂徕也是这么解释的。

如上所述，该章的各种文献注释与徂徕理解的关系已经非常明确了。一方面，徂徕在继承了朱注强调的方向转换观点的同时，将其追溯到孔子五十岁时解释（参照前文）。同时，孔子在陈国的言论是作为孔子领悟到了“天命”后，终于发现了“传道”的方法（修六经）的记录来理解的。此外，将这种“方法”与该章的理解联系起来的观点自身，不能否认是从仁斋强调的、由孔子确定的“教法”意义的注解中得到的启示吧。而在将其作为“修六经”而具体化的这一点上，是徂徕的独特性。

但是，对于在各国周游的孔子致力于“道”的研究，回国后辨明、整理了教典的理解，也不是徂徕率先提出的。例如朱子对“子曰自卫反鲁”章（子罕）是这么解释的：“鲁哀公十一年冬，孔子自卫反鲁。是时周礼在鲁，然诗乐亦颇残阙失次。孔子周流四方，参互考订，以知其说。晚知道终不行，故归而正之。”

从下划线（重点）处可知，朱注里含有将孔子的四方周游与“道”的复原结合起来理解的意思。徂徕认为孔子周游时发现了“修六经”这一方法的灵感，很有可能是从这些朱注上获得了启发的。同时，需要注意的是以下两点。①郑玄对该章的解释是“是时，道衰乐废。孔子来还乃正之”

(古注)，不仅“乐”衰退了，就连“道”也衰退了（第5408页）。与此相对应，朱子根据《左传》昭公二年的记载（哀公十一年起约半个世纪前），认为“周礼在鲁”，“残阙失次”只是“诗·乐”残缺。②另外从“残阙失次”、“参互考订”这些表达可以推测，朱子对“诗·乐”（恐也包括“周礼”）的理解，是认为书籍形式的经典。当然，前提是在孔子以前就已经有这样的书籍吧。

针对上述的①，徂徕对郑注做出了“古来相传之说”的评价，对朱子给予了“妄作新解”的批判。另外对②，徂徕评论道（表面上看似直接批判仁斋的）：“殊不知，孔子之前，六经无书，书唯《书》耳”，“孔子周流四方，访求具至。然后门弟子传其书。”（《论语征》4，第390页/同第29~30页）综上所述，徂徕是将孔子在汇集、整理散佚在各地的“道”的基础上，编制并确定正统的经典，作为孔子回国后的“传道”事业理解的。书籍形式的“六经”的成立就是这个意思。[①]

以上着重从徂徕与其之前的文献注释的关联角度，对其塑造的孔子形象的四个主要侧面进行了考察。通过这些考察可知，徂徕从先儒的立意等方面获得了许多启发，同时也将先儒的观点在自己的文脉中进行了重新编织。当然，徂徕塑造的这种形式的孔子形象，与历史上实际存在的孔子到底有多大程度的相似则属于另一个课题。本文倘若能够展现出徂徕与文献注释之间激烈的知识格斗的一隅也就满足了。

凡　例

一、有关徂徕著作和页码，《辨道》《辨名》《徂徕集》引自『日本思想大系36 荻生徂徠』(東京：岩波書店，1973)。其他著作和页码引自『荻生徂徠全集』(東京：みすず書房，1958年)。

二、《论语》的古注及页码引自『十三経注疏附校勘記』第8卷精装本，(京都：中文出版社，1971年初版)。新注请以《论语》的篇、章为线索查阅。仁斋的『論語古義』及页码引自関儀一郎编『日本名家四書注釈全書』第三卷，[東京：鳳出版，1973（翻印)]。另外，『語孟字義』及页

① 相同见解论述得更为详细的是『復水神童第二書』，『徂徠集』，『日本思想大系36 荻生徂徠集』，東京：岩波書店，1973，第512~513頁。此文也详细论述了“四教”与“六经”的关系，因不是本文的主题，故在此不做深入探讨。

码引自岩波思想大系『伊藤仁斎・伊藤東涯』、『童子問』及页码引自岩波文库版。还有，《论语征》里所引的仁斋之说，与现行版本的『論語古義』的字句略有出入。因此徂徕读的『論語古義』是哪个版本的抄本尚无法确定。但是，有关本文所引用的各部分内容，经确认，仁斋生前的最终抄本“林本”和现行出版的内容无异，所以为了方便起见，从以上『四書注釈全書』中引用。

三、正文中引用的日语部分原则上采用以上书籍，部分送假名有所修改，汉字采用现代字体，引用部分的下划线为本文作者所划。

Ogyū Sorai and before His Confucianism —Focusing on Image of Confucius

Abstract: Li Panlong and Wang Shizhen in Ming China advocated Guwenci (古文辞) as the ideal style of writing. Ogyū Sorai redefined it as a methodology for interpretation of the Confucian classics. Using the method, Sorai established a new theory opposing to such previous schools as **Ancient Annotation**, **New Annotation**, and Jinsai Studies. This article clarifies Sorai's original views in two fields, i. e. , the study of Confucian classics and the image of Confucius, comparing his theory with three other schools.

As for the study of Confucian classics, Sorai throughly carried out the criticism which Jinsai began to make against the theory of the correspondence between heaven and man, held by both the Han and the Song Learning, and drew a sharp line between heaven and man. Also, concerning such ideas as "Dao", "Ji", and "Jiao/Chuan", Sorai evaluated the interpretations by the Han scholars as "the theory handed down from ancient times", and used them as evidence for the validity of his theory.

With regard to the image of Confucius, Sorai, referring to the previous interpretations of the*Analects* in a critical way, created a new figure of the Master consisting of four aspects of "revolutionist", "inheritor of Guanzhong line", "preacher", and "compiler of the six classics".

Keywords: Ogyū Sorai; Confucianism; Annotated Bibliography; Confucian Classics; The Image of Confucius

作为绊脚石的1980年代*

——“收缩的战后体制”下“人的再生产”

〔日〕落合惠美子 著** 姚逸苇 译***

【摘　要】 20世纪80年代，日本太过自负地将当时经济的景气归功于日本的文化优势。在欧美社会为摆脱“二十世纪体系”的束缚而进行一系列制度改革之时，日本却反其道而行之，通过家庭主义式的改革再度强化了“二十世纪体系”。这正是日本最终经历“失去的二十年”的原因。进入90年代各方面客观环境虽然发生了变化，日本社会却仍然笼罩在家庭主义制度的束缚下，改革进程举步维艰。此前的社会保障体系在结构上虽然未发生变化，但规模上日渐收缩，很多人被排除在体系之外，形成了一种新型的“双重结构”。为应对“长寿革命”这样的人口学变化，日本应将生产劳动和再生产劳动共同纳入劳动范畴，并将其重新配置妥当，同时应将“二十世纪体系”下全部抛给家庭承担的“人的再生产”交由经济、国家和家庭三方共同分担。不进行以上改革的话，日本社会将难以维持下去。但是这样的转型在日本并不顺利。

【关键词】 人口老龄化　家庭主义　“人的再生产”　照料的去家庭化　失去的二十年

* 日文原文为“人間再生産”（human reproduction）。此处译作“人的再生产”是由于作者使用的“人間再生産”概念，不仅包括人口学中的“人口再生产”，即父母生育子女的含义，还包括作为亲密领域的家庭，通过养育子女、照料成人，从而为公共领域，特别是劳动领域提供劳动力的含义。——译者注

** 落合惠美子，京都大学文学研究科教授，主要研究方向为家庭社会学、性别研究、福利社会学、历史社会学。

*** 姚逸苇，北京外国语大学北京日本学研究中心讲师，主要研究方向为教育社会学、家庭社会学、青少年研究。

1. 序章——日本的九十年代与欧美发达国家的七十年代之间的相似性

如果将日本和欧美发达社会放在一起比较的话，我们可以发现20世纪90年代的日本与70年代的欧美国家在社会状况上基本一致。进入70年代，欧美发达社会65岁以上的老龄人口的比例相继超过14%，步入“老龄社会”（aged society）阶段；日本在90年代也随后进入了老龄社会（参见图1）。再来看经济指标，伴随着70年代的石油危机，以及宣告布雷顿森林体系瓦解的“尼克松恐慌”等一系列事件的发生，欧美社会战后经历的“高度大众消费社会”“繁荣社会”时代宣告终结。同时期的日本则迅速摆脱了石油危机的影响，实现了经济的稳定增长。进入80年代，日本经济上的繁荣达到了顶点，在世界上享受着“日本第一”（Japan as Number One）① 的赞誉。但是好景不长，日本随后在90年代初期就迎来了经济泡沫的破裂，经济也陷入了长期的停滞。这种变化是发生在日本追赶欧美发达国家、中国追赶日本，这样的后发国家经济赶超先发国家的背景之下的。在赶超过程中出现的时间延迟，导致了日本在90年代面对的国内外环境的变化与欧美国家在70年代基本相同。但是与70年代欧美发达社会为应对变化推进的一系列制度改革不同，日本未能利用90年代后期经济状况有所好转的契机推进改革，致使日本经济至今依然持续低迷（参见图2）。日本和欧美国家之间的差异为何会产生，又是如何产生的呢？最近几年日本经济呈现相对长时段的复苏迹象，是否象征着日本已经摆脱了经济危机状态呢？为寻找这些问题的答案，本文聚焦70年代和90年代夹缝中的80年代，考察当时日本社会发生的变化，以及这些变化产生的结果。

2. “二十世纪体系”及其转换

2.1 “二十世纪体系”下的国家、经济与家庭

前文讲到，20世纪90年代日本所面临的社会经济环境变化与欧美国家

① “日本第一”的说法出自美国著名学者傅高义（Ezra Feivel Vogel）于1979年出版的《日本第一：对美国的启示》（*Japan as Number One: Lessons for America*）的书名。——译者注

70 年代基本相同。当时的社会经济环境变化具体又是什么呢？笔者尝试对这个问题进行理论化的整理。

进入 70 年代之后，欧美发达社会发生的种种变化逐渐为人们所感知。当时也有许多全新的概念，诸如“后工业化社会”“后现代”“服务业经济化”“信息化”“后福特主义”“新风险”“后期现代性”“高度现代性”“第二现代性”“自反性现代化”等概念纷纷出现，用以表述当时剧烈的社会变化。这些变化的起点则是战后欧美发达国家被称为“富饶社会”“大众消费社会”“福特主义”的时代。在这个时代，欧美各国度过了一段前所未有的繁荣、安定的时期。

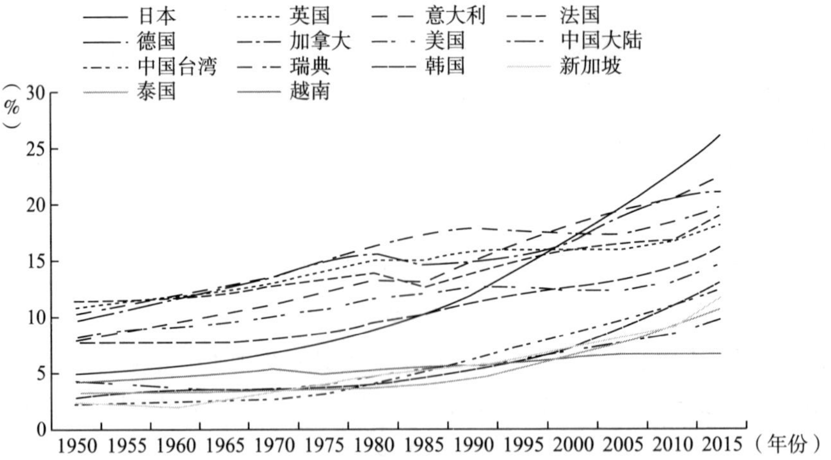

图 1　老龄人口比例的推移（65 岁以上人口比例）

资料来源：World Population Prospect 2017。

政治学者大岳秀夫，将 1975 年以前在各个发达国家持续了约一个世纪的政治、经济体制称为“二十世纪美国式体系”①。这一体系诞生于 19 世纪末至 20 世纪初前半期，在第二次世界大战后达到顶峰，在 1975 年前后衰退，最终转换到经济缓慢增长时期。大岳认为，“凯恩斯主义型福利国家”“福特主义型生产模式”“大量消费社会”是该体系的三根支柱。在政治层面上，20 世纪美国式体系让全体国民（包括劳动者、女性）获得了参政权；受益于福利政策的扩充，全体国民被纳入社会保障制度的庇护之下。同时，国家通过凯恩斯主义型的需求管理政策来规避经济危机、保障全面就业，

① 大嶽秀夫：『二〇世紀アメリカン・システムとジェンダー秩序』，岩波書店，2011。

并实现了政治对经济的管理，以及依靠政策手段实现对经济增长的拉动。这一系列政策促进了国家认同（national identity）的确立。在经济层面上，福特主义型的劳资和解体系得以建立；大量生产促使了大量消费社会的出现，进一步加快了经济增长速度。①

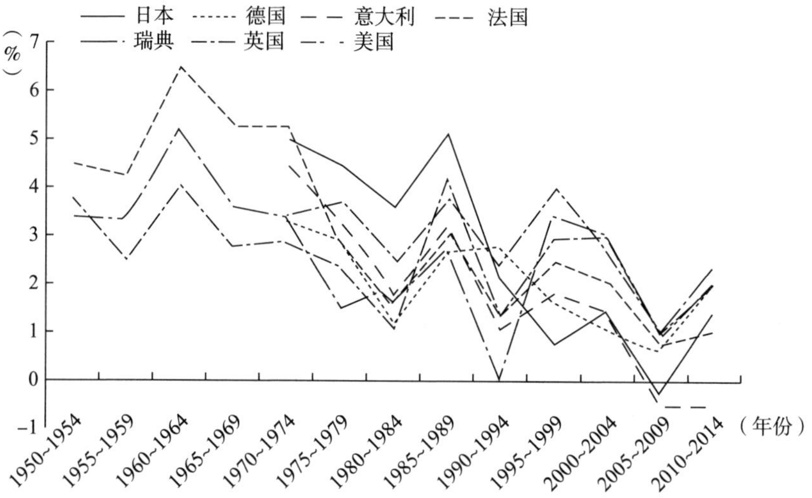

图2　GDP增长率的推移

资料来源：OECD Stat。

在已有的讨论中，“二十世纪美国式体系”经常被视为一种生产模式。不过笔者一直强调，该体系同样也是一种（人口）再生产体系。笔者在以往的著作中就曾讲过，这样的体系在“19世纪后期初现轮廓，在20世纪初期逐步确立，到了60年代中期开始逐渐瓦解”。该体系所带有的福特主义型生产模式特征，不仅导致“商业化的影响支配着社会的每一个领域”②，而且带来了“‘现代家庭’和‘现代国家’的全盛时期”③。具体来说，19世纪仅在中产阶级之中初现端倪的“现代家庭”在20世纪日趋大众化，人人都过着

① 大嶽秀夫：「政治体制論から見た第一波フェミニズム」，落合恵美子・橘木俊詔（編），『変革の鍵としてのジェンダー』所収，38－39頁，ミネルヴァ書房，2015。大岳还提到了社会层面的特征，即“现代家庭”的建立以及专业主妇化的过程。大岳在论述中引用了拙作（落合恵美子：『近代家族とフェミニズム』勁草書房，1989）的相关内容加以解说。（大嶽秀夫：「政治体制論から見た第一波フェミニズム」，落合恵美子・橘木俊詔（編）『変革の鍵としてのジェンダー』所収，ミネルヴァ書房，2015，27頁、39頁）

② 落合恵美子：『近代家族とフェミニズム』，勁草書房，1989，232頁。

③ 落合恵美子：『近代家族とフェミニズム』，勁草書房，1989，233頁。

相同形式的家庭生活从理想变成了事实。这样的家庭形式也被称为“二十世纪现代家庭”①。

“现代家庭”的具体特征如下：与公共领域相分离的亲密领域中存在“丈夫赚钱养家，妻子当家庭主妇”的性别分工，夫妻养育少数（两三个）子女，家庭成员之间具有强大感情纽带。在这种看上去理所当然的家庭模式之下，每一个社会成员为了建立这样的“现代家庭”，几乎没有人会选择不结婚，也几乎没有人不能结婚，所有人也都要生育子女；同时，在这样的家庭模式下极少存在丧偶和离婚，夫妻大多会厮守终生、白头终老。20 世纪初期，欧美发达国家的人口转换已经结束，死亡率和生育率双双低下。这虽说是“二十世纪现代家庭”成立的条件之一，但这并不充分。“二十世纪现代家庭”成立的必要条件之中，凯恩斯主义政策和福特主义劳资和解体系所带来的全面就业，以及保障男性劳动者退休生活的年金制度等经济和政治上的制度设计也是必不可少的。此外，家庭还需要承担照顾家中男性劳动力和下一代的劳动力（也就是抚养孩子），并将他们输送给公共领域的功能。用马克思主义经济学的术语描述的话，这个过程可以被称作“劳动力的再生产”。如此一来，由家庭、经济和国家组成的三位一体的体系就建立起来了。

因此，笔者在大岳提出的“三根支柱”基础上，加入“丈夫赚钱养家，妻子当家庭主妇型的现代家庭”作为另一根支柱，并将 20 世纪发达国家的政治、经济体制表述为

①凯恩斯主义型福利国家。

②福特主义型生产模式和大量消费社会。

③丈夫赚钱养家，妻子当家庭主妇型的现代家庭。

并谓之为国家、经济、家庭三位一体的结构。大岳认为该体系起源于美国，故而将其命名为“美国式体系”②。实际上欧洲和日本都曾建立过这样的社会体系，因此笔者将其改称为“二十世纪体系”。“二十世纪体系”可以被认为是 20 世纪，更精确地讲应该是 20 世纪 20 年代前后至 70 年代，各个发达国家

---

① 落合恵美子：『二一世紀家族へ』，有斐閣，1994，108 頁。

② 大嶽秀夫：『二〇世紀アメリカン・システムとジェンダー秩序』，岩波書店，2011。

的国家—经济—家庭的形态，也可以说是当时发达国家的社会系统。

2.2 “二十世纪体系”的转型与长寿革命

“二十世纪体系”在诞生之初和寿终正寝，都伴随着重要的社会现象发生。首先是女性主义运动。女性主义运动经常被分为两波，第一波出现在19世纪末20世纪初，第二波则发生在20世纪70年代末。如此区分的话，“二十世纪体系”正好被夹在两波女性主义运动的中间。在社会剧烈变动的时期，各种相互矛盾的社会规范也处于相互竞争的状态，被社会运动中各方作为支持自身观点的依据使用。在竞争过程中，一旦某种社会规范占据了优势，社会运动也随即失去力量，那些不能接受该规范的人就被简单地贴上越轨者的标签了。而社会变动再次勃兴之际，新的社会运动也随之再次涌动。“丈夫赚钱养家，妻子当家庭主妇”的性别分工，作为一种极具特性的性别规范，成为“二十世纪体系”的构成要素。因此，“二十世纪体系”在诞生和消亡之际，性别问题都是当时社会争论的核心问题。

当时另一个重要的社会现象是人口转换。人口第一次转换时期，生育率和死亡率从双高向双低变化，总和生育率收缩到2左右。欧美发达国家在20世纪20年代至30年代完成这次转换之后，人口生育率在60年代末开始再次下降。此次下降还伴随着结婚率的下降和离婚率的上升，欧美国家的人口再次迎来新一轮剧变。这次转换被称为第二次人口转换。[①] 从人口学特征归纳的话，“二十世纪体系”也可以说是在两次人口转换之间诞生和消亡的。如前文所述，没有第一次人口转换，现代家庭就不会实现大众化，并最终形成“二十世纪现代家庭”这样的模式。而之后发生第二次人口转换，则从根基上瓦解了“二十世纪现代家庭”。第二次人口转换发生时，婚姻不再是所有人的必然选择，不生育子女的夫妇和非婚生的孩子也越来越多。“二十世纪现代家庭”形成的男女皆会结婚，婚后生育两三个子女，并最终白头偕老的婚姻家庭模式，实现了“再生产的平等主义”[②]。但是第二次人口转换发生之后，结婚和生育机会的不平等卷土重来。伴随着全面就业体系的崩溃、雇佣的日趋流动化，人与人之间经济差距整体上呈扩大趋势。

① Ron Lesthaeghe, “The Second Demographic Transition in Western Countries,” IPD-working paper, 1991.

② 落合恵美子:『二一世紀家族へ』, 有斐閣, 1994, 108頁。

虽然有的人自己主动放弃了安定的职位，但高流动性、不安定的职业则是更多人的无奈之选。第二次人口转换后出现的婚育机会的不平等与这些政治、经济状况变化紧密关联。

至今为止关于“二十世纪体系”转换原因的种种观点之中竟不乏切中要害者。例如以艾斯平－安德森为代表的多位学者就曾指出，“女性就业的增加”与其说是“二十世纪体系”转换的原因，不如说是转换带来的结果。这样大规模的社会变化，也理应具有更深层次的结构性动因。笔者认为，发达国家在20世纪经历了繁荣之后逐渐老龄化，而且这些国家在世界体系中的地位相对下降可以被认为是引发这些变化的根本性原因。

人口老龄化既是第一次人口转换的结果，在第二次人口转换后则更加严重。人口老龄化不仅表现为老龄人口的增加，还体现在该社会人口年龄结构的整体性变化上。劳动人口的减少与劳动年龄人口比例的收缩相伴而生，这一变化也给经济带来了诸多负面影响。日本的经济快速增长时期①，以及20世纪80年代亚洲各国的经济增长，都得益于劳动年龄人口的大量供给。人口老龄化给经济造成的影响则与此截然相反。促使经济增长的因素通常可以被分解为劳动力的增加、资本的增加以及无法用劳动力和资本解释的技术进步等全生产要素的生产效率提升这三个要素。图3显示了70年代以来各要素对日本经济实际增长率的贡献程度。可以看到，劳动力要素在七八十年代的贡献率保持在1%左右，而在90年代日本步入老龄社会之后转为负值（参见图3）②。换言之，随着年龄结构的变化，人口对日本经济的作用效果由原来的“人口红利”转变成“人口负债”。

人口老龄化问题是发达国家发展的结果，它不仅会通过劳动力人口的减少拉低经济增速，还会通过劳动力成本的上升削弱国家的国际竞争力。因此，70年代的欧美发达国家，一方面在经济上经受着石油危机和尼克松恐慌的打击，另一方面在社会结构上经历着人口老龄化。在经济和社会的双重打击之下，各国经济都难以迅速重回增长轨道。70年代的日本社会还十分年轻，在欧美国家哀鸿遍野之时，独自讴歌着摆脱危机、实现经济稳定增长的事迹。不过到了20年后，当时席卷欧美国家的问题同样未能放过日本。

---

① 日文称作“高度経済成長”，一般是指日本在1954年底至1973年初持续了约19年的经济景气。这段时间日本的国民生产总值（GNP）保持了年平均10%左右的增长。——译者注

② 厚生労働省（編）：『労働経済の分析　平成二五年版』，厚生労働省，2013。

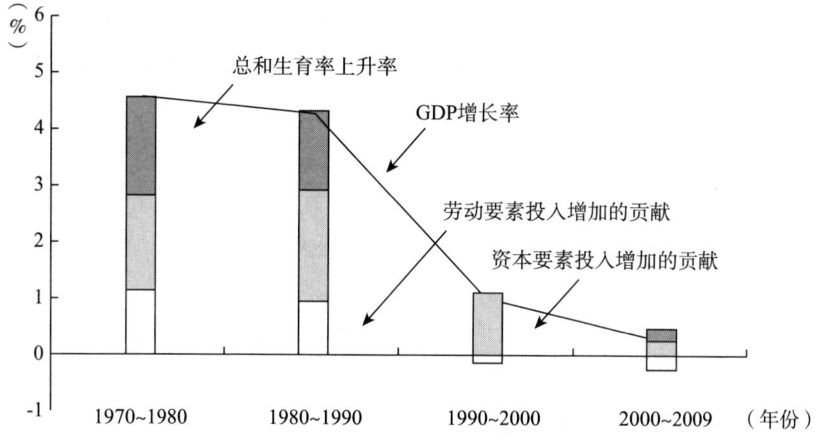

图3　实际经济增长率中各因素贡献率的分解（厚生劳动省，2013）

资料来源：转引自厚生劳动省劳动政策担当参事官室基于（独立法人）产业经济研究所《日本产业生产性（JIP）数据库2012》制作的图表。

当人们一听到人口老龄化这个词，脑中总会浮现出一种负面的印象。实际上，人口老龄化作为第一次人口转换的结果，是每个社会在“现代化”过程中必然经历的阶段，其实反而是一件可喜的事情。因为在这个时期，社会成功降低了婴幼儿死亡率，几乎每个人在出生后都能够长大成人，直到迎来老年生活。人类千百年来的长寿梦终于得以实现。如果人口转换真的是不可逆转的趋势，那么老龄社会甚至超老龄社会终将会成为未来人类社会的普遍形态。那么“现代化”其实可能是这样一个过程，即社会在经历过经济和人口增长后又迎来经济的减速，最终进入一种安定、常态的社会阶段。笔者曾提出，应该将这样全球规模的社会变动视为一种再生产过程，或者一般人所谓“长寿革命”，而不是视为一种生产过程。[①] 如何构建一个能够适应“长寿革命”时代需求的社会体系，不仅是我们当前需要回答好的问题，更是拷问全人类历史的重要课题。

2.3　囊括“人的再生产”的“社会系统”

上节中笔者讨论了人口结构变化对经济增长造成的影响。但是，笔者也强调过“二十世纪体系”不仅是一个生产体系，而且是一种再生产体系。

① Emiko Ochiai, "Human Reproduction in Mature Societies," presented at the workshop on "Crisis of Social Reproduction: Struggles over Nature, Community, Democracy and Care", Collège d'Etudes Mondiales/FMSH, March 13rd - 14th 2017, Paris.

无论是“人口红利”还是“人口负债”，两种状态都影响着能够投入再生产活动中的劳动力数量。再生产劳动的核心，是对儿童、老年人及其他成年人的日常照顾（也被称为照料）。代际人口比例左右着再生产劳动的状况。如果将处于劳动年龄的人口视作照料工作的主要提供者，那么劳动年龄人口的比例越高，全社会的照料负担就越轻；劳动年龄人口比例越低，全社会的照料负担就越重，全社会的再生产能力也越低。从各个家庭的角度看，成年的兄弟姐妹越多，兄弟姐妹之间就越容易分担照顾父母的责任，也能在照顾子女方面互相帮助。相反，如果没有兄弟姐妹，这样的互助也就无法实现。[①] 在国家、经济、家庭三位一体的“二十世纪体系”结构下，“人的再生产”完全交给现代家庭独自承担。需要注意的是，这样的模式只有在劳动年龄人口维持相当高的比例，家庭具有较高的再生产能力时才能得以维持。随着人口老龄化的加剧，“二十世纪体系”一旦开始动摇，这种模式就变得难以持续了。照顾父母的子女数减少，以及从前能够互相帮忙照看孩子的兄弟姐妹的消失，家庭承担的照顾负担变得越发沉重。为补充劳动年龄人口比例缩减导致的劳动力不足，很多女性被迫离开家庭进入劳动市场，这也是导致家庭再生产能力进一步降低的原因之一。而且发达国家经济实力的衰退不仅推高了青年人的失业率，还导致了不稳定工作岗位比例的增加。对于越来越多的人来说，组建家庭都变得十分困难。如此一来，游离于家庭之外的人逐渐增多，家庭的形态也日趋多样化。从现实角度看，现代家庭已经无法像从前那样作为全社会共同的家庭形态，被视为构成社会的基本单位了。这些现象也衍生出晚婚化、终身未婚率的上升、极低生育率等再生产危机，以及全社会的人口减少，人们饱受生活崩溃带来的折磨等问题。我们在重新建构社会系统时，如果不能将再生产的成本交给经济、国家和家庭共同分担，不能将生产劳动和再生产劳动一起纳入劳动范畴，并将其重新配置妥当的话，我们的社会将难以维持下去。

女性主义经济学主张扩展“经济”概念，将再生产也纳入经济范畴之中。西尔维·沃尔拜（Sylvia Walby）将经济定义为“一种与财货和服务的生产、消费、分配、流通有关的关系、制度、过程系统。这些财货和服务维持着人们的生活”[②]。沃尔拜的观点回归到初期马克思主义理论的视角，

① 落合恵美子：『二一世紀家族へ』，第四章，有斐閣，1994。

② Sylvia Walby, *Globalization and Inequalities*, Sage, 2009.

将“人的创造”（=再生产）视为经济的终极目标。[①] 因此，我们不应将再生产同经济割裂开，并将其完全抛给家庭承担，而应将其与生产一起纳入广义的“经济”这个整体，使之能够作为一个完整的体系得到可视化运作。当“二十世纪体系”中经济和家庭这两部分结合起来后，国家这个角色也要登场了。国家的职责并不局限在通过建设保育院等方式提供再生产相关的社会服务，更需要在制度改革和落实中扮演主导者的角色，重新建构社会体系以适应新的社会状况。沃尔拜也补充道：“经济这个概念不应局限于市场化的活动，还应当扩展到家务劳动、国家提供的福利等方面。”[②] 如此重新定义过的“经济”概念，几乎与福利国家研究中发展出来的“福利体制”（welfare regime）这个扩展性概念完全重合。[③]“二十世纪体系”概念在使用中具有“包括国家、经济、家庭在内的全社会体系”这样一层含义。因此，20世纪发达国家“（广义的）经济”“福利体制”也可以用“二十世纪体系”这个概念进行替换。

本文的后半部分着眼于制度改革，考察“二十世纪体系”转换后新建构起来的“社会系统”（或者说是广义经济或福利体制）的特征。这部分将特别关注被先前“狭义经济”视角所忽视的再生产部分，探究日本如何在新形势下构建了能够适应长寿革命的社会；如果这样的建构未能推进，又是遇到了怎样的阻碍。本文关注的虽然是日本的问题，但如果不与其他社会进行比较是不可能全面分析这个社会的。因此，本文将日本、欧美以及其他亚洲社会放在一起，通过比较考察日本社会在80年代经历了什么，80年代的变化又带来了什么样的结果。

3. 转型时期的选择——制度改革的歧路

3.1 欧美国家中再生产过程的去家庭化

艾斯平－安德森曾指出，“现代福利国家最初都是建立在家庭主义这个

① Karl Marx, *Oekonomisch-philosophische Manuskripte 1844*；大熊信行：『生命再生産の理論（上・下巻）』，東洋経済新報社，1974。

② Sylvia Walby, *Globalization and Inequalities*, Sage, 2009, p. 102.

③ Emiko Ochiai, “Human Reproduction in Mature Societies,” presented at the workshop on “Crisis of Social Reproduction: Struggles over Nature, Community, Democracy and Care”, Collège d'Etudes Mondiales/FMSH, March 13rd – 14th 2017, Paris.

前提之上的"[①]。这里的"家庭主义"是指建立在"家庭对其成员的福利负有最大责任"这一理念上的福利体制。[②]"战后的社会政策是以丈夫赚钱养家、妻子当家庭主妇型的家庭性别分工作为前提。直到最近，福利国家一直过于侧重维持收入（现金给付），给予儿童的社会服务和需要照料的老人的社会服务在供给上却很不完备。社会服务供给的不完备又与家庭主义这个前提紧密相关。"[③] 用本文的术语转述艾斯平-安德森以上观点的话，可以理解为"二十世纪体系"下的社会政策被特化成专为男性劳动者在失业时提供收入保障的制度，而其他家庭成员的福利（well-being）则全部交给家庭来负担。

20世纪70年代之后，这样的社会政策开始发生改变。根据艾斯平-安德森的观点，随着北欧各国女性雇佣比例的激增，国家越来越重视为家庭提供社会服务。北美、英国虽然没有像北欧那样增加社会服务的供给，但也通过减免家庭税收来促进市场发展。这段时间，比利时和法国的婴幼儿保育服务也日渐成熟。[④] 总之，有的国家通过增加社会服务供给，有的国家通过扶植市场，虽然方向有所不同，多数欧美国家在推进照料劳动的去家庭化。[⑤] 从另一个角度来看，"去家庭化"其实是一个内化于经济和国家构成的政治经济体系的过程。

上文中笔者讲到女性雇佣的增加并非时代变化的原因，反而是时代变化的结果。如同解释离婚率上升一样，追问其原因时我们会遇到两种解释，一种解释将离婚的增加视为具有自由价值观的主体的主动选择，另一种解释则认为离婚率升高是个人受制于经济因素等客观条件的无奈之举。第二次人口转换理论的拥护者通常将女性劳动参与率的上升归因于个人主义价值观的普及化。[⑥] 但这样的现象仅见于人口转换初期，70年代以后，导致女性雇佣规模扩大的最主要原因则是经济上的困窘。70年代发生的离婚和女性劳动带来的生育率下降，以及同居和非婚生子女的增加，主要也是经济

① Gøsta Esping-Andersen, *The Incomplete Revolution*, Policy Press, 2009, p. 80.

② Gøsta Esping-Andersen, *Social Foundations of Postindustrial Economies*, Oxford University Press, 1999, p. 51.

③ Gøsta Esping-Andersen, *The Incomplete Revolution*, Policy Press, 2009, p. 80.

④ Gøsta Esping-Andersen, *The Incomplete Revolution*, Policy Press, 2009, p. 80.

⑤ Gøsta Esping-Andersen, *The Incomplete Revolution*, Policy Press, 2009, p. 80.

⑥ Ron. Lesthaeghe, "The Second Demographic Transition in Western Countries," IPD-working paper, 1991.

困窘造成的结果。欧洲的一些研究发现高学历女性更容易离婚，这样基于价值学说的假说仅仅在早期得到验证，其解释力随着时间推移呈现出弱化的倾向。[①] 很多其他的研究纷纷发现，如果为家庭政策投入更多的公共支出，将越有利于消除夫妻之间因经济问题产生的摩擦，从而降低那些低学历阶层的离婚率。[②] 这些发现直接批驳了“福利国家会让离婚变得更加容易”这样的庸俗论调。从结果来看，70年代以后欧美国家家庭发生的变化，主要是经济的长期不景气带来的结果，而且这样的变化能够通过福利国家的政策介入加以缓和。总之，在“二十世纪体系”转型时期，家庭、经济和国家的种种变化是相互交织在一起发生的。

单纯强调经济因素对社会变化的影响，容易给读者造成一种价值观因素并不重要的错觉。笔者认为在决定制度的改革方向时，价值观因素确实发挥了重要的力量。20世纪六七十年代，公民权运动、对抗文化运动、女性主义运动、反歧视运动等各种社会运动在欧美各国如火如荼地展开，许多全新的价值观念争相涌现。不婚、单身母亲、双职工等被旧有价值观视为“失败”、越轨等的生活形式，在这些新兴的价值观下转而得到了正面评价。当时的社会运动也推动了那些以个人化、承认家庭形态的多样性、性别平等这些新价值观为基础的制度建构。[③] 那些大力支持和着力推进贝克所主张的“制度化的个人主义”（institutionalized individualism）[④] 及女性主义者们一直主张的“照料的社会化”的人，她们/他们在青春时代经受过新社会运动和新价值观的洗礼，如今已经成为社会各行各业的中坚一代。她们/他们是这次变化的先导者，正是由她们/他们主导的这些理念，才能为那些无奈选择了非主流生活形式的人创造一个容易生活的社会体系。

这一时期涌现出大量关于欧美国家家庭政策多样性的研究。[⑤] 这些研究

---

① Jan M. Hoem, “Educational Gradients in Divorce Risks in Sweden in Recent Decades,” *Population Studies*, 51 (1), 1997, pp. 19 – 27; J. Harkönen & J. Dronkers, “Stability and Change in the Educational Gradients of Divorce,” *European Sociological Review*, 22 (5), 2006, pp. 501 – 517.

② J. Harkönen & J. Dronkers, “Stability and Change in the Educational Gradients of Divorce,” *European Sociological Review*, 22 (5), 2006, pp. 501 – 517.

③ Emiko Ochiai, “The Meaning of the Second Demographic Transition and an Establishment of a Mature Society,” *European Societies*, 16 (3), 2014, pp. 343 – 346.

④ Ulrich Beck & Elisabeth Beck-Gernsheim, *Individualization*, Sage, 2001.

⑤ 例如 Mary Daly, ed., *Care Work*, International Labour Office, 2001。

中引用率较高的包括莱特纳的研究。莱特纳将育儿假等保障公民的时间权利（time rights），以及为家中承担照料劳动的成员提供现金给付等政策称为“家庭化政策”；将提供公共照料服务，以及为照料市场提供公共补助金等政策称为“去家庭化政策”。如果某个国家或地区前者较优厚、后者较薄弱，莱特纳则将其称作“积极的家庭主义”（explicit familialism）；如果前者较薄弱、后者较优厚，则称为“去家庭主义”（de-familialism）；如果两者都很薄弱称为“消极的家庭主义”（implicit familialism）；两者都很优厚则称作“自主选择的家庭主义”（optional familialism）[①]。使人们能够“退出家庭”（exit out of family）[②] 的家庭政策不仅限于去家庭化政策一种类型，还包括保障个人有权自己承担照料劳动的家庭化政策。

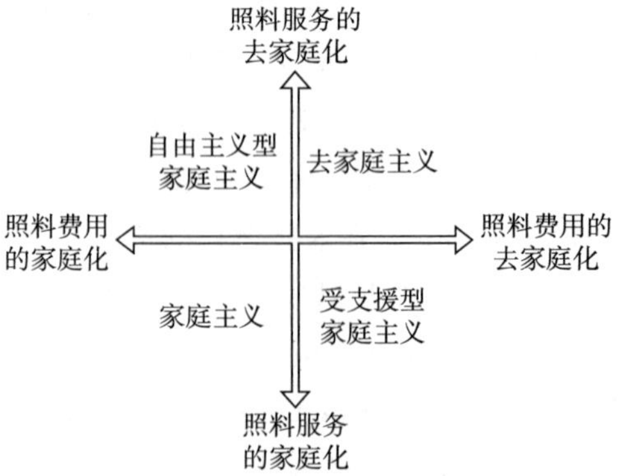

图4　照料的去家庭化和家庭化

资料来源：Ochiai，2017。

但是笔者对莱特纳的概念区分并不满意。莱特纳所谓“家庭化”政策，是通过国家为承担照料劳动的家庭承担相应的费用，或是通过制度保障家庭进行照料的时间等方式实现的。在这个意义上，“家庭化”政策可以被视为一种将再生产的成本“去家庭化”的政策模式。笔者提议以“照料服务的去家庭化”为横轴、以“照料费用的去家庭化”为纵轴建立一个坐标系，将“家庭主义”“去家庭主义”，以及二者的混合形态“自由主义型家庭主义”“受支援型家庭主义”（莱特纳称之为“积极的家庭主义”）四种类型

① Sigrid Leitner, "Varieties of Familialism," *European Societies*, 5 (4), 2003, pp. 353 - 375.

② Barbara Hobson, "No Exit, No Voice. A Comparative Analysis of Women's Economic Dependency and the Welfare State," *Acta Sociologica*, 333, 1990, pp. 235 - 250.

放在同一个坐标系中加以区别（参见图4）①。保育所等公共照料服务的经费来源中有相当比例的政府财政补助，其在服务和费用上具有去家庭化的特征，因此可以归类为“去家庭主义”。北欧是“去家庭主义”类型的典型案例。“自由主义型家庭主义”的典型案例是美国，其特征是“照料的市场化”，即家庭虽能从市场上购买照料服务，但服务产生的费用则需要家庭自己负担。“受支援型家庭主义”是指家庭虽然承担照料工作，但是家庭成员的照料劳动能从国家得到相应的补贴。这样的政策模式在芬兰、英国、法国、德国等国家与“去家庭主义”政策一同被使用。第三象限的“家庭主义”在定义上与莱特纳的“家庭主义”有所区别，是指家庭承担照料劳动却又不会得到相应的公共补贴。在西欧、北欧、北美等地，各个国家以及各个经济领域采用的政策模式虽然有所不同，但均采用了除“家庭主义”模式以外的三种模式分担着再生产劳动。而南欧、东欧以及包括日本在内的东亚社会，“家庭主义”的政策模式的特征依旧十分明显。②

3.2　家庭主义在日本的再制度化

那么日本是如何经历“二十世纪体系”转型的呢？如果把日本和欧美各国的第二次人口转换过程放在一起比较的话，可以发现出生率的下降、离婚率的上升、晚婚化是日本和欧美的共同特征。日本的第二次人口转换晚于北欧、西欧国家数年，与南欧国家相同，在70年代才初现端倪。仔细观察日本的各项人口指标，可以发现日本的出生率下降剧烈，甚至下降到德语圈及南欧等所谓“超低生育率”国家的水平。但是，欧洲在第二次人口转换期间表现出的非婚同居率、非婚生育率的上升等现象在日本却并不明显。换句话说，结婚作为男女共同生活和生育子女的前提的婚姻制度，其根基在日本并未发生动摇。③ 另一个与欧美各国形成鲜明对比的现象是，70年代之后日本的社会性别分工变化缓慢，女性的劳动参与率并未大幅提高，分年龄女性劳动参与率的M形曲线也并未消失。2017年公布的世界性

---

① Emiko Ochiai, “Human Reproduction in Mature Societies,” presented at the workshop on “Crisis of Social Reproduction: Struggles over Nature, Community, Democracy and Care”, Collège d'Etudes Mondiales/FMSH, March 13rd - 14th 2017, Paris.

② 即便如此，从日本、韩国、中国台湾地区实施的介护保险，以及韩国的婴幼儿保育的无偿化等政策来看，家庭主义的政策已经体现出变化的迹象（Ochiai Emiko & Yuki Tsuji, eds., forthcoming, *Transforming Familialism*, Brill, 2018）。

③ Emiko Ochiai, “Unsustainable Societies,” *Historical Social Research*, 2011, 36 (2): 219 - 245.

别差距排名中，日本在144个国家中排名第114位，更新了历史最低纪录。[①] 那么这半个世纪中日本又做了些什么呢？

20世纪70年代以来，欧美各国实行了一系列制度改革以应对社会结构转型。反观同时期的日本，80年代的中曾根内阁[②]时期，以及宣告战后自民党单独执政时代终结的90年代，日本政府都曾将“家庭”和“女性”问题作为重要议题提上议事日程，不过这两个时期的政策内容形成了鲜明对比。[③]

中曾根内阁继承了大平内阁[④]时期提出的建设“日本型福利社会”的政策方向，明确提出要从与欧洲型福利国家不同的方向建设日本的福利制度。中曾根内阁会做出这样的选择，其背景包括国际和国内两方面因素。当时的国际因素，主要是英国的撒切尔夫人和美国的里根总统主导的新自由主义政策甚嚣尘上。新自由主义的观点认为，70年代以来经济发展的停滞主要归罪于福利国家的过度扩张。20世纪70年代，当时欧美国家面临的经济不振、福利国家的负担沉重等催生新自由主义的问题均与日本无缘，当时的经济状况完全能够支持日本建立同欧洲比肩的福利国家。尽管如此，中曾根内阁还是采用了与英美新自由主义相同的论调，在日本尚未建立福利国家之时就转而对其加以抑制。最终日本经济从富裕转向泡沫，最终化为泡影。另外，国内方面的因素首先是对经济状况的乐观判断催生了“无须进行改革”的论调。当时日本既然已经预测到人口的减少将抑制经济发展，有必要未雨绸缪，提前做出应对方案。但是当时日本最终又为何做出无须进行改革的判断呢？这个问题又与当时另一个国内因素相关联，即当时日本自负地认为是日本文化的特殊性带来了经济上的成功。这种自负产生的背景，可以归因为将日本社会与欧美社会的差异视为日本民族性这样的“自我东方主义”（self-orientalism）[⑤]（酒井直树称之为“逆向东方主义”）

---

① 《朝日新闻》（电子版）2017年11月2日。

② 日文称为“中曾根内閣”，是指1982年11月27日至1987年11月6日，中曾根康弘担任日本内阁总理大臣的时期。——译者注

③ 落合恵美子・城下賢一：「歴代首相の国会発言に見る『家族』と『女性』」，落合恵美子・橘木俊詔（編）『変革の鍵としてのジェンダー』所収，ミネルヴァ書房，2015。

④ 日文称为“大平内閣”，是指1978年12月7日至1980年7月17日，大平正芳担任日本内阁总理大臣的时期。——译者注

⑤ 落合恵美子：「親密性の労働とアジア女性の構築」，落合恵美子・赤枝香奈子（編）：『アジア女性と親密性の労働』所収，京都大学学術出版会，2012，14頁；酒井直樹：『死産される日本語・日本人』，新潮社，1996。

观点的泛滥。当时的政治家们很难抗拒一种冲动，那种想要停止追赶欧美各国的政策，转而实行日本独特的政策，甚至是必须实行日本独特的政策的冲动。当时风靡全球的文化主义日本研究①，以及在日本国内与之交相呼应的日本社会论②都是这种冲动背后的主要推手。

中曾根内阁最终为那些在经济上依赖丈夫的主妇们确立了年金权利（第三号被保险人），通过制度强化了丈夫赚钱养家、妻子当家庭主妇的现代家庭制度。与欧美各国实行的以个人为单位的社会保障制度，以及以双职工家庭为特征的“制度化的个人主义”③ 相比，日本当时实行的是“家庭主义的改革”，即具有以家庭为单位的社会保障制度，以及性别分工的制度化等特征的“制度化的家庭主义”（institutionalized familialism）改革。④

需要强调的是，丈夫赚钱养家、妻子当家庭主妇的家庭形态并非中曾根首相所谓日本传统。日本的传统家庭属于东南亚型家庭，其以男女共同参加劳动为特征。日本的女性劳动参与率在明治时代曾经极高，就像现在的瑞典一样。此后日本的女性劳动参与率虽然逐渐降低，但是在20世纪70年代仍然高于欧美国家。⑤ 直到战后，日本才在欧美国家的影响下变成以丈夫赚钱养家、妻子当家庭主妇的家庭形态为主导的社会。这种家庭形态在70年代达到顶峰。更具讽刺意味的是，虽然日本建立性别分工的现代家庭在时间上晚于欧美各国，但现代家庭在日本的制度化却是发生在欧美国家中其地位开始动摇之际。⑥ 不只是中曾根首相，当时大多数日本人将丈夫赚钱养家、妻子当家庭主妇的家庭形态误认为是日本传统。这导致了当时日本误将作为“二十世纪体系”全球化结果的现代家庭视为日本的独特性，从而使日本的政策方向与70年代以后欧美社会的个人化倾向形成了鲜明对比。发生这种倒错的原因，正是“自我东方主义”观念。这种“现代的传统化”现象，在东亚范围内也是一种常见的知识地政学现象。⑦

---

① Ezra Feivel Vogel, *Japan as Number One: Lessons for America*, Harvard University Press, 1979.

② 村上泰亮ほか：『文明としてのイエ社会』，中央公論社，1979。

③ Ulrich Beck & Elisabeth Beck-Gernsheim, *Individualization*, Sage, 2001.

④ 落合恵美子・城下賢一：「歴代首相の国会発言に見る『家族』と『女性』」，落合恵美子・橘木俊詔（編）：『変革の鍵としてのジェンダー』所収，ミネルヴァ書房，2015，212頁。

⑤ 落合恵美子：『二一世紀家族へ』，有斐閣，1994，26頁。

⑥ 落合恵美子：『二一世紀家族へ』，有斐閣，1994，26頁。

⑦ 落合恵美子・城下賢一：「歴代首相の国会発言に見る『家族』と『女性』」，落合恵美子・橘木俊詔（編）：『変革の鍵としてのジェンダー』所収，ミネルヴァ書房，2015。

与80年代不同，90年代日本的政策方向与欧美各国基本一致。桥本龙太郎首相作为90年代改革的核心推动者实施了“天使计划”[①] 和“新黄金计划”[②]、“介护保险”[③] 等制度，并在国会发言中明确提出“从‘家庭为单位’向‘个人为单位’的福利制度”（1997年）、“让男性和女性都能过上兼顾工作和家庭的生活”（1997年）。桥本首相曾在“日本型福利社会”的创始人大平首相执政时期任厚生大臣[④]，当时也曾支持过家庭主义的福利制度。但是日本社会随后出现了生育率出人意料下滑的现象，养老问题越发严峻。桥本首相也意识到问题的严重化，他在1996年的国会答辩中痛陈“家庭功能急需社会在背后的支撑”。[⑤] 除了客观条件的变化，女性主义研究者、厚生劳动省中持女性主义观点的女性官僚、“创建更好的老龄社会的女性会”[⑥] 等女性社会运动等所谓“天鹅绒三角形”的影响力也十分强大。[⑦] 但是，90年代末的经济危机致使桥本内阁下台，本次改革尚未完成又再次迎来了倒退。

---

① “天使计划”的日文名称为“エンゼルプラン”，是指日本政府于1995年实行的名为“关于今后育儿支援政策的基本方向”（今後の子育て支援のための施策の基本的方向について）政策规划。“天使计划”从雇佣、保育服务、母子医疗保健体系、住宅等方面综合调整与改善育儿环境，首次提出“育儿社会化”概念，强调除家庭外，企业、地区以及国家、地方自治体在育儿的支援政策中的责任（参见郭云蔚《日本社会民生保障制度体系》，2019，未发表）。——译者注

② “新黄金计划”（新ゴールドプラン）是指日本政府为应对老龄化的加剧，在1989年制定的“推进高龄者保健福利十年战略”（高齢者保健福祉推進10ヵ年戦略），即“黄金计划”（ゴールドプラン）中增加养老投入，增设养老福利机构的计划基础上，大幅增加养老福利机构和床位的规划目标。——译者注

③ 日文称为“介護保険”，在我国称为“长期护理保险”。该保险针对养老服务提供保障，自1997年开始制定，并于2000年正式开始实施。年满40周岁的居民需要加入该保险，参保人经过官方评估需要护理或支援的级别后，可以在利用居家护理或机构护理服务时获得领取到保险金补偿（参见郭云蔚《日本社会民生保障制度体系》，2019，未发表）。——译者注

④ 厚生省是日本的国家级政府机关，于1938年设置，2001年与劳动省合并为“厚生劳动省”，合并前掌管社会福利、社会保障、公共卫生等事业。厚生大臣为掌管厚生省工作的内阁官僚。——译者注

⑤ 落合恵美子・城下賢一：「歴代首相の国会発言に見る『家族』と『女性』」，落合恵美子・橘木俊詔（編）：『変革の鍵としてのジェンダー』所収，ミネルヴァ書房，2015。

⑥ 该团体的日文名称为「高齢社会をよくする女性の会」。——译者注

⑦ レンツ・イルゼ/山本耕平・左海陽子（訳）：「フェミニズムとジェンダー政策の日独比較」，落合恵美子・橘木俊詔（編）：『変革の鍵としてのジェンダー』所収，ミネルヴァ書房，2015，140頁。

八九十年代的日本政策改革和国内情况变化所形成的鲜明对比也充满讽刺意味。当时的经济情况足以使日本建立与欧洲比肩的福利国家，并通过制度变革摆脱“二十世纪体系”的束缚。但事与愿违，当时日本国内并不具备能刺激改革发生的危机意识。经济的乐观情绪导致了日本对自身文化优势的过度自负，这导致了日本的改革方向与同时期欧美社会为摆脱“二十世纪体系”所进行的制度改革方向相背，通过错误的改革再度强化了“二十世纪体系”。到了90年代，日本最终没能幸免老龄化问题和经济萧条的结局，只得开始认真尝试进行结构改革。这次改革虽然收获一定成效，但仍难竟全功。

80年代的改革中固定下来的家庭主义制度，在90年代也成为日本当时面临的除经济危机以外的另一个阻力。总之，在80年代欧美各国艰难摸索改革道路之时，日本却在短暂繁荣的间隙以制度形式强化了“二十世纪体系”。这成为后来改革的阻力，把日本推向了“失去的二十年”。

4. 现在的日本社会——家庭主义式改革的结果

4.1 战后体制的收缩

日本独特的社会改革在时间轴上滞后于欧美各国20年发生。日本独特的改革又给后来的日本社会带来了些什么呢？现在的日本能否看到后“二十世纪体系”的特征呢？

首先，80年代是日本雇佣制度方面独特性得到固化的划时代的时间点。人们通常认为，日本能够挺过70年代经济危机需要归功于就业的稳定得以很好地维持。但当时得到维持的仅仅是男性的就业。80年代的日本迫于废除性别歧视的相关国际条约的压力，不得不修订相关劳动法律，并确立了女性的年金权利。日本在应对国际上建立性别平等的社会制度的呼声时，却巧妙地维持了性别分工体系。1985年日本虽然制定了《男女雇佣机会均等法》，但是其后又在雇佣管理上玩弄“综合职”和“一般职”这样的文字游戏，实际上维持了就业中的男女分别管理的模式。1985年制定《劳动者派遣法》时，日本也只是开放了翻译、秘书、办公用机械操作师、乘务员等需要专业技术、知识的职种，仅吸引那些具有较高工作技能的女性。同样在1985年，日本以确立女性年金权利为理由，规定年收入130万日元以下的已婚者可以作为配偶的“被抚养者”，成为配偶年金保险的“第三号被保险人”享受基础年金[①]的保障。日本的税收和社会保障制度原则上虽然是以个人为单位的，但在实际操作中“家庭为单位”这一特征却得到了强化。日本的“第三号被保险人”制度史无前例地给予无业或低收入的配偶以极其优厚的保障，同时在“派遣法”的实施和非全职工作（part-time）不断增加的共同作用下，大量女性成为非正规劳动者。[②] 1987 年，30 岁后半期至 40 岁的女性中半数左右成了非正式劳动者（参见图 5）。可以这样说，随着 1985 年一系列法律的实施和修订，日本女性可以分为“主妇”、“职业女性”和“非全职・派遣女性”三种类型，笔者称之为“性别的八五年体制”。在公司男性职员的“主妇”妻子、同男性一样劳动的“职业女性”、成为高流动性的边缘劳动力的“非全职・派遣女性”三种女性的共同支撑下，日本企业的经营得以延续。因此“性别的八五年体制”实际上也是日本社会的八五年体制。

90 年代的改革半途而废，进入 21 世纪的日本，就业状况又发生了巨大变化。如图 5 所示，1997 年至 2007 年的十年之间，无论男性还是女性，非正规劳动者的比例都显著上升。女性在各个年龄段上非正规劳动者都有所增加。与此相对，男性非正规劳动者比例仅是在 30 岁以下和 60 岁以上两个年龄段上有所增加，30 岁至 60 岁的男性中非正规劳动者比例均低于 10%。正像“新时代的日本型经营”[③] 这种说法所象征的那样，正式雇佣的正社员在人数上虽然减少，但依然在职场中扮演着核心角色，而且其性别绝大多数为男性。规模逐渐扩大的边缘劳动力则主要由女性、一部分青年男性和老年男性构成。边缘劳动力虽然是职场中不可缺少的部分，甚至出现了“非全职工作者（part-timer）基干化”的现象，但是这部分劳动者仍然被排除在社会保障体系之外。[④] 日本的社会保障制度在设计时仅考虑以正式劳动

---

① 日本的年金保险采用两层阶梯式的保险制度，“基础年金”是年金保险中的第一层次，即“国民年金”。其数额由国家确定，按照 2017 年度的标准为每月 64941 日元，约合人民币 4267 元。——译者注

② 日文称为“非正规雇佣”。根据日本厚生劳动省的定义，同时具备以下三个条件的雇佣形态称为“正规雇佣”，即正规劳动者或正社员。①劳动合同中未限定契约期限；②工作时间为全职工作；③雇佣形态为直接雇佣。其他形态则为“非正规雇佣”，即非正规劳动者。——译者注

③ 日本経営者団体連盟：『新時代の「日本的経営」』，1995。

④ 服部良子：「労働レジームと家族的責任」，『家族社会学研究』，第 21 巻第 2 期，2015，36 – 48 頁。

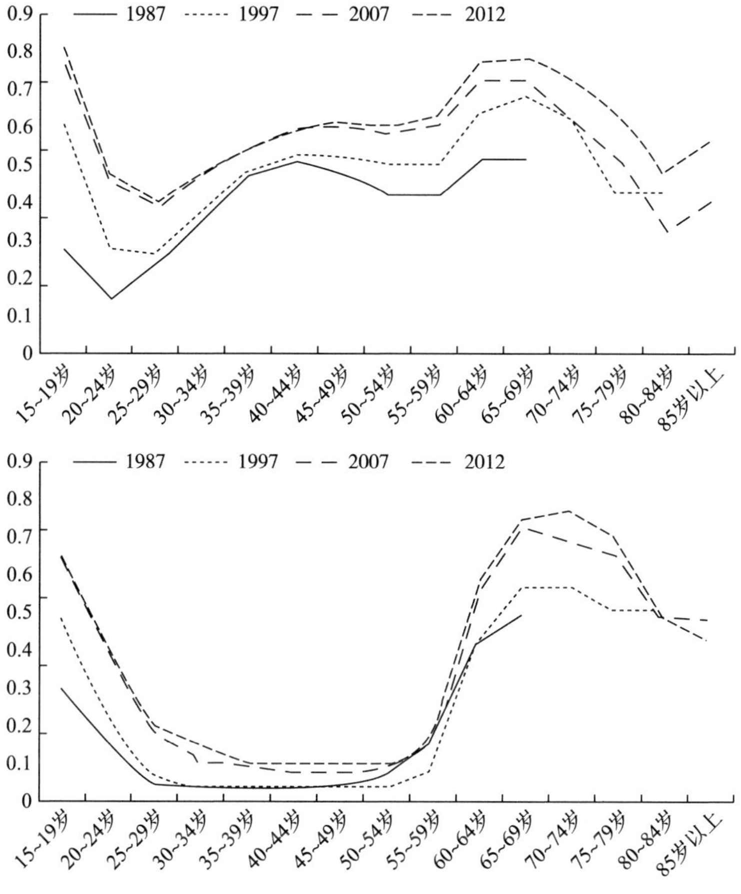

图5　分年龄非正规职员·从业者比例（上：女性；下：男性）

资料来源：总务省统计局《就业构造基本调查》。

者为对象，故而难以应对现实的变化。不过正规劳动者的处境也并非安泰。正规劳动者作为企业的核心劳动力，加班和精神健康问题更加多发①，经常被媒体追问的过劳死问题也仅是冰山一角。

劳动者的非正规化和高流动性固然是一个全球性趋势，但日本就业状况的变化也显现出独自的特征。具体来说，日本型经营模式中，核心劳动者的规模虽然出现了萎缩，但是并没有完全消失。如同日本企业仍然由“企业

① 服部良子：「労働レジームと家族的責任」，『家族社会学研究』，第21巻第2期，2015，36－48頁。

工会"① 和经营者共同苦苦支撑着一样，"新时代的日本型经营"被固定化也成了一种颇具讽刺意味的现象。如果劳动者已经全面流动化了的话，理应需要在制度上设计"多样的正社员"加以应对。② 当然也有缩短劳动时间、实行工作分享（work sharing）等应对方式，但是正社员并不希望这样。因此，如今还生活在"二十世纪体系"之下的公司男性职员和他们的"主妇"妻子，以及那些被"二十世纪体系"排除在外的边缘化劳动者形成了一种宛如封建身份制度的关系，这样的不平等关系可以被称作日本社会的"新双重结构"③。

诸多调查结果也证实了日本家庭同样出现了"双重结构"。稻叶昭英使用日本家庭社会学会实施的全国家庭调查（1998，2003，2008）数据对日本家庭的变化趋势进行了分析。稻叶发现，10年间由夫妻和孩子组成的核心家庭中，母亲的就业状况、丈夫分担的家务劳动量，以及育儿劳动的夫妻分担比例、婚姻的满足度等指标并未发生变化。换句话说，对于这个阶层的家庭，战后体制下的家庭成员性别分工仍然得以维持。另外，与这种"初婚持续型"的标准家庭不同的家庭形态，诸如单亲妈妈、无配偶子女与父亲或母亲一方同住、离婚或再婚等形态在持续增加。④ 这样的家庭更容易让子女教育陷入更为不利的状况。⑤ 家庭形态之间的不平等越发明显，致使20世纪60年代以后在媒体上已经销声匿迹的"完美的主妇"形象，在21世纪初的媒体上再度复活。⑥ 日本社会仿佛回到了经济快速增长时期，主妇成了一种众人憧憬的身份。

---

① 日文称作"企業別組合"，是指以工作单位或企业为单位，全体职工不分岗位均成为会员的工会组织形态。这样的组织形式更有利于工会反映企业利益，规避企业间竞争，增强员工归属感。与欧洲常见的产业工会（industrial union）相对，"企业工会"的组织形式在日本占较大比例。——译者注

② 久本憲夫：『正社員ルネサンス』，中公新書，2003。

③ 小林和佐藤两位学者基于定量调查的分析结果，指出日本的战后体制正在收缩（Yoshimichi Sato & Jun Kobayashi，"Coexistence of Stability and Increasing Stability in Contemporary Japan，" presented at the American Sociological Association Annual Meeting，2012）。

④ 作者在原文中将这样的家庭称为"家庭中不存在任何一对初婚持续至今的夫妻关系"。考虑到中日两种语言的使用习惯以及译文的简洁、易懂，译者将本句移到注解中。——译者注

⑤ 稲葉昭英：「NFRJ98／03／08から見た日本の家族の現状と変化」，『家族社会学研究』，第23卷第1期，2011，43－52頁。

⑥ 落合恵美子（編）：『いま構築されるアジアのジェンダー』，国際日本文化研究センター，2010。

社会政策本应承担修正市场衍生问题的功能。但最近的研究发现了一个惊人的事实，即日本的社会政策不仅未能发挥好这样的功能，反而引发了“反功能”。① 比较社会政策对于不同家庭类型的影响效果，可以发现社会政策不仅未能减少双职工家庭，以及父亲或母亲工作的单亲家庭的贫困，反而加剧了这两类家庭贫困的发生。② 与此相对，社会政策却降低了丈夫赚钱养家（即夫妻中一人工作）家庭的贫困率。究其原因，日本的生活保障体系依然是“二十世纪体系”下的家庭，即“丈夫作为正社员赚钱养家”的标准家庭模式提供保障。如果选择了非正规劳动、双职工家庭、单亲家庭等非标准的家庭模式，人们不仅享受不到现行税收制度和社会保障制度的恩惠，甚至会遭到处罚。90年代欧美各国推崇的以个人为单位的社会制度也可以被称作制度化的个人主义，这样的社会制度能够包容多元化的家庭模式，个人的人生历程也更加灵活化。以个人为单位的社会制度力图不使任何人被制度排除在外，让社会也容纳非标准化的家庭生存。这样的社会制度在保障的范围上与以家庭为单位的社会制度形成鲜明对比（参见图6）。

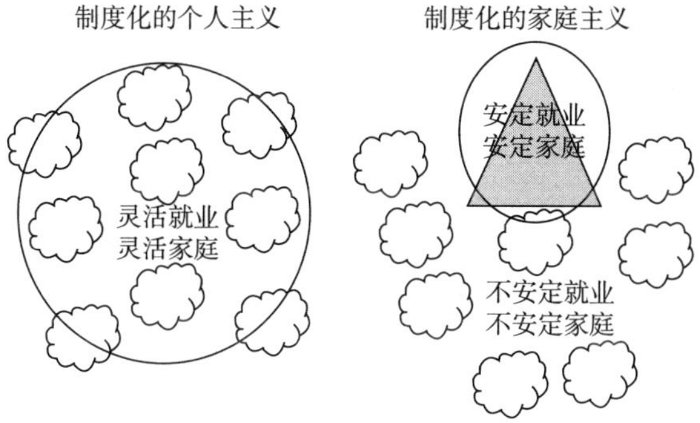

图6　两种制度类型及其涵盖范围

“二十世纪体系”在日本的语境下也可以被称作“战后体制”。日本在80年代实行的家庭主义式改革是一种将“战后体制”固定化，退步的制度改革。但是这并不意味着“二十世纪体系/战后体制”被原原本本地继承下

① 大沢真理：「日本の社会政策は就業や育児を罰している」，『家族社会学研究』，第27巻第1期，2015，24－35頁。

② 大沢真理：「日本の社会政策は就業や育児を罰している」，『家族社会学研究』，第27巻第1期，2015，24－35頁。

来了。过去的体系虽在结构上没有发生改变，但其涵盖的范围比以前缩小了，导致大量的人被阻挡在这个体系之外。日本仿佛又倒退回了近代，人们感受到封建身份制度般的不平等。无论是经济领域还是家庭领域，“战后体制”规模虽然缩小，但依然存在着。国家的制度也在收缩，其保护体系仅能涉及“战后体制”内部的人们，却无法顾及体系外部的人员。80 年代日本的家庭主义式改革并非朝着建立起后“二十世纪体系”的方向迈进，而是将“二十世纪体系”固定了下来。这样的改革如魔咒一样，仍然束缚着 21 世纪的日本社会。

4.2 “人的再生产”的可持续性

为了应对“长寿革命”的人口学变化，日本有必要对“二十世纪体系”做出改变。但是，日本果断地实行了将“二十世纪体系”固定化的制度改革，保留和收缩了原有的体系，对那些被排除在体系之外的人们弃之不顾。这样的社会能否仅靠自身力量进行再生产，使体系得以持续？当前日本的“人的再生产”的现状又是如何呢？

上文中讲到，70 年代以来欧美福利国家改革的特征就是政策不再仅限于保障收入，而是将再生产成本的分担以及社会服务的供给也纳入政策范围之中。在这样的体系下，“二十世纪体系”时代被外包给家庭的照料服务也开始由国家参与分担了。

人们经常提到照料服务的公共负担化在日本进展较慢，但这样的论断未必适用于保育服务领域。1948 年《儿童福利法》实行之初共有 13.5 万儿童进入保育所，六七十年代这个数字一直在稳步增长，到了 80 年代约有 200 万名儿童享受保育服务（参见图 7）。但 80 年代以后这个数字反而逐年递减，与欧美各国的照料服务的去家庭化趋势形成鲜明对比。1985 年以前，《厚生白皮书》连续二十余年一直强调女性就业的增加和保育所数量的不足；但从 1985 年开始，《厚生白皮书》强调“从全国来看保育所数量基本充足”。即使考虑到 70 年代后日本的出生率下降、各年龄段儿童人数减少这个客观事实，女性就业人数增加带来的保育所需求上升的影响也不容小觑。因此，不得不令人怀疑《厚生白皮书》对保育所需求判断的准确性。而且，日本的保育所大多集中于第一产业就业人口集中的地区，保育所数量存在极端的地区间不均衡。这种不均衡现象也是一直困扰厚生劳动省的问题之一。80 年代以后，都市地区的保育所短缺问题日渐严重。这正是 80

年代的社会政策退步带来的恶果在保育问题上的表现。此前不久，《厚生白皮书》还讨论了是否应该通过增设保育所、实行育儿假等政策手段让母亲能够亲自养育子女。

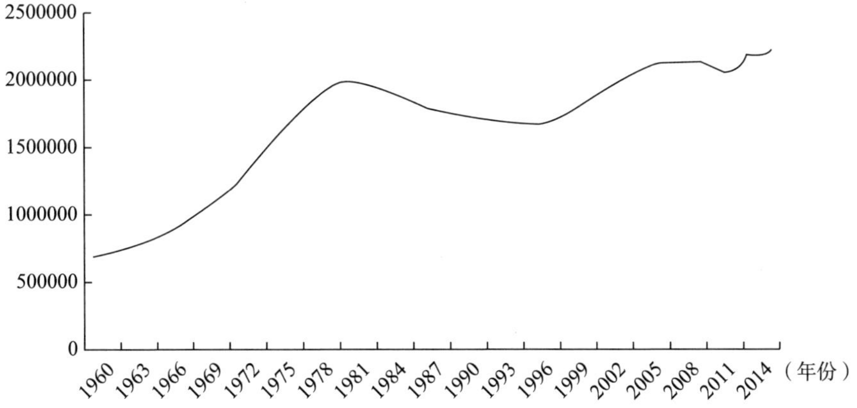

图7　保育所入托儿童人数的推移

资料来源：《厚生白皮书》《厚生劳动白皮书》。

20世纪90年代到千禧年的第一个十年，颇具改革精神的桥本内阁和宣言要“消灭待机儿童”[①] 的小泉内阁相继上台，保育所的入托儿童人数再次由降转升。即便如此，保育所的增加速度仍然赶不上需求的暴增。70年代欧美国家经历过的经济不景气和社会结构变化在90年代以后的日本再度上演，双职工家庭数量急剧增加。但是由于财政负担的增加，以及日本社会在家庭责任如何分担的问题上缺乏共识[②]，日本未能及时应对这些变化。保育所仍然仅仅是为那些“缺乏（家庭）保育”的孩子设置的。即便是为了配合“儿童·育儿支援新制度”的实施，2015年度实行的《儿童·育儿支援法》中仍然明确强调“在育儿中，父母或其他的监护人负有最重要的责任”这一理念。总之，理应建立在“孩子是全社会的财产”这一理念上的保育所制度，实际上却强化了“育儿是家庭责任”的社会规范，反而成为

① 日文称为“待機児童ゼロ作戦”，是指厚生劳动省于2001年为解决保育所不足，全国尚有35000名儿童排队等待入托等问题制定的政策计划。厚生劳动省计划到2004年为止全国新增15万个入托名额。——译者注

② 下夷美幸：「ケア政策における家族の位置」，『家族社会学研究』，第27卷第1期，2015，49－60頁。

阻碍育儿社会化的因素。①

养老护理的去家庭化进程在日本则十分迅速。养老护理的去家庭化经过1989年“黄金计划”和1994年的“新黄金计划”，最终在2000年以“介护保险”的形式确定下来。然而，“介护保险”的适用范围还是以家庭照料服务为中心，利用机构护理的条件则较为苛刻。在法律中，“介护保险”未对家中有无照料服务提供者作要求，从而将家庭从照料责任中解放出来，但“在制度设计上居家照料制度实际上搭了家人照料的便车”②。2005年《介护保险法》修订之时，日本政府为了抑制财政支出的扩大，大幅削减了对照料需求程度较低的老人的生活援助。藤崎宏子将这一趋势称为“介护的再次家庭化”③。

那么，照料政策之中家庭究竟被要求承担了怎样的责任呢？在设立“介护保险”制度之时，围绕是否应该为家庭照料提供现金给付这个问题就出现过很大争议。当时不乏反对声音，有人担忧仅通过少量现金补助恐怕就会使性别分工固化下来。结果除了特殊情况外，大部分计划给付家庭的现金补助最终又没能实现。给予家庭现金补助的政策在国外屡见不鲜。很多国家，即便父母养育自己的孩子也能得到相应的现金补助。日本虽然设有儿童津贴制度，但自1972年实施以来补贴金额一直较低。21世纪初期日本国内甚至出现了废除儿童津贴的呼声，但很快日本政府又将其作为应对少子化的对策之一提高了给付标准。该制度在民主党政权④时期曾更名为“子女津贴”⑤，其后又改回儿童津贴。总之，图4所示“受支援型家庭主义”在日本长期较为薄弱，儿童保育领域的受支援型家庭主义政策也只是刚刚迈出第一步。

① 下夷美幸：「ケア政策における家族の位置」，『家族社会学研究』，第27卷第1期，2015，49-60頁。

② 下夷美幸：「ケア政策における家族の位置」，『家族社会学研究』，第27卷第1期，2015，49-60頁。

③ 藤崎宏子：「介護保険制度と介護の『社会化』『再家族化』」，『福祉社会学研究』，第6卷，2009，41-57頁。

④ 民主党政权是指2009年9月16日至2012年12月26日，日本民主党议员在众议院席位上占据优势，由民主党的鸠山由纪夫、菅直人、野田佳彦担任总理大臣执政时期。——译者注

⑤ 日文称为“子ども手当”，是2010年当时鸠山由纪夫内阁执政时对“儿童津贴”（児童手当）制度进行的改革。除了对制度名称进行了修改之外，当时的鸠山内阁还对领取津贴资格，诸如年龄范围、收入条件和津贴额度方面进行了调整。2012年野田佳彦内阁时期又将名称改回“儿童津贴”。——译者注

在家庭政策方面，日本及其他亚洲国家通常都只是强调家庭的责任和义务，对于家庭的支持则少之又少。在中国和新加坡，子女赡养老人甚至被作为公民义务列入法条。这样的"义务型家庭主义"和欧美国家的"积极的家庭主义"虽有相似处，但绝不能够相互混同。后者如上文提到的"受支援型家庭主义"那样，是具有国家支持这个重要特征的。诚然，近些年日本逐渐实施了子女津贴（2010年）以及增加儿童津贴额度（2007年、2012年等）等政策，韩国也开始实行"介护保险"制度，为家中承担照料劳动的成员支付报酬（2008年实行），并设立了"儿童养育补贴"（2013年修订）制度。随着这些政策的实施，亚洲各国也开始逐渐从过去的"义务型家庭主义"向"受支援型家庭主义"过渡。

这些年，许多亚洲国家和地区也在实施或计划实施"去家庭主义"的社会政策。韩国的"保育费支援制度"（2013年）规定，家中有0~2岁儿童的家庭都能够免费利用机构保育服务。日本的安倍内阁如果能够信守竞选时的诺言，实现幼儿保育服务无偿化①，日本3~5岁的儿童也能像韩国的孩子们一样享受政策的实惠。而且韩国（2008年）紧随日本（2000年）实施了"介护保险"之后，居家照料中聘请护工（care worker；在日本称为home helper）的费用也可以受到"介护保险"补助。尽管补助对象并非机

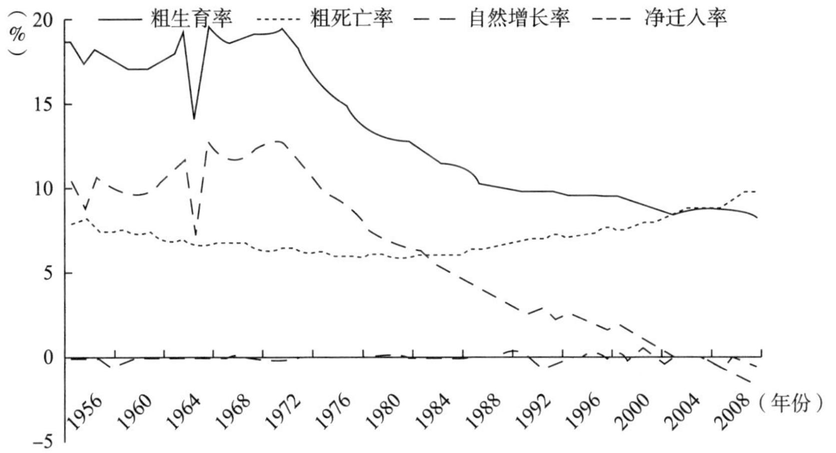

图8（1）　日本的人口动态

① 幼儿保育服务无偿化政策已于2019年10月在日本正式实施，为3~5岁的全体儿童，以及无须缴纳居民税的家庭中的0~2岁儿童提供免费的保育服务。作者执笔时，该政策的实施时间和方式尚在讨论中。——译者注

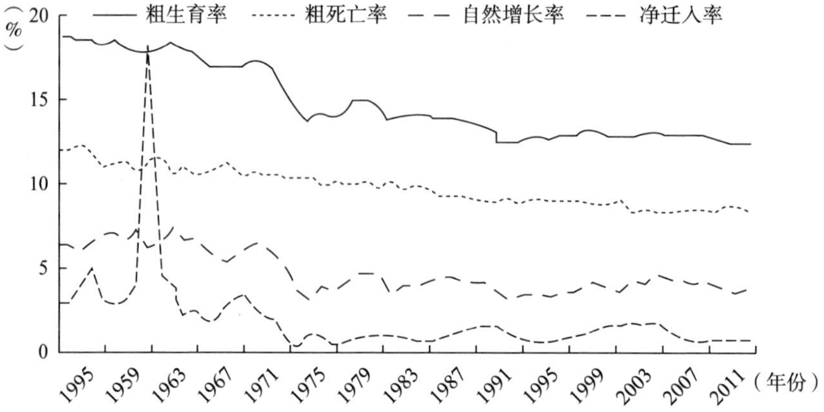

图 8（2） 法国的人口动态

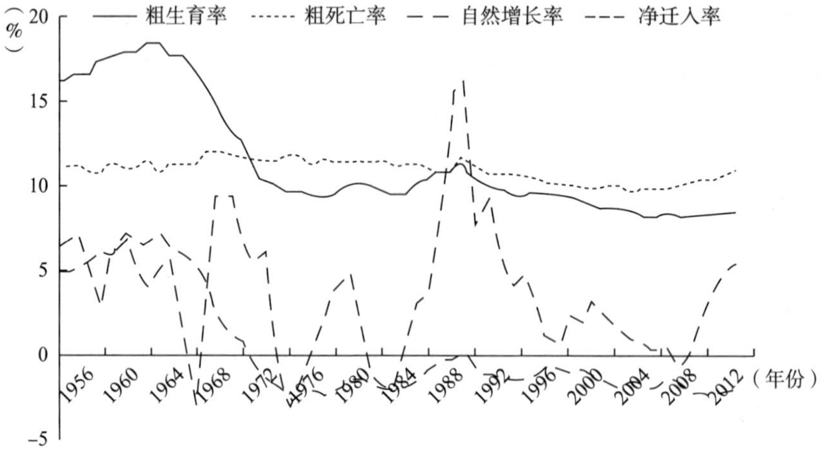

图 8（3） 德国的人口动态

图 9 ~ 图 11 资料来源：OECD Stat。

构照料，但是也可以划分为图 4 中的“去家庭主义”的政策类型。韩国和新加坡虽同在居家照料中聘请护工，但是新加坡并不为家庭照料提供公共补助，属于“自由主义型家庭主义”，韩国则是形成了一种欧洲型的“准市场”。

那么，日本当前的社会体系之中，“人的再生产”能够得以持续吗？图 8（1）呈现了日本的粗生育率（crude fertility rate）、粗死亡率（crude fertility rate）、表示二者差值的自然增长率（natural increase rate），以及净迁入率（net migration rate）四项指标。2006 年以来，日本的人口自然率开始转为负值。由于从“二十世纪体系”转型的脚步停滞，日本社会体系的再生产能力已不足以维持现有人口数量。为了方便比较，图 8（2）呈现了以上四项人口指标在法国的变化。如图所示，法国的生育率很高，而且自然增长率保持为正。法国的去家庭化政策的发达程度是足以与北欧各国比肩的。图 8（3）展示的是德国的人口指标。我们可以看到德国在 20 世纪 70 年代经历了低生育率时期，人口的自然增长率也曾转为负数。值得注意的是，德国的人口净迁入率为正，也就是说德国是一个移民净流入国家，本国出生的人口不足以维持现阶段人口规模，那么移民自然就成为不可或缺的资源。反观日本，人口自然增长率虽然已经连续十年为负，但人口净流入率仍然在 0 上下浮动。本文虽然没有涉及移民（人口的国际迁移）这个话题，但要考察某个国家的人口，人口的迁移是不可忽视的重要侧面。

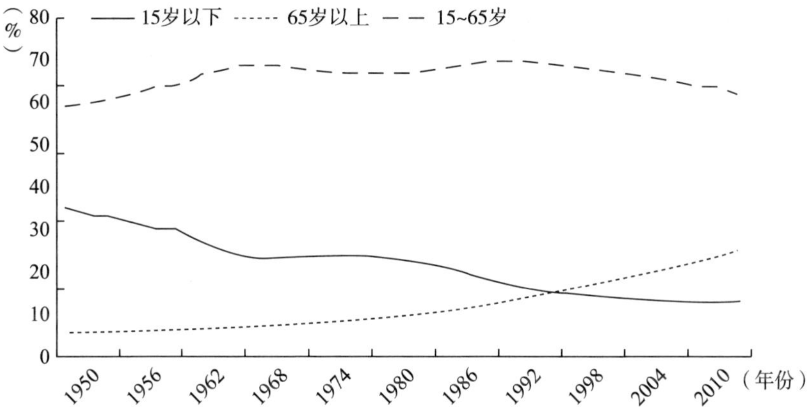

图 9（1）　日本分年龄段人口比例

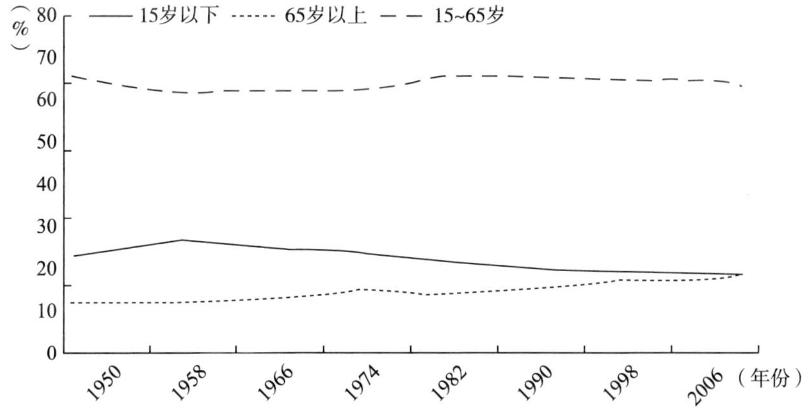

图 9（2）　法国分年龄段人口比例

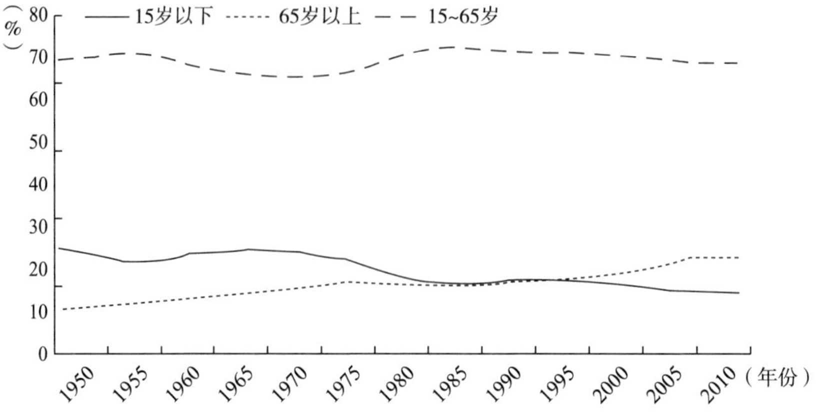

图 9（3） 德国分年龄段人口比例

人口增长的变动（见图 8）势必会改变社会的人口年龄结构（见图 9）。引人注目的是，日本的劳动年龄人口（15～64 岁）在 1995 年至 2013 年减少了 7.5%。与日本形成对比的是德国的状况，德国受益于移民的迁入，防止了劳动年龄人口的大幅减少，而日本却几乎未有移民迁入。也可以这样说，日本的人口出现前所未有的老龄化可以认为是移民政策过于严格的后果。虽然日本和德国同为低生育率国家，但与日本 2015 年 26.6% 的 65 岁以上人口比例相比，德国的数值只是 21.0%。[①]

劳动年龄人口比例低下也自然会传导为劳动年龄人口的减少。如图 3 所示，劳动力的减少又会拉低经济增长速度。日本的经济要如何应对连续 20 余年的劳动年龄人口大幅减少的问题呢？

比较图 10 的三张图，我们可以发现法国和德国的男性和女性在劳动参与率上并没有明显差距，而日本的男性劳动参与率则高出女性 20 余个百分点。三个国家的女性劳动参与率均呈现上升趋势，但是男性劳动参与率则存在较大差异。由于失业者已经计算在劳动人口中，所以失业率与劳动参与率之间并无直接的因果关系。但是失业导致的早退休，以及求职难带来的就业年龄推迟等现象，都拉低了 70 年代以来的欧洲男性劳动参与率。为弥补家庭生计赤字，欧洲女性也逐渐加入劳动者大军。通常认为，制造业到服务业的产业结构转型带来了雇佣需求从男性向女性的转变。但是制造业在日本尚具一定规模，而且日本的福利制度并未给劳动者提供早退休的

① 国立社会保障・人口問題研究所（編）：『人口統計資料集二〇一七改訂版』，2017。

机会，因此不会像欧洲那样受到早退休等影响导致劳动市场参与率降低。总之，即便工作条件不尽如人意，日本的劳动者也不得不迎难而上坚持就业。同时，劳动年龄人口比例低下也进一步推高了男性劳动参与率。

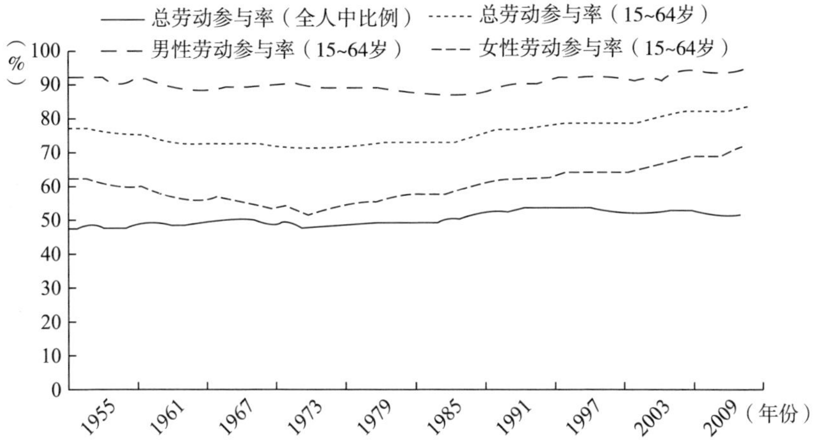

图10（1） 日本的劳动参与率

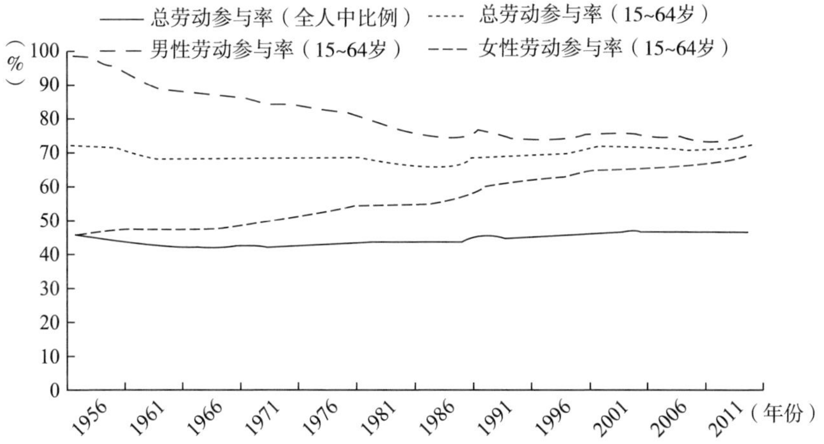

图10（2） 法国的劳动参与率

劳动年龄人口比例的低下虽然在“失去的二十年”间抑制了失业率的上升，却又在经济景气恢复的时期造成了人手不足和劳动过重的问题。20世纪前10年日本男性的劳动参与率接近战后初期法国和德国的水平，女性的劳动参与率却与当前的法国和德国无异。当前日本无论男性劳动力还是女性劳动力均已得到最大限度的动员，虽然全国人口中已有1/4以上为老年人，但总人口中仍然有超过一半人正在参与劳动。高标准的劳动参与率虽

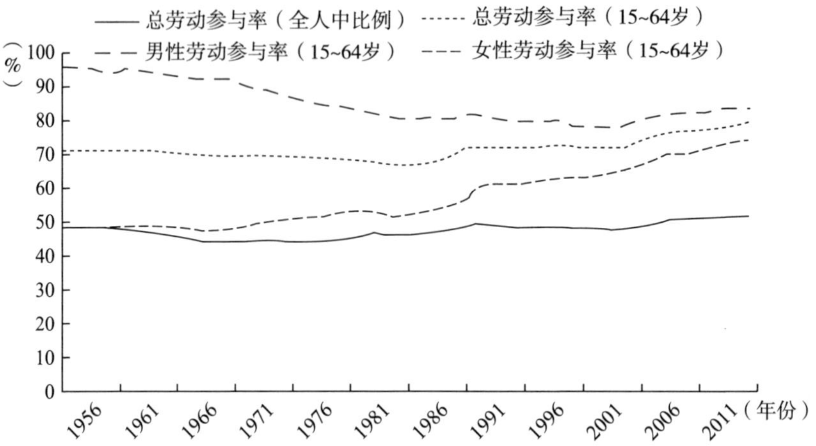

图10（3） 德国的劳动参与率

然保障了日本经济增长，这样的经济增长却建立在牺牲再生产能力的代价之上。[①] 这也导致了人口自然增长率低下，劳动年龄人口更加减少的恶性循环。笔者在本文第2章提到过，为构筑一个能够适应长寿革命的社会，“需要实现生产劳动和再生产劳动关系的妥当配置”。为达到这个目标，日本必须考虑将保障劳动年龄人口规模，扩大移民流入提上日程。

5. 终章

对于日本为什么会经历“失去的二十年”，本文给出了如下的回答。20世纪80年代的日本太过自负地将当时经济的景气归功于日本的文化优势。在欧美社会为摆脱“二十世纪体系”的束缚而进行一系列制度改革之时，日本却反其道而行之，通过家庭主义式的改革再度强化了“二十世纪体系”。这样的改革导致了后来困扰日本“失去的二十年”的发生。进入90年代各方面客观环境虽然发生了变化，日本社会却仍然笼罩在家庭主义的制度的束缚下，改革进程举步维艰。可以这样说，80年代的日本繁荣景象背后隐藏着一块“绊脚石”。

家庭主义式改革如同开倒车一般通过制度改革固化了“战后体制”。80年代以后的“战后体制”也并非维持原样，其结构虽然未发生变化，但在

① 为得到正确的结论，还需要考察劳动时间、正规雇佣和非正规雇佣的区别等因素。

规模上却日渐收缩，将很多人排除在这个体系之外。国家的制度体系虽然逐渐缩小，但在体系之内的人们仍然能够享受该体系带来的保障，而被排除在外的人却只能望洋兴叹。总之，这样的制度让日本仿佛又回到了封建时代，产生了如同过去身份制度一样的双重结构。

为应对“长寿革命”这样的人口学变化，日本有必要改变“二十世纪体系”。在重构社会体系时，应将生产劳动和再生产劳动共同纳入劳动范畴，并将其重新配置妥当，而且应将“二十世纪体系”下全部抛给家庭承担的“人的再生产”，交由经济、国家和家庭三方共同分担。不进行以上改革的话，日本社会将难以维持下去。遗憾的是这样的改革在日本并不顺利，人口自然增长率从2006年开始出现负增长，劳动年龄人口比例自90年代后期开始大幅下降。日本为了应对劳动力不足已经最大限度地动员男性和女性，以确保劳动参与率的稳定，但这是建立在牺牲再生产力的代价之上。这样的政策实际上是一种恶性循环。

安倍经济学通过金融政策摆脱了“失去的二十年”，但是改革仍然没有触及80年代家庭主义式改革中再度强化的“二十世纪体系”结构，换言之，日本面临的再生产危机仍然没有得到改善。为了实现生产劳动和再生产劳动关系的妥当配置，为了让普通人能在享受生活的同时抚养下一代，日本需要消除从20世纪延续下来的“丈夫赚钱养家、妻子当家庭主妇”的性别分工模式，同时需要开放对移民的吸纳。

1980s as a Stumbling Stone: Human Reproduction of the “Shortened Postwar System”

Abstract: In response to the question about what brought about the “lost two decades” of Japan, we can say that an overconfidence in Japan's cultural strengths during the economic boom of the 1980s led to familialist reforms that strengthened the 20th century system, rather than reformed it to the post-20th century system seen in Western advanced nations in the same period. Even from the 1990s, when the objective conditions had changed, the familialist systems that had been re-systematized and fixed in the 1980s worked to throttle any changes, preventing reforms from being carried out. The old system, while retaining the same structure, was shrunken, leaving more and more people outside it, unable to enter. The transformation from the 20th century system was a change necessary to respond to the demographic change of the longevity revolution. Unless we reconstruct with social systems to allow human reproduction, which was the role of the modern family in the 20th century system, to be the responsibility of the economy, state, and family and redistribute labor as appropriate, including both productive and reproductive, we will not be able to maintain our society. However, this transformation has not gone well in Japan.

Keywords: Population Ageing; Familialism; Human Reproduction; Defamilialization of Care; Lost Decades

论日语学习者如何习得接续词*

——通过与中文连词“然后”的比较

〔日〕石黑圭 著** 董 芸 赫 杨 译***

【摘 要】本文通过与日语母语者的比较，对中国日语学习者在单方叙事时如何使用接续词进行了分析。分析结果表明，日语学习者偏好使用“でも”和“そして”，日语能力较低的日语学习者使用“それから”和“だから”较多。而以日本留学为转折点，整体的使用状况更接近于日语母语者，转变成以“で”为基调的口语表达。另外，日语学习者常用“そして”，而日语母语者不常用。日语学习者回忆短期记忆时频繁使用“あと”，不能很好地区分“で”和“それで”。另外，中文母语者频繁使用的“然后”和日语的“で”之间的关联性很难得到验证，可以推测是以日本留学为转折点，环境促进了“で”的习得。根据以上的调查结果，本文提出了几点口语中接续词的教学方法。

【关键词】口语 接续词 连词 “然后” で

引 言

本文围绕中国日语学习者如何习得口语中的接续词进行调查分析，旨

---

* 在此感谢在收集数据中做出贡献的耿立平（一桥大学硕士毕业生），志贺玲子（东京经济大学讲师）以及参与调查的学生。本文是日本国立国语研究所基干型共同研究项目“对日本语学习者交流沟通的多角度探究”成果的一部分。本论文在石黑圭（2017）『談話研究からみた話し方教育への示唆——学習者は接続詞をどのように習得するか—』的基础上进行了内容附加和修改。

** 石黑圭，日本国立国语研究所教授、日语教育领域负责人，一桥大学教授、博士生导师。

*** 董芸，一桥大学言语社会研究科博士在读，主要研究方向日语教育学；赫杨，天津外国语大学讲师，主要研究方向为日语教育学。

在对日语教育中的口语教育提出建议。

一般来说，日语学习者是在长期的学习过程中渐渐习得口语的。然而，初级综合教材大多以会话为中心，中级综合教材大多以书面语的读写为中心，对于中高级水平的口语教育，特别是对做演讲、报告时需要用到的口语的指导成了盲点。因此，在与日语母语者接触甚少的环境下，中国日语学习者有很大概率会形成与自然的日语口语相去甚远的说话方式。

比如，在自然的日语单方叙事中，以“テ形”和“ケド节”的使用为基础的“节连锁构造”[①]、暗示[②]等十分常见，而JFL环境下的日语学习者则多使用不包含短句、从属节的复句[③]，并且有以完整说完一句话的形式结句的倾向。[④] 这样的说话方式会给日语母语者造成说话断断续续的印象。此外，日语学习者大多也不擅长使用情态表达，其中也包括语气助词的使用。[⑤] 除此之外，填充词也深受母语影响，中国日语学习者受中文影响形成的填充词对于日语母语者来说也十分不自然。[⑥] 就现状来看，利用日语学习者作文语料库的误用方面的研究很多，而关于单方叙事中表达方式的研究则严重不足。

考虑到以上情况，本研究将以中国国内高校的日语学习者为对象，对高校日语教育中经常出现的接续词的习得状况进行调查。目前，已经出现了很多与日语学习者写作中接续词使用相关的研究[⑦]，但对于口语中接续词使用的研究还相对较少[⑧]，对口语中接续词使用的实际状况的调查与研究是非常有必要的。

---

① 丸山岳彦：『現代日本語の多重的な節連鎖構造について— CSJとBCCWJを用いた分析—』，石黒圭・橋本行洋編『話し言葉と書き言葉の接点』，ひつじ書房，2014，頁93～114。

② 白川博之：『〈言いさし文〉の研究』［M］，くろしお出版，2009。

③ 近藤邦子：香港の大学における日本語学習者によるストーリーテリングの接続表現の問題点［J］，『早稲田大学日本語教育研究』2004（5）：77－92。

④ 朴仙花：OPIデータにみる日本語学習者と日本語母語話者による文末表現の使用—接続助詞で終わる言いさし表現を中心に—［J］，『言葉と文化』2010（11）：217－235。

⑤ 柴原智代：〈ね〉の習得2000/2001長期研修OPIデータの分析，『日本語国際センター紀要』2002（12）：19－34。

⑥ 石黒圭：『〈接続詞〉の技術』［M］，実務教育出版，2016。

⑦ CHONGPENSUKLERT Tassawan（チョンペンスクラート・タッサワン）：『日本語母語話者とタイ語を母語とする日本語学習者の文章に見る並列の接続詞の使用実態の調査・分析』［D］，国際基督教大学博士学位論文，2013；黄明侠：『〈序列の接続表現〉に関する実証的研究—日中両言語話者による日本語作文の比較から—』［M］ココ出版，2013。

⑧ 深川美帆：『日本語学習者の談話における接続表現の習得研究』，名古屋大学博士学位論文，2009。

接续词在书面语和口语中差别较大①，而就个人拙见，同时考虑接续词的文体差异和日语学习者接续词习得过程的研究还并未出现。此外，日语母语者在单方叙事中常用“で”②，而日语学习者并不常用③，并且虽然已经出现关于“で”的教育方法的建议④，但是“で”的习得情况并不明确。

因此，本文为明确日语学习者口语中接续词的习得状况，确立了以下两个研究课题。

(1) 中国日语学习者接续词的词汇量和种类是如何增长的。

(2) 中国日语学习者是如何习得“で”的。

本文的内容大致如下。在第1节“调查概况”中将介绍被调查者的构成和调查的大致情况。另外，对于调查中收集到的接续词的判定将进行讨论。在第2节“接续词的种类”中，将介绍学习者学习背景不同而造成的接续词使用上的差异，并且将据此给出指导性建议。在第3节“接续词‘で’频率的差别”中，将对日语口语中经常出现的接续词“で”和中文口语中经常出现的接续词“然后”进行比较，探讨母语中文对接续词习得造成的影响。在最后的“结语”中，将对上述两个研究课题进行解答，并对本文的内容进行总结。

一　调查概况

1. 调查对象

本文的调查对象是以中文为母语的日语学习者和日语母语者。由于缺

---

① 田中章夫：接続の表現と語法（Ⅱ）[J]，『日本語・日本文化』1988（14）：1－19；井上次夫：論説文における語の文体の適切性について [J]，『日本語教育』2009（141）：57－67。

② 太田公子、井佐原均：話し言葉の接続詞〈で〉の特徴 [J]，『情報処理学会論文誌』2003（10）：2444－2447；石島満沙子、中川道子：日本語母語話者の独話に現れる接続詞〈で〉について [J]，『北海道大学留学生センター紀要』2004（8）：46－61。

③ 深川美帆：接続表現から見た上級日本語学習者の談話の特徴—日本語母語話者と比較して— [J]，『言葉と文化』2007（8）：253－268。

④ 宇佐美恵子：接続詞〈で〉の指導に関する実験的研究—インプット洪水・インプット強化・明示的な文法説明の効果— [J]，『第二言語としての日本語の習得研究』2013（16）：196－213。

少男性日语学习者的资料，所以本文日语学习者的调查对象均为女性。具体情况如下。

以中文为母语、中国国内大学在学且没有留学经验的日语学习者共24名，3年级学生和4年级学生各半，有日本留学经验的4年级学生12名，这36名学生中仅有1名在进入大学之前具有日语学习经验。调查时间为2011年秋天，也就是新学期开始时。在这个时间点，3年级学生的日语学习时间为2年，4年级学生的日语学习时间为3年。调查对象的日语水平普遍较高，除了3年级学生中的2名学生以外，其他均通过了日语等级考试1级。另外，接受调查的日语母语者为日本东京都内在学的24名本科生，调查时间为2011年夏天至秋天。

2. 调查课题

该调查设置了两个课题。第一个课题是根据观看的无声短篇动画（以下简称“描述动画”）说明故事内容，第二个课题是描述自己印象深刻的一次旅行（以下简称“描述旅行”）。

设置这两个不同课题的理由如下：“描述动画”是为了观察短期记忆，“描述旅行”是为了观察长期记忆，而无论是填充词还是接续词，在凭借记忆叙事的过程中，短期记忆或长期记忆都有可能对其使用产生影响。因此，该调查设置了以上两个课题。

该调查使用的动画是英国与荷兰联合制作、由导演Michaël Dudok de Wit执导的8分钟无声短篇动画 *Father and Daughter*。该作品曾获2001年奥斯卡金像奖短篇动画大奖。虽然动画故事主线清晰，但由于是无声动画，在预调查时也有参与调查者反映故事难以理解。因此这次在调查时让参与调查者观看了两次动画。

动画的故事内容如下：

爸爸和年幼的女儿骑着自行车来到河岸边，开心地玩耍。之后，爸爸坐着岸上停泊的小船划离了岸边。女儿为了迎接爸爸回来，每天都骑车来岸边等待。但是一直没有再见到爸爸。后来，女儿长大了，还是一直没有停止来岸边等爸爸。学生时代和朋友一起来，结婚以后和老公一起来，生孩子以后和女儿一起来。再后来，女儿成了老婆婆，还是推着车一个人来到岸边等爸爸。河里的水已经干涸了，变成了草原，她就拨开草丛走进去。在草丛中她找到的，是爸爸曾经坐过的小船。于是，她就躺倒在小船旁边，睡着了。等她醒来的时候，终于见到了爸爸。她向爸爸跑去，被爸爸抱在了怀里。

调查时，把调查对象平均分成两组，一组进行的是“描述动画”的调查，另一组进行的是“描述旅行”的调查。调查人员分组如下。

表 1　调查对象分组

	“描述动画”组	“描述旅行”组
日语学习者 3 年级（无留学经验）	6 名	6 名
日语学习者 4 年级（无留学经验）	6 名	6 名
日语学习者 4 年级（有留学经验）	6 名	6 名
日语母语者	12 名	12 名

3. 接续词的判定标准

之前的叙述，对于接续词这个词类没有做详细的解释。关于日语的接续词，不同的学者有不同的定义，有的学者不把接续词作为一个单独的词类，有的学者把接续词作为和副词不同的词类，也有的学者把接续词作为更为广义的概念。笔者的立场是，把接续词作为一个更为广义的概念。接续词的分类是基于一个句子中的语法体系进行的，而接续词的作用是连接句子和句子，所以导致词性分类时比较困难。① 另外，某些限定副词只不过因为位于句首，所以起到了接续词的作用，但并不属于接续词。② 但是从一般话语分析学者的立场来说，分析位于话语句首、连接前后文的词类时，需要先承认接续词这个词性的存在。

综上所述，本文把石黑圭等③人认定为接续表现的词类称作接续词，作为分析对象。具体是指满足以下三个条件的词类。

---

① 山田孝雄：『日本文法学概論』［M］，宝文館，1936。

② 工藤浩：『限定副詞の機能』［C］，『松村明教授還暦記念　国語学と国語史』明治書院，1977：969－986。

③ 石黒圭、阿保きみ枝、佐川祥予、中村紗弥子、劉洋：接続表現のジャンル別出現頻度について［J］，『一橋大学留学生センター紀要』2009（12）：73－85。

(1) 基于前文，预告后文内容的成分。(不是单纯的副词)

(2) 并不只是基于前文中特定的成分，而是基于前文整体内容。(不是单纯的指示词)

(3) 多位于句首，和其他成分没有特定的关系，是独自的成分。(不是接续助词)

二 接续词的种类

1. 接续词的使用倾向

首先，先来考虑第一个课题：中国日语学习者接续词的词汇量和种类是如何增长的。

把这次调查中出现的接续词按照“描述动画”组和“描述旅行”组进行划分的话，结果如表2和表3。这里把出现频率高的接续词逐个列出，出现频率少的接续词统一归为“其他”一类。“あと”里包含“あとは”，“だから”里包含“ですから”，“で”“それで”“でも”里分别包含“でー”“それでー”“でもー”这样的带长音的接续词。“あと”和“そのあと”、“でも”和“それでも”因为在口语中的作用不同，所以均被判定为两种接续词。

表2 “描述动画”中出现的接续词（总数）

	3年级非留学	4年级非留学	4年级留学	日语母语者
それから	20（3）	5（2）	0（0）	3（3）
そして	9（4）	10（3）	12（2）	7（3）
あと	1（1）	0（0）	29（4）	7（4）
で	0（0）	0（0）	41（6）	92（10）
それで	0（0）	0（0）	0（0）	67（7）
だから	9（4）	0（0）	0（0）	2（1）
でも	15（5）	9（3）	8（4）	11（6）
其他	14（5）	20（6）	20（6）	48（11）
合计	68（6）	44（6）	110（6）	237（12）

注：括号内为该接续词使用人数。

表 3　“描述旅行”中出现的接续词（总数）

	3 年级非留学	4 年级非留学	4 年级留学	日语母语者
それから	5（3）	3（2）	0（0）	2（2）
そして	20（6）	46（5）	20（4）	0（0）
あと	3（2）	0（0）	17（4）	54（11）
で	0（0）	17（2）	6（4）	94（11）
それで	2（1）	0（0）	1（1）	14（7）
だから	9（4）	10（4）	1（1）	4（4）
でも	22（5）	24（6）	17（5）	29（9）
其他	11（4）	8（3）	6（3）	43（11）
合计	72（6）	108（6）	68（6）	240（12）

注：括号内为该接续词使用人数。

根据表 2 和表 3 计算出的接续词的人均使用数量如表 4 和表 5 所示。总体来说，随着日语水平的提高，接续词的词汇量和种类都所增长。但是，“描述动画”组和“描述旅行”组的结果出现了差异。

表 4　“描述动画”中出现的接续词（人均）

	3 年级非留学	4 年级非留学	4 年级留学	日语母语者
それから	3.3	0.8	0	0.3
そして	1.5	1.7	2.0	0.6
あと	0.2	0	4.8	0.6
で	0	0	6.8	7.7
それで	0	0	0	5.6
だから	1.5	0	0	0.2
でも	2.5	1.5	1.3	1.0
其他	2.3	3.3	3.3	4.0
合计	11.3	7.3	18.3	19.8

表 5　“描述旅行”中出现的接续词（人均）

	3 年级非留学	4 年级非留学	4 年级留学	日语母语者
それから	0.8	0.5	0.0	0.2

续表

	3 年级非留学	4 年级非留学	4 年级留学	日语母语者
そして	3.3	7.7	3.3	0
あと	0.5	0.0	2.8	4.5
で	0	2.8	1.0	7.8
それで	0.3	0.0	0.2	1.2
だから	1.5	1.7	0.2	0.3
でも	3.7	4.0	2.8	2.4
其他	1.8	1.3	1.0	3.6
合计	12.0	18.0	11.3	20.0

根据表 4，“描述动画”时，没有留学经验的 3 年级学生多使用“それから”“そして”“だから”“でも”。没有留学经验的 4 年级学生接续词的使用量总体减少，有频繁使用“そして”“でも”的倾向。有留学经验的 4 年级学生除了“そして”“でも”，“あと”“で”的使用也剧增。另外，日语母语者不太使用“あと”，最常用的是“で”和“それで”。

“描述动画”组的接续词使用倾向总结如下。

(1) 日语学习者频繁使用“そして”和“でも”。

(2) 日语水平较低的学习者频繁使用“それから”和“だから”。

(3) 有留学经验的学习者与日语母语者更接近，频繁使用“で”。此外，日语学习者频繁使用“あと”，日语母语者则频繁使用“それで”。

另外，根据表 5“描述旅行”组的结果，我们可以了解到，比起没有留学经验的 3 年级学生，没有留学经验的 4 年级学生接续词的使用频率更高，这两组学生都多用“だから”“でも”“そして”。与之相反，有留学经验的 4 年级学生与日语母语者多用“あと”。和“描述动画”组不同的是，有留学经验的 4 年级学生并不常用“で”。只看表 5 的话，没有留学经验的 4 年级学生似乎更常用“で”，但这是没有留学经验的 4 年级学生中的一名过度使用的结果，这一名学生在“描述旅行”时共使用了 16 次“で”。此外，与“描述动画”时相同的是，日语学习者都不太使用“それで”。另外还有一点明显的差异是，日语母语者中没有使用日语学习者常用的“そして”。

“描述旅行”组的接续词的使用倾向总结如下。

(1) 没有留学经验的3年级学生、4年级学生多用“だから”“でも”“そして”。

(2) 有留学经验的日语学习者与日语母语者多用“あと”。

(3) 日语母语者不使用“そして”，而多用“で”和“それで”。

不管是以场景为中心展开故事的动画，还是以事件为中心展开故事的旅行，在遵守时间顺序这一点上并无差别，因此都使用表示追叙的接续词。但是，没有留学经验的日语学习者在描述动画时多用“それから”、在描述旅行时多用“そして”推进故事发展，与之相对，有留学经验的日语学习者和日语母语者则多用“で”和“あと”推进故事发展。

以下（1）~（4）都是“描述旅行”的例子。（1）是没有留学经验的大学3年级学生的例子；（2）是没有留学经验的大学4年级学生的例子；（3）是有留学经验的大学4年级学生的例子；（4）是日语母语者的例子。

(1) それに、 あの、 うん、 二人 は あの自転車 /間/ に 降りて、
另外 那个 嗯 二人 那个自行车 /间隔/ 下来
それから あの、お父さん が 船で、うん、去りました。その前 あの一 父さん
接着 那个 爸爸 坐船 嗯 离开了 之前 那个 爸爸
が 急に あの、 その、 場所に 帰って の 娘を、 うん、だきました。
突然 那个 那个 地方 回来 的 女儿 嗯 抱住了
それから あの一、二人 の 感情 の、ふか、深い 感情 を、愛を、あの一、
然后 那个 二人的感情的 深 很深的 感情 爱 那个
み、見ました。それから あの一、お父さん が 離れて から、

あのー、娘が

看　看了　然后　那个　爸爸　离开　后

那个　女儿

每日　毎日　同じ、うん、自転車で、同じ場所　で、　あのー、うん、

每天　每天　相同　嗯　骑自行车 相同的地方　在　那个

嗯

お父さん が か、帰る　かどうか、あのー、　見に行きました。

爸爸　回来　没回来　那个　去看

（无留学经验3年级）

(2) えー、彼は、ボートで、あのー、川、うん、ボートで、えー、行きました

嗯　他　坐船　那个　河　嗯　坐船　嗯　走了

そして　あのー、女の子は、あのー、父さん に 会いたくて、えー、毎日、

然后　那个　女孩子　那个　爸爸　想见　嗯

每天

自転車で、川 の そぼ、そば に 行きました。父 を 待つこと のために。

骑自行车　河的旁边　旁边　去　爸爸　等待

为了

/間/　えー、そっ、そして あのー、おんな、女の子 が、晴れた日　も

/间隔/　嗯　然　然后　那个　女　女孩子　晴朗的日子 也

雨 の　日　も、必ず　あそこ へ　行きます。

雨的日子　也　肯定　那里　去

（无留学经验4年级）

(3) あの、　私　見た　のは、　あのー、えー、お父さん と、あの、娘さんは、

那个　我　看的　那个　嗯　爸爸　和　那个

女儿

まず　二人で、　一緒に　なんか、　遊び に 行く こと みたいな　感じで、で、

首先　二人　　一起　　那个　　玩儿　　去　　　像　　感觉　然后

あとは　あの、　お父さん が、　あの、　船で、あの、なんだろ、どこか に

然后　　那个　　爸爸　　　　那个　　坐船　那个　怎么说呢　哪儿

行く　ような　/笑い/　あの、　様子。で、あとは　娘 は　そこで お父さんを

去　　　像　　/笑/　　那个　　样子 然后　然后　女儿　　在那儿 爸爸

/間/ 待っている とか、でも　あの、お父さん が　帰ってなかったという、

/间隔/　　等待　　之类的　　但　　那个 爸爸　　　没回来这样的

あの、あー、これ、これは 最初、最初 の ストーリー。で、あとはあの、

那个　　啊　　这个　这个 最初　最初 的 故事情节　然后 然后那个

時間 が　どんどん　流れて、でも その間 娘さん も 大きく なって {後略}

时间　　越来越　　流逝　　但　那期间　女儿 也　大　　变　{以下省略}

(有留学经验 4 年级)

(4) えーと、お父さん と 娘 が、えーと　自転車に　乗ってて、で、海辺 の

嗯　　　爸爸　　和 女儿　　嗯　　　自行车　　骑着　　然后海边 的

とこ まで 行って、で、　お父さん、あ、自転車　降りて、海辺まで、割と

地方 直到 去　　然后　　爸爸　　啊 自行车　下来　　海边

直到　反而

浜辺 の ほう まで 降りて って、で、お父さん が ボート に 乗って、海 の

海边 的 方向 直到　下来　　然后　爸爸　　船　　坐上

海 的

ほう に 入ってちゃって、で、娘 は 残されて、で まあ 帰ってくると

方向　　进入　　　然后　女儿　被留下　然后 嗯　回来

思って、えーと 家 に 帰って、でも お父さん が 帰ってこなくて ｛後略｝

认为　　嗯　　家　　回　　但　　爸爸　　没回

｛以下省略｝

（日语母语者）

没有留学经验的学生大多只在日语教材中学习日语，所以最常用的是教材中经常出现的“それから”和“そして”，而有日本留学经验的学生有更多的机会接触到实际应用的日语，所以渐渐向日语母语者常用的“で”和“あと”过渡。

2. 指导接续词用法的注意事项

指导接续词时需要注意以下三点。

第一点是，日语母语者不太使用“そして”。并不是不能在口语中使用，而是能用的情况较少，导致在口语中频繁使用的话，会显得不太自然。所以，“そして”可以说是“学习之后过度使用”的接续词。

石黑圭提到，“そして”并不是单纯地表示列举，而是容易在表示具有决定性作用的事物时使用。如果出现“そして”的话，后面一般为分量较重的内容。“そして”可以表示并列、因果、继起，用法很广，但是因为可以表示决定性事物，所以使用过多会显得不自然。因此在初级阶段最好不要进行指导，而在中级阶段要把使用时的注意事项一并进行指导。①

第二点是，日语母语者在描述动画时不太使用“あと”。“あと”是在

① 石黒圭：〈そして〉を初級で導入すべきか［J］，『言語文化』2000（37）：27－38。

回忆脑中还未叙述的事物时常用的接续词，所以像描述旅行这种较深的记忆时使用比较自然，不太适合在回忆像刚看完的动画这样较浅的记忆时使用。“あと”是在当场一边回忆一边叙述时使用的接续词，过多使用可能会给对方留下准备不足的印象。

第三点是，日语母语者对“で”和“それで”是区别使用的。日语母语者在描述动画时较多使用“それで”，在描述旅行的时候不太使用。描述动画是较为正式的行为，会选择适用于较为正式体裁文章的“それで”。相反，描述个人的旅行体验是较为私人并且轻松随意的行为，会选择适合这类体裁文章的“で”。像这样，根据说话内容以及行为的正式程度选择使用不同的接续词，这一点也需要提醒日语学习者注意。比如，进行演讲或者报告时，多次使用“で”会产生与场景不符的印象。

日语学习者可以在日本与日语母语者进行接触，在与同龄人不断的交流中自然地习得日语当然是好的，但是如果一味地依赖环境的影响，很可能只能习得较为口语化的表达。在教学中应该让学习者意识到，口语和书面语中接续词使用上的不同。

“それで”虽然在较为初期的阶段就进行了指导，但几乎没有观察到初中级的日语学习者使用。与“それから”“そして”“それに”“そこで”不同，即使是高级水平的日语学习者，也并不清楚其明确用法，不知道如何在各个场景下恰当地使用。可以说这是“虽然学习过但无法使用”的接续词。

在指导口语接续词时，在初级阶段不应该指导“それから”“そして”，而应该指导“それから”“それで”，中高级阶段在指导“それから”的基础上指导“あと”，在指导“それで”的基础上指导“で”，通过这样的分组指导，可以让日语学习者掌握更为地道的口语表达。

三 接续词“で”频率的差别

接下来，想针对第二个课题——中国日语学习者是如何习得“で”的，进行阐述。

经常会听到学习者在中文表达时频繁使用“然后”。联系前文中提到的，学习者频繁使用“で”的现象，可以联想到两者也许存在关联性。并且，如果“然后”和“で”可以互换的话，习得“で”可以让中国日语学习者学习接续词更为简单。

耿立平以没有日语学习经历的12名中国人（中国国内大学生，均为女性）为对象，进行了同样的调查，分析了“然后”和“で”的对应程度。①

从结论上来说，“然后”和“で”的对应性很难得到证实。中文中“然后”的使用次数，在描述动画时一共出现了237次（6人，人均39.5次），描述旅行体验时一共为234次（6人，人均39.0次）。日语中“で”的使用次数，描述动画时人均7.7次，描述旅行体验时人均7.8次，与中文中“然后”的使用次数相差较多。可以想象到“然后”的用法比“で”更广。通过以下的例子可以观察到这一点。

（5）然后就是，就是，嗯，然后看那个，嗯，故事情节的话，我其实，然后，就是觉得，就是讲那个父亲和他的小女儿嘛，然后父亲就好像因为某种就是不得已的原因，要离开他的女儿了，然后，就很不舍嘛，在岸边跟她告别，然后他驾着船就，就离开了。然后那个女儿就从她小，然后一直到老，然后一，日复一日的去那个岸边，就，就是隔一段时间就去等待嘛。

这样看来，“然后”在拥有“で”的用法的基础上，还具有“テ”的断句的用法及填充词的用法。在日语中接续词“で”和接续助词“テ”分别用于句首和句中，而在中文中“然后”既可以位于句首，也可以位于句中，具有接续词“で”和接续助词“テ”两者的作用。另外，中文母语者在“然后”后，会作短暂停顿之后再叙述接下来的内容。这时候可以认为“然后”起到日语中填充词的作用，是在给自己争取思考的时间。

从表4中可以看到中国日语学习者以日本留学为转折点，开始频繁使用“で”。可以推断出，中国日语学习者是通过在日本听到日本人的对话，或者在日语对话过程中逐渐习得的。另外，在想表达“然后”的语境中，不能全部置换成“で”。

在此基础上以英语母语者为对象，进行了动画描述的追加调查。对象为在日本留学的4名男性大学生。国籍为英国2名，美国1名，澳大利亚1名。

① 耿立平：『独話における日本語の〈で〉と中国語の“然后”—日本語母語話者と中国語母語話者・中国人日本語学習者との比較—』［D］，一橋大学修士論文，2013。

调查结果表明，接续词“and”的使用次数一共143次（4名，人均35.8次），与中文中“然后”的使用次数接近。以下为美国人的例子。

（6）So basically, a man and his daughter go to a hill under a tree, and he goes down the hill, and he gets in the boat, and presumably they go fishing or go to work? they didn't really specify that. And his daughter returns later in the afternoon, right at sunset, and waits for him to come back? which he doesn't. And she returns home once it becomes dark. And presumably returns the next day, to see if he comes back again.

与作为SOV语言的日语不同，英语和中文都属于SVO语言。日语中“テ”的断句的用法，可以解释为在英语和中文中，分别通过“and”和“然后”替代。“and”和“然后”的用法在一定程度上可以说具有相似性，具有接续词“で”和接续助词“テ”两者的作用。综上所述，日语中文英文中表示追叙时使用的接续词可以总结如下。（见表6）

表6　追述时所使用的接续词

日语	接续助词“テ”	~Vして、ーVして、ーVした。
	接续词“で”	~Vした。で、ーVした。
中文	连词然后	V，然后V。
		V。然后V。
英语	and	V, and V.
		V. And V.

因此，在针对中文母语者和英文母语者指导“で”时，因为受到母语的影响，可以说具有一定难度。中文母语者和英文母语者在学习日语时，应该区分日语中接续词“で”和接续助词“テ”的不同，有意识地把接续词和接续助词区别使用。

四　结语

本文通过与日语母语者的比较，对中国日语学习者在单方叙事时如何使用接续词进行了分析。确立了以下的两个课题。

（1）中国日语学习者接续词的词汇量和种类是如何增长的。
（2）中国日语学习者是如何习得“で”的。

关于课题（1），描述动画和旅行时稍微有不同，但是总体来说学习者偏好使用“でも”和“そして”，日语能力较低的学习者使用“それから”和“だから”较多。另外，以日本留学为转折点，整体的使用状况更接近日语母语者，转变成以“で”为基调的口语表达。从这个过程可以判断，日语学习者在逐渐习得更为地道的口语表达方式。

然而，也有一些通过环境习得日语时很难克服的问题。比如，日语学习者常用“そして”，但日语母语者不常用。日语学习者回忆短期记忆时频繁使用“あと”，不能很好地区分“で”和“それで”。这些问题在针对高级日语学习者进行指导时需要特别注意。

关于课题（2），中文母语者频繁使用的“然后”和日语的“で”之间的关联性很难得到验证，可以推测是以日本留学为转折点，环境促进了“で”的习得。关于指导方法，需要注意不能直接用“で”代替中文的“然后”，且应该在初中级阶段导入“それで”的用法，对“で”作为“それで”的简略形这一点进行指导，逐渐让日语学习者习惯日语母语者的表达方式。

本文对于日语学习者很难习得的话语标识，特别是填充词和接续词的关联未作分析，留作今后的课题。

How the Japanese Learners Acquire the Conjunctions: By the Comparison with the Chinese Conjunction “然后”

Abstract: The paper is the analysis of the conjunctions in monologue used by Japanese learners, through the comparison with the Japanese native speakers. The conclusions are as below. The Japanese learners often use “でも” (demo) and “そして” (soshite), and the learners with low Japanese ability often use “それから” (sorekara) and “だから” (dakara). After studying in Japan, the actual use situations are close to Japanese native speakers whose monologues are based on “で” (de) . But, the Japanese learners often use “そして” (soshite), which the Japanese native speakers do not. The Japanese learners use “あと” (ato) when they tell the shallow memory, and they cannot distinct “で” (de) with “それで” (sorede) well. And, it is not verified that if the Chinese learners learn “で” (de) with the help of the Chinese word “然后” . We can infer that, “で” (de) is used after the study in Japan, and the use of it is influenced by the environment. After the analysis of the actual use situation, the paper made some proposals of the education plans for the conjunctions used in monologue.

Keywords: Discourse; Conjunction; Chinese Conjunction; “然后”; で

赫沃斯托夫事件与《北海异谈》*

——以壬辰战争的战争史视角及《海国兵谈》的使用为中心

〔韩〕金时德 著** 覃思远 译***

【摘　要】1806～1807 年，在萨哈林群岛和千岛群岛南部，日俄之间爆发了史称“赫沃斯托夫·达维托夫事件”（以下简称“赫沃斯托夫事件”）的军事冲突。该事件的相关信息传入日本国内，促成了以此为题材的小说《北海异谈》的诞生。本论文将探讨《北海异谈》创作的过程，分析该作品在以赫沃斯托夫事件为素材进行创作的同时，是如何活用有关壬辰战争的文献及相关海防论著的，并由此推测作者的逻辑。

【关键词】《北海异谈》　壬辰战争　赫沃斯托夫事件　俄日关系　兵学

一　前言

17 世纪中期以后，围绕虾夷地区的统治权，日本、俄罗斯、阿伊努展开了长期却是低强度的斗争。可以说，这一纷争至今依然没有结束，只是以今天我们常说的“北方领土问题”的形式出现而已。江户时代有大量以此为主题的作品问世，其中就包括以 1806～1807 年在萨哈林群岛和择捉岛爆发的日俄军事冲突为题材的实录体小说《北海异谈》。从历史上来看，这

---

* 本文根据井上泰至编《近世日本的历史叙述与对外意识》（勉诚社，2016）所收论文翻译而成。有删减。

** 金时德，韩国首尔大学奎章阁国学研究院副教授。

*** 覃思远，北京外国语大学博士研究生，天津师范大学讲师。

只不过是一个短期的、小规模的冲突而已，但在该小说中，它不仅仅被描绘成一场历时一年的大规模战争，还是一场朝鲜试图与俄罗斯联手，为壬辰战争复仇的战争。

这次冲突叫作“赫沃斯托夫事件”，又被称为“文化露寇事件”或“文化丁卯事件”。有关它的消息一直被视为国家机密，严禁流传到幕府、诸藩的高层相关人员以外。但这是自13世纪蒙古高丽联军侵略日本以来时隔6个世纪日本又一次遭受外国军队攻击并且惨败，其冲击力还是瞬间波及了日本全境。关于此消息在当时日本全国传播的实际状况，藤田觉等学者留下了相当可观的研究成果。[①] 而在该事件发生一年之后，《北海异谈》的有关人员遭受了严厉的处罚。[②] 这意味着，《北海异谈》描述的乃是一个触犯了幕府禁忌的政治性、军事性的事件。

为了描写“日俄间爆发了大规模的海战”这一虚构的战争情节，作者引用了许多文献，其中尤为引人注目的是以壬辰战争为题材的壬辰战争文献群（朝鲜军记物语）。在《北海异谈》中，日本此前经历过的最大规模的对外战争——壬辰战争被集中加以探讨。18世纪后期，针对俄罗斯在鄂霍次克海沿岸进行的向南扩张，日本创作了数量众多的海防论著。在这些文献当中，《北海异谈》从战争史角度探讨壬辰战争，并试图以此来应对在不久的将来可能发生的对外战争，从这一点来说，该作品尤为值得关注。

二　从俄罗斯进军西伯利亚到赫沃斯托夫事件发生

14世纪末独立的莫斯科大公国运用从已灭亡的蒙古帝国学来的制度、世界观等来巩固其统治基础，从16世纪中叶开始越过乌拉尔山脉往东扩张。在事实上消灭了西伯利亚汗国之后，俄罗斯为了谋求被称为“软黄金”的貂皮、水獭皮、水貂皮等动物毛皮开始远征西伯利亚。在此过程中，俄军

---

① 藤田覚:「近世後期の情報と政治−文化年間日露紛争を素材として」,『東京大学日本史学研究室紀要』四，2000；有泉和子:「フヴォストフ・ダヴィドフ事件と日本の見方：ロシアの貿易利害との関連で」,『ロシア語ロシア文学研究』三十六，日本ロシア文学会，2004年9月；有泉和子：「十九世紀はじめの北方紛争とロシア史料：遠征の後始末：フヴォストフ・ダヴィドフ事件とロシアの出方」,『東京大学史料編纂所研究紀要』十八，2008。

② 松本英治:「北方問題の緊迫と貸本『北海異談』の筆禍」,『洋学史研究』十五，洋学史研究会，1998年4月；高橋圭一:『実録研究—筋を通す文学』，清文堂，2002。

为了获得食物来源，尝试向南扩张而与清政府有所接触。1650年，两国之间爆发了军事冲突。但为针对位于中亚的“最后的游牧帝国”准噶尔汗国，双方权衡了彼此的利害关系，于1689年签订了《尼布楚条约》，这使两国关系得以保持稳定。

俄罗斯为确保新的食物来源及市场，尝试与日本接触。彼得一世（1672～1725）在圣彼得堡设立了日本语学校，任命1696年漂流到堪察加半岛的传兵卫为教师，这是俄方记录中可以确认的最早的日本漂流民。1706年吞并堪察加半岛后，俄罗斯开始往千岛群岛推进。幕府担心俄罗斯往南扩张，分别于1799年将东虾夷地区、1807年将西虾夷地区收归幕府直接管辖。

正处于这一期间的1806～1807年，发生了尼古拉·赫沃斯托夫（1776～1809）率俄罗斯海军攻打萨哈林群岛和千岛群岛南部的事件。下面按时间顺序对这一战争进行探讨。

（1）1806年9月，俄军进攻萨哈林群岛南部的久春古丹，劫走当地的阿伊努人和日本人，并在弁天神社的山门上悬挂了一张写有“此地归俄罗斯所有”的铜牌。

（2）1807年4月24日、25日，俄军进攻伊图鲁普岛的内保。此次被俄军掳走、后于1812年被遣返的商人中川五郎将自己的见闻写成《异境杂话》《五郎治申上荒增》等书。

（3）1807年4月29日和5月1日、2日，俄军进攻伊图鲁普岛的纱那地区，掳走4个日本人。日方指挥官户田又太夫引咎自裁。在此期间曾沦为俘虏的大村治五平写下了《私残记》一书。

（4）1807年5月19日，美国战船“日食号”（ECLIPSE）通过函馆松前海域。日方误将该船认作俄方战船，一时间草木皆兵。

（5）1807年5月29日，在北海道利尻岛附近海域，俄方抢夺三艘日本船。

（6）1807年6月6日，为了“防卫”虾夷，堀田正敦、中川忠英等人受命出兵。

（7）1807年6月6日，大村治五平等人被从宗谷遣返。

（8）1811年，俄国船长格罗夫宁在国后岛附近被日方扣留。作为报复，俄军掳走在虾夷经商的高田屋嘉兵卫。1813年日俄两国将格罗夫宁与高田屋嘉兵卫、中川五郎治等人进行交换。

如上所示，1806～1813 年，日俄两国在鄂霍茨克海沿岸数度冲突。尽管幕府处心积虑想要封锁消息，但相关当事人还是偷偷将一些文书传给身边的人，而在民间，关于“朝俄联合夹击日本”的流言传得满天飞。曾经的“除医者外不应读西洋书”的社会氛围发生了根本的转变，兰学者们翻译的西欧军事文献开始成为各处藩校的研读资料。

《北海异谈》笔祸事件发生于 1808 年，正处于俄方将扣留的数名日本人遣返的 1807 年和格罗夫宁事件发生的 1811～1813 年。当时，幕府预测俄军还将发起进攻，于是命东北诸藩出兵鄂霍茨克海沿岸，这使得两国之间的紧张气氛丝毫没有缓解的迹象。根据对《北海异谈》笔祸事件当事人的处罚记录，在混乱的时局下，讲谈师南丰亭永助从其后援者秀弘那里获取了赫沃斯托夫事件的资料，他判断其中的内容并不适合讲谈，但又十分新奇，遂决定将之作为读本的创作素材。他根据传闻或是摘抄从来源不明的人那里借来的资料，充实了故事的内容。为提高可信度，还在书中列出了大名、幕府官员等的真实姓名，写成了 20 册的小说。他所使用的文献包括因涉及敏感的军事内容而被幕府取缔的《海国兵谈》。幕府处死南丰亭永助，流放了给他提供信息的秀弘，并取缔了使《北海异谈》的写本得以流通的“贷本屋”（江户时代流行的租书屋，多以书商背着书箱沿街售卖或出租的形式经营——译者注）。

三 《北海异谈》中对壬辰战争的战争史视角解读以及对壬辰战争文献的引用

在进入本论之前，我们先简单介绍一下《北海异谈》。它大致可以分为三个部分。

【卷一至卷七】1792 年拉克斯曼携漂流至俄罗斯的太黑屋光太夫航行到北海道的根室，要求通商，但遭到拒绝。

【卷八至卷十】其后，列扎诺夫携漂流民津太夫等人航行至长崎。他出示了 1793 年拉克斯曼给的信牌并再次要求通商，但还是遭到了幕府的拒绝。

【卷十一至卷十二】俄方于 1806 年 9 月至 1807 年 5 月袭击了萨哈

林群岛和伊图鲁普岛。在片仓小十郎等武士的英勇奋战下，日方最终获胜。

卷六中叙述了一段意味深长的插话。说是在光太夫归国前后，长崎的荷兰商会馆长向幕府报告说俄罗斯在朝鲜通信使中安插了间谍，这一情报与《海国兵谈》中所记载的内容一致，因而幕府信以为真。

1791年刊行的《海国兵谈》遭到幕府的取缔，作者林子平被命蛰居。此事世人皆知，被视为在普通百姓谈及虾夷、俄罗斯问题时敏感的幕府将会如何处理的典型事例。拉克斯曼和光太夫来到日本是《海国兵谈》刊行的第二年。“《海国兵谈》是我国海防书中最为脍炙人口、当时论及对外国防之先驱之作，给人心带来的影响亦为最甚”[①]，该书对近世后期的海防论影响极大。《北海异谈》中也提到了《海国兵谈》这一书名，其中的不少观点可以看出继承自该书。

下述《北海异谈》引文的底本是东京大学藏本（四册，1853年写本），同时参考了国会图书馆本（五册）、京都大学“大惣本”两种（其中之一为1818年以后所抄录）、北海道大学本（四册）等。这些写本包括“てにをは”等助词在内，几乎所有的语句都是一致的。这意味着，在创作了《北海异谈》之后，由于作者、书肆很快遭受了严厉的处罚，因而写本的流通范围、流通方式都受到了极大的限制。

> 盖朝鲜人来我朝朝见之事，乃自往古神功皇后征罚三韩后始持贡献于我朝，然其后因日本数度兵乱持续之故，不知何时朝贡怠也。……日本遂于文禄元年发起猛威及于征讨，然朝鲜居中调停，一度达成和谈。岂料和议又破，于是秀吉公再遣大军数次征战……（《北海异谈》卷六）

从神功皇后时代起向日本朝贡的朝鲜国趁着日本战国时代混乱，废怠了朝贡，于是丰臣秀吉才发兵征伐。类似叙述在江户时代的文献中广泛存在。如，在1705年刊行的通俗军记《朝鲜军记大全》中，当听到秀吉说要征服朝鲜和明朝时，加藤清正这样说道：

---

① 住田正一：『日本海防史料叢書』二 简介，クレス出版，1932~1933年刊行、1989年复刻。

自昔神功皇后攻三韩以来，即约定朝鲜如同我国之犬，须听从我方命令，不得倦怠贡物，当年年持来奉上。然此等事于近代已然废止，令人愤恨。且询问之后，其答复甚为迟缓，其咎自然难以宥免。(《朝鲜军记大全》卷六)①

而在18世纪后半期成书的讲谈本《朝鲜征伐军记讲》中，日方规定了通信使派遣的形式和人数。

然朝鲜本属日本幕下，永世不得相背，当奉朝贡，以一人代朝鲜王，一人代群臣，一人代全国，合为三使，派往日本，以此方可免受征伐。(《朝鲜征伐军记讲》卷二十六)②

把通信使视为朝贡使是江户时代的普遍认识。在《北海异谈》中，因新的将军就任，朝鲜方面本该也派通信使前来朝贺的，但幕府出于种种考虑下令延期了。

其时有红毛甲比丹（与英语“captain”同源的荷兰语“kapitein”的音译，本义为“首领”，这里指馆长——译者注）密往长崎奉行所上申内情一事。此为俄罗斯人近年势力渐盛，已悉数征服欧罗巴诸国、诸州，然羡日本盛产米谷一事久矣，且俄罗斯已屡次窥伺日本……但幕府亦有内议，称红毛之报告或许为实，因前一年亦有俄罗斯在丰前、志州及北海其他海域停泊船只窥伺日本一事，且与《海国兵谈》所书亦相符合，断不可大意。于是令朝鲜人来朝一事再延。(《北海异谈》卷六)

荷兰商会馆馆长密报俄罗斯在朝鲜通信使中安插间谍的报告与当时的形势以及《海国兵谈》的内容相符，由此导致通信使的访日行程延期。对于幕府下达的这一通知，朝鲜方面的反应如下：

---

① 参考韩国国立中央图书馆藏本。

② 参考黑川村公民馆藏本。

近日有俄罗斯人前来游说，我国未曾应允，且清朝有如此这般之告谕，故日方不应有疑。然此事若在红毛密告之前即已知晓朝鲜之信仪，则幕府定当心满意足。如此一来，将军下令朝鲜往至对州，遣名代于彼地行答礼。然彼国不从此议，告曰：此前均亦前往江户行拜礼，是故务请循先例前往大江户。若此事不允，则朝鲜亦不会前往对州。（《北海异谈》卷六）

即，俄罗斯对朝鲜施加压力，欲使其放弃与日本的友好关系，而有清政府撑腰的朝鲜方面则拒绝了这一要求。这种观点之所以出现，与当时俄罗斯和朝鲜挑起了战争的传言在日本国内盛行有关。[①] 由于朝鲜方面在幕府接到荷兰报告之后才说明情况，幕府对此心存疑虑，于是不准通信使前来江户。而朝方则主张如不能前往江户，那么也不会去对马。在格罗夫宁事件发生的1818年，第十二批通信使就没有去往江户而是来到了对马，1808年成书的《北海异谈》的上述描写就像是对未来的预言一样，意味深长。

另外，在《北海异谈》中，为了应对与俄朝的战争，日本在大阪储备战略物资的场景也让人联想到是壬辰战争的延续。

自攻打朝鲜以来，大阪城中武器众多，尤以大筒、石火矢为甚。（《北海异谈》卷十）

《北海异谈》中许多描述与江户时代有关壬辰战争的言论、文献有着直接的关系。在其成书的1808年前，有着近世日本最畅销书籍之称的《绘本太阁记》[②]（1797～1802）以及《绘本朝鲜军记》（1800）已经刊行。《北海异谈》的背景当然有“俄朝联合”传说的流行，同时不容忽视的是，19世纪初也是一个对壬辰战争高度关注的时期。[③]

《北海异谈》从壬辰战争文献中引用了一些内容。下面是东北诸藩联合

① 大阪市史编纂所：『年代記』卷一・宽政三年条，『大阪市史史料』三十一，大阪市史料調查会，1991，第29～30頁。

② 中村幸彦：「絵本太閤記について」，『中村幸彦著述集』六，中央公论社，1982，第331頁。

③ 金时德：「壬辰戦争の記憶—十九世紀前期に日本で翻刻された朝・日両国の文献を中心に」，『韓国学研究』二十八，仁荷大学韓国学研究所，2012年10月（韩语）。

水军驶向鄂霍茨克海的场面描写，与之相对应的是《太阁记》中的章节。

> 1. 家家撑开艨艟，大早小早艨船舰，张挂船帆，金银船印，家家背旗在山岚中翻飞，在海风中摇曳，红白紫中夹杂着黄色，其状如山岚劲吹的春景，又如龙田山之秋色，如锦缎织就一般。（《北海异谈》卷十三）
>
> 2. 大船小船无数，家家扬起印纹之帆，各以背旗饰于船旗之上，如吉野山之春移于当浦，又如立田川之锦流入了大海。（《太阁记》卷十三）①

当然，水军出征的场面描写或许在近代以前的日本战争文学中普遍存在，主要有神功皇后征伐三韩传说、百济救援战争、百合若大臣传说②、壬辰战争、琉球征服战争等，但就笔者所调查的范围来看，与《北海异谈》的描述最为接近的是壬辰战争文献中的《太阁记》一书。

另外，在壬辰战争文献中多次出现的“唐岛之战”也为《北海异谈》所继承。虽然森甚五兵卫潜入俄军船内纵火的传说（卷十七）在壬辰战争文献中没有记载，但《北海异谈》中片仓小十郎立下战功的方式与壬辰战争文献中的藤堂高虎相同。另外，片仓将俄罗斯人称为“毛唐人原”，这个称谓在壬辰战争文献中也有出现，指的是朝鲜人和明朝人。

四 《北海异谈》中公文书的捏造

《北海异谈》中收录了幕府和大名、俄罗斯与日本之间往来的文书共约20份。目前，虽未发现与《北海异谈》所收录的完全一致的文书，但从内容上来看，其中的一部分或许是秀弘获取的真的公文。在1854年发生过这样的事件：一些商人在出入萨摩藩、仙台藩位于江户的府邸时，在偶然的情况下购买了一些古书，发现其中包含文书，随后试图将之印刷出版，结果遭受处罚。③ 秀弘获得公文书的途径或许与此类似。

---

① 桧谷昭彦、江本裕：『新日本古典文学大系　六十　太閤記』，岩波書店，1996，第364頁。

② 金时德：「異国征伐戦記としての百合若大臣文献群—異国戦争挿話の変容を中心として」，『中世の軍記物語と歴史叙述』，竹林舍，2011。

③ 吉原健一郎：『江戸の情報屋—幕末庶民史の側面』，NHK书籍，1979，第162～163頁。

在《北海异谈》中，从卷十一开始记录赫沃斯托夫事件。尤其是卷十一的全部、卷十二的前半部分中，没有叙述，只是将十二份公文按照时间顺序排列而已。这应该是作者有意为之，以给读者留下“本书收录了可信的情报”的印象。江户时代虽然号称“出版的时代”，但政治上敏感的事件一般都以幕府管制相对宽松的写本形式出版，在文中会收录一些公家、私人文书。但如《北海异谈》那样，只将文书列出、以传达事件进展状况的，并不多见。值得注意的是，十二份文书当中，有五份记述了实际并未发生的、虚构的战斗。现将十二份文书概述如下：

①【卷十一：1804 年 4 月 21 日，盛冈藩主南部利敬写给长冈藩主兼老中牧野忠精的文书】关于 1806 年 9 月上旬发生在萨哈林岛的“久春古丹之战”。

②【卷十一：1807 年 4 月，弘前藩主津轻宁亲所作的文书】关于 1807 年 3 月上旬俄罗斯人袭击伊图鲁普岛的内保、纱那一事。实际上，俄军袭击内保发生于 4 月 24 日，作者似乎认为内保之战是 3 月发生的。

③【卷十一：1807 年 5 月 17 日，幕府命令仙台藩主伊达周宗派兵的文书】由于伊达周宗年纪尚幼，文书中指示派遣其监护人即叔父堀田右政。

④【卷十一：1807 年 4 月 11 日，幕府的旗本、箱馆奉行羽太正养寄给南部利敬的文书】关于 1807 年 3 月 23 日内保遭受俄军攻击一事。

⑤【卷十一：1807 年 5 月 30 日，南部利敬的报告】关于外国船只出没于虾夷近海处一事。指的是 5 月 19 日通过该区域的美国“日食号”船只。

⑥【卷十一：1807 年 5 月 30 日，南部利敬的报告】关于 5 月 19 日到 24 日有外国船只四处出没一事。

⑦【卷十一：1807 年 5 月 30 日，南部利敬的报告】俄军袭击库西达来地区，活捉了 7 个日本人和大约 250 个阿伊努人。在赫沃斯托夫事件中，并没有发生过本文书提到的事件。从此处开始，《北海异谈》开始叙述虚构的日俄战争。

⑧【卷十二：1807 年 6 月 3 日，南部利敬的后续报告】4 月 24 日至 5 月 5 日，俄军袭击了伊图鲁普岛的内保。

⑨【卷十二：1807 年 4 月 13 日、21 日，津轻宁亲的报告】关于遣往鄂霍茨克海上的部分船只失事一事。

⑩【卷十二：1807 年 6 月 2 日，津轻宁亲的报告】函馆奉行羽太正养命其出兵，但伊图鲁普岛路途遥远，无法掌握情况。

⑪【卷十二：1807 年 6 月 3 日，庄内藩主酒井忠器的报告】函馆奉行羽太正养命其出兵。

⑫【卷十二：1807 年 6 月 8 日，酒井忠器的报告】关于派往虾夷地方的兵力。

上述文书中，第⑦、⑧封提到两军在库西达来、伊图鲁普岛发生了冲突一事。第⑩～⑫封是关于 1807 年 6 月 6 日确定的派堀田正敦前往虾夷一事，这可能是《北海异谈》的相关人员在获取了东北各藩派兵的情报后所做的叙述。但在第⑩～⑫封文书之前，宣称 5 月 5 日发生在伊图鲁普岛的虚构的战役是以公文的形式来叙述的。在第⑫封文书结束之后，叙述了 5 月 5 日至 6 月 21 日发生的虚构的战斗。从构成来看，第⑩～⑫封文书起到了传达“由于战斗一直持续到 1807 年 5 月 2 日以后，为此需要增派兵力”这一细节的作用。虽然无法确定这十二份文书当中是否有真实的文书，但《北海异谈》相关人士大量获取公文书的可能性很小，因此，认为这些文书基本是捏造的或许更为妥当。

如上所述，作为民间人士的作者采用捏造公文的方式叙述了一场虚构的战争，并且试图出版。根据幕府禁止有关赫沃斯托夫事件的信息流传的方针，作者被处死，小说遭禁。

《北海异谈》中提到，8 月，俄军进攻伊图鲁普岛，并留下写有“日本须献上年贡米，否则必将再度来侵”字样的铜牌。这一铜牌传说与 1806 年 9 月俄军袭击久春古丹、在弁天神社牌楼上挂上铜牌的史实相吻合。虽然铜牌的具体内容不同，但可以肯定的是，1808 年遭禁的《北海异谈》事先获取了 1806 年萨哈林岛上发生的铜牌事件的消息。可见，关于赫沃斯托夫事件的消息在日本国内流通得相当快，准确度也相当高。不少文献中记载当时流传的消息，其中比较著名的是平田笃胤在收集、整理了 140 多条相关消息后于 1811 年编撰的《千岛的白波》。可以说，《北海异谈》是一个证据，据之可以推测出在《千岛的白波》等文献出现之前赫沃斯托夫事件的消息在日本国内流通的形态和速度。该事件是近世读本小说的重要创作题材，表明当时的日本人对日俄军事冲突这一话题非常关注。

五 《北海异谈》中兵学文献的使用

《北海异谈》中还详细描写了日军的动向和战斗场面，假想了与俄罗斯的战争。至于不依赖于壬辰战争文献群的地方是如何被创作出来的，《北海异谈》也指出了，是参照了林子平在1786年脱稿，于1787年至1791年自费出版但遭到绝版处罚的《海国兵谈》。《海国兵谈》是当时最有影响力的海防论著，读者众多，以至于平山子龙（1795～1828）在《海防问答》（1816年序）中虽斥其为“此书非为知兵者所著”①，却不得不反复引用以进行反驳。《北海异谈》也是如此，其中多处提及《海国兵谈》。

1. 此事该当如此。仙台的林子平在《海国兵谈》中早已明言。（《北海异谈》卷一）

2. 公仪时有内评，言红毛上报内容确凿。……与《海国兵谈》所书之事等有符合之处，万万大意不得，因而下令顺延朝鲜人来朝一事。（《北海异谈》卷六）

3. 此木筒之制法亦见于仙台藩林子平所著《海国兵谈》中。（《北海异谈》卷十六）

《北海异谈》中还屡屡提到所谓“俄罗斯的《武备志》”的*Kriegsbuch*，似乎作者阅读过此书。

1. 此等情形由彼国之《武备志》等，以及种种荷兰之学问而知，且于长崎与荷兰人对话后获悉俄罗斯武道之情状、人伦之贤愚或其武器火术之法制，诚为可惧之国。（《北海异谈》卷一）

2. 莫斯科比亚之武备志中有名为*Kriegsbuch*之珍书，可见彼国武备甚佳，通九变之术。尤得火药之妙。且水术亦奇。然思彼之战况，于陆上血战之时稍有钝所……彼国以水战铁炮为利。我国习平地之血战。然立于陆上争斗则全凭智谋。（《北海异谈》卷六）

① 住田正一：『日本海防史料叢書』一，クレス出版，1989，第16頁。

3. 公仪上近来斟酌俄罗斯之武备书 *Kriegsbuch*。该书系三十年以前荷兰人持来，之后未闻传来之事，故三都之外书林罕见。终于，于大阪某书林中购得。（《北海异谈》卷十）

事实上，作者只是援用了《海国兵谈》中的叙述而已。此书为德国的威廉·赖希于1689年出版的军事百科字典，没有被翻译成日语，很难想象《北海异谈》的作者具备兰学知识，其获得并使用该文献的可能性几乎没有。故作者应该是从《海国兵谈》中知晓该文献的存在的。

《海国兵谈》中屡次引用了该文献。如：

读欧罗巴版《武备志》之 *Kriegsbuch* 可知，水战一事不止于此船，尽皆广大无上且多有极巧之战舰。观其书可知其大略。（《海国兵谈》卷一）

另外，《北海异谈》中有引自 *Kriegsbuch* 但在《海国兵谈》中没有的内容。这可以理解为，《北海异谈》的作者将自己获取的关于俄罗斯的信息假托为引自 *Kriegsbuch*。

在描写战斗场面时，如前引的《北海异谈》卷六中，在主张俄军长于海战和火器的同时，提出了日方在血战即在陆地白刃战中更占优势的观点。这可以看作引自《海国兵谈》：

与异国人交战第一心得。如前文所言，异国人钝于血战，当设种种奇术奇巧，来去无踪。（《海国兵谈》卷一）

而在《北海异谈》卷十三中，谈到松前海战中日军战败的原因时，说是因为战斗在白天进行，且俄军主要使用了大炮，于是提议夜袭，这一战术亦见于《海国兵谈》中：

1. 此间，松前海之战中日军失利，乃因白昼作战，敌军专用火炮之故。若我夜袭，不焚船火趁黑行进，以船中磁石之针知其方角，以敌船之灯火为目标，顺风疾行，则二时之内可接近敌船。（《北海异谈》卷十三）

> 2. 以上数条之策，当多为夜袭。因循时宜，白昼亦未尝不可，然能见之时，敌船易于布置防御，于攻方不利。(《海国兵谈》卷一)

《海国兵谈》虽然没有直接提到使用磁石的战术，但在该书卷一中，提到罗盘针是战舰中理应常备的工具之一。① 在江户时代，人们利用磁石来航海也已经很普遍了。

最后，还引用了一些论及如何攻入比日本船只更大的西欧舰船的内容。《海国兵谈》中说道："以我方小船进攻异国城池般之大船，此闻所未闻。"② 为此，作者苦思了攻克外国船只的方法，最后设计出了以下引文中提到的武器。而《北海异谈》亦有日军士兵持着该武器登上敌船的描述：

> 1. 制作柄长二丈且锋利之大鸢嘴，其柄上每隔一尺缠上绳卷之节，每人皆持此器，穿带铁爪之履。履之制法如下图所示。待驶近阿兰陀船，即时以此鸢嘴猛扎入船之上部，以彼之爪履踩踏船板攀缘而上。(《海国兵谈》卷一)③
>
> 2. 片仓小十郎高呼："毛唐人原懈怠矣。机不可失，随我上!"只见他将鸢嘴扎入敌船，随即将二三条枪投入敌船。随之小十郎宗久抓住彼绳，依之轻易潜入。(《北海异谈》卷十四)

以上是《北海异谈》的作者原样照搬《海国兵谈》中提到的战术的事例。对两部作品进行整体比较之后可以发现，《北海异谈》并不仅仅停留在单纯引用《海国兵谈》的地步，从以下两个例子可知，它也进行了部分改进。

首先是派精锐部队从海上攻入西洋船只的方法。《海国兵谈》中提到从海里给敌船底部打洞的方法。而在《北海异谈》中，是由忍者通过桥船(或称"子船")经出入口潜入敌船。

> 1. 当用此术：小船数艘，上乘水性极好者数十人，暗中接近敌船，潜于水中，凿穿船底，使水进入。(《海国兵谈》卷一)

① 住田正一：『日本海防史料叢書』一，クレス出版，1989，第119頁。

② 住田正一：『日本海防史料叢書』一，クレス出版，1989，第103頁。

③ 住田正一：『日本海防史料叢書』一，クレス出版，1989，第103~104頁。

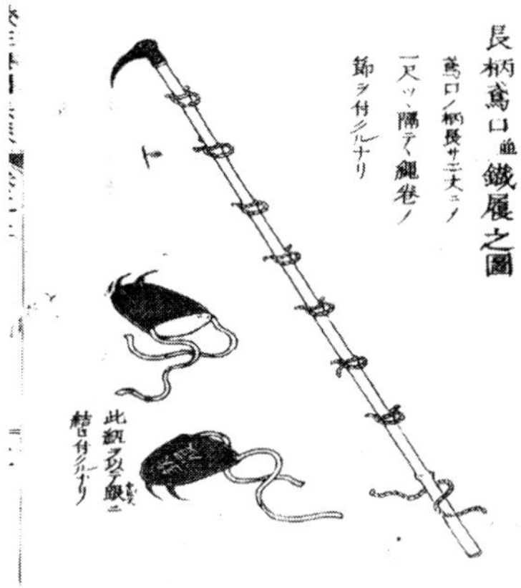

图 1　《海国兵谈》卷一中记载的用于潜入西洋船只的工具

资料来源：1853 年序的《校正海国兵谈》，早稻田大学所藏。

2. 二人决意舍命于敌船上，于是游近敌船。所幸有子船的出入口，二人将点火器具封好，以不使进水，并缚于腰上，游近子船，搭上锁链，攀缘进入大船内。(《北海异谈》卷十七)

其次是木筒的制法。《海国兵谈》中说用松木制作木筒，可使用五六回，在《北海异谈》中则提到用柽木制作，可使用两三回。柽木比松木结实，显然作者认定《海国兵谈》中夸大了木筒的结实程度。

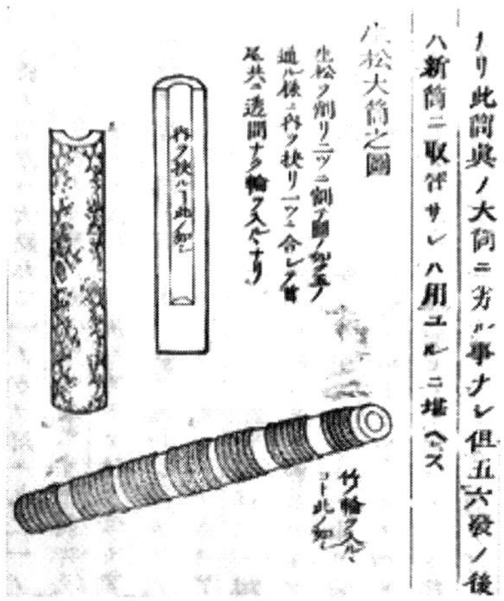

图 2　《海国兵谈》卷一中记载的木筒的制法

资料来源：1853 年序的《校正海国兵谈》，早稻田大学所藏。

1. 此木筒之制法，亦见于仙台藩林子平所著《海国兵谈》中。先将樫木挖空，塞入黄铜，以竹箍如箍桶般层层箍住，制成大筒。虽难以多次使用，用两三次可也。且用大筒发炮之事极少，此亦足矣。虽有筒裂之虞，但亦有控制火药用量之秘诀。只须循法用之，则丝毫无恐。（《北海异谈》卷十六）

2. 松木筒能将炮弹发至很远，然不堪久用，只限于五六发。制作时，将松树生木削作圆形，一分为二，中间掏空，以填入炮弹。末梢不掏空。其后合二为一。用竹箍从头至尾毫无间隙箍紧，即可用矣。不亚于真筒。（《海国兵谈》卷一）①

南丰亭永助是一名讲谈师，也是继承和发展了林子平见解的兵学家。更准确地说，他是以海防论者自居，在探讨防御俄罗斯南进的对策时，模拟出了一场假想中的战争以宣扬自己的理论。

六 小结

以1806年、1807年日俄两军在虾夷地区冲突事件为题材的《北海异谈》是一部将日俄军短期冲突改写成为期一年的长期战、借此议论海防问题的文献。作者南丰亭永助运用了《海国兵谈》这一很有影响力的海防论著中提出的战略，运用了壬辰战争时期日本军的经验，设想了在不远的将来俄朝联军将会进攻日本、日本该如何应对的海防战略。从18世纪后期开始，大量的海防论著被创作出来，其中提出了各种各样的问题，比如与历代中国的海防论著的关系、对近代日本军事战略的继承问题、近世日本广泛探讨的种种有关对外战争的言论等。而《北海异谈》集中反映了这些问题，从这一点来说，是一部重要且有趣的海防论著。

1754年在郡上藩发生了农民起义。在幕府对起义做出定性之前的1758年，同为讲谈师的马场文耕就获取了相关消息，以此为题材创作了《宁静森林中的露水》，并将之用作讲谈底本，因此获罪而被处决。马场文耕不单单是将所获取的消息饶有趣味地讲了出来，他还批判了统治阶层，表明了自己的政治见解，因而激怒了幕府。在近世的日本，关于政治、外交、军

① 住田正一：『日本海防史料叢書』一，クレス出版，1989，第94頁。

事方面的官方议论，只有幕府、各藩的高层才能参与。然而，像1651年计划反叛幕府而败露的由比正雪、马场文耕、林子平、南丰亭永助等人那样，为表达自己的政治、军事见解不惜触犯幕府禁令的兵学家、讲谈师们前赴后继。最近十多年来，在思想界、文学界出现了试图重新评价江户时代的兵学所发挥的社会功能的动向。① 作为江户时代日本经历过的最大的对外危机，赫沃斯托夫事件以及描述该事件的《北海异谈》，正是考察江户时代的兵学、兵学家的有效线索。

另外，《北海异谈》认为，由于日本人征服了“与野兽无异，皆无人类所行”（卷五）的阿伊努人并将之日本化，虾夷地区自然就是日本领土。这样，针对俄罗斯进攻北海道、伊图鲁普岛，日本方面采取的措施就被视为应对外国侵略的防御战，被“正当化”了。笔者以前在研究近世日本的对外战争言论时，曾以为“朝鲜军记物、琉球军记物、三韩军记物这三者之间存在着直接的影响关系，这种关联在朝鲜军记物和虾夷军记物之间基本不存在”。② 但在《北海异谈》中，作者不仅提到了作为其前史的壬辰战争，还直接引用了《太阁记》等壬辰战争文献。今后有必要对庞大的虾夷战争文献群进行更细致的解读。

《北海异谈》不仅引用了大量《海国兵谈》的内容，也转引了其中提及的关于欧洲地理政治学方面的文献。如德国地理学家约翰·许布纳（1688～1731）的《一般地理学》，该书的荷兰语译本传入日本后，被翻译为青地林宗（1775～1833）的《舆地方略》、桂川甫周（1751～1809）的《鲁西亚志》等。尤其是《鲁西亚志》，它从《一般地理学》中抄译了关于俄罗斯的自然、政治等内容。该译文是1792年拉格斯曼携光太夫来日本之时，幕府出于掌握俄罗斯情报的需要而翻译的。其中俄罗斯地理方面的叙述给海防论者们产生很大的影响，如林子平的《三国通览图说》等著作中就有引用。这些文献是《北海异谈》中展开海防论的直接依据，有必要对之追根溯源。

---

① 若尾政希：『安藤昌益からみえる日本近世』，東京大学出版会，2004；若尾政希：『近世の政治思想論「太平記評判秘伝理尽鈔」と安藤昌益』，校仓书房，2012；若尾政希：『「太平記読み」の時代 近世政治思想史の構想』，平凡社，2012；井上泰至：『近世刊行軍書論 教訓・娯楽・考証』，笠间书院，2014； 等等。

② 金时德：『異国征伐戦記の世界』，笠间书院，2010，第396頁。

Khvostov Incident and *Hokkai Idan*— Centering around the Perspective on the War History of Japan's Invasion of Joseon Korea and the Use of *Kaikoku Heidan*

Abstract: Between 1806 – 1807, in Sakhalin Islands and South of Kuril Islands, a military conflict called historically as Khvostov incident broke out between Japan and Russia. The relevant information related to the incident spread to Japan and caused the birth of *Hokkai Idan* based on the subject. This paper discusses the creation process of *Hokkai Idan*, analyzes how the novel utilized the literature about Japan's Invasion of Joseon Korea and relevant monographs about ocean defense while the work is being created with Khvostov incident as the materials, and deduces the logic of the writer accordingly.

Keywords: Hokkai Idan ; Japan's Invasions of Joseon Korea ; Khvostov Incident ; Russo-Japanese Relations; Military Science

热点问题

中日 MeToo 与文学

〔日〕滨田麻矢 著* 刘慧子 译**

【摘 要】本文着眼于文学作品，对起源于美国的 MeToo 运动如何跨越重洋波及东亚国家一事进行具体介绍。与发达国家相比，日本的 GGI（Gender Gap Index，性别差距指数）偏低的现象较为突出，性别歧视的实际状况不容乐观。在本文中，笔者将从几个案件入手，在了解其基本概况后，以日本小说姬野薰子的《她脑子不好使》为切入点论述性暴力的表象。与此同时，亦结合韩国、中国台湾、中国大陆与 MeToo 相关的文学篇章，来探索东亚文学中性别歧视现象的现状。

【关键词】MeToo 姬野薰子 林奕含 余秀华

引言 MeToo：从美国走向亚洲，再进入文学

本文以席卷全球的“MeToo”一词为线索，以日本和汉字圈为中心，探讨 MeToo 运动在小说和电视剧中的表现形式。笔者虽做过现代中国文学当中的性别表象研究，但并非性别研究专家，对于日本社会及文学的了解也有限。然而，在本文中，笔者试图跳出中国文学这一专业，着手探讨日本性别问题的研究现状，期待从中发现中日共通的现实问题。

率先提出 MeToo［“我也是（受害者）”］口号的是美国市民活动家塔拉纳·伯克（Tarana Burke），一位支持黑人女性的非营利团体 Just Be Inc. 的

* 滨田麻矢，神户大学研究生院人文学研究科教授。

** 刘慧子，北京日本学研究中心博士研究生。

组织者。这是2006年的事。其后的2017年10月5日，《纽约时报》对电影制片人哈维·韦恩斯坦（Harvey Weinstein）多年来恶劣的性骚扰行为进行控诉，使得该口号开始在全球范围内广为流传。美国女星艾丽莎·米兰诺（Alyssa Milano）在自己的推特上这样写道：

> 如果你曾受到性侵犯或性骚扰，请在下面回复：
>
> Me too.
>
> 朋友建议道："如果所有受到性侵犯或性骚扰的女性都能发一条'Me Too'的状态，或许人们能够意识到该问题的严重性。"

2017年10月16日的这篇推文，当日即获得5万条以上的回复，包括名门望族在内，很多女性对"Me too"（我也是）产生了共鸣。为何性侵事件很难公布于众呢？为何女性告发后，受到打击的往往是受害者"她"呢？

韦恩斯坦事件将很多人卷入其中，本文不再赘述其后的经过。但是，MeToo一词影响到了地处遥远东亚的我们，以前被认为是"看不见=不存在"的各种各样的性问题逐渐变得清晰起来。以下将列举几个事例并思考它们在小说中是如何被描绘的。

一 日本的MeToo运动

要谈论日本对性暴力的指控与反击，则不得不提及伊藤诗织的MeToo运动。2015年4月，立志成为记者的伊藤与当时TBS电视台政治部记者、华盛顿分社社长山口敬之聚餐，在餐后失去意识，而后在宾馆遭遇性侵。事后，她向警方提交了一则受害报告，然而该刑事案件因"证据不足"未予起诉。2017年，伊藤诗织"因非自愿的性行为而遭受精神痛苦"再次向山口敬之发起民事诉讼。但是山口一方以"伊藤召开的记者招待会损坏了社会信誉"为由提起反诉，目前该事件仍处于争执阶段。①

由于山口与安倍首相关系密切，舆论认为警方不予起诉的原因可能是出于对首相亲信的"忖度搜查"（揣度上司或上位者的心思及意图来展开适当的调查——译者注）。关于这件事的经过，伊藤在其个人著作《黑箱》中

① 2019年12月18日，东京地方法院判决山口赔偿损失，伊藤胜诉。山口不服审判，意欲上诉。

介绍得十分详细。这本书被翻译成包括中文在内的五国语言。本文不再赘述事件原委，而是想谈一谈该事件对以实名进行控诉的受害者伊藤诗织所产生的反作用。

受到控告的山口在面对东京地方法院的审问时答道："我本来可以让她（伊藤小姐）先回去的，但我想让她先冷静下来。为了改善（当时的情况），出于想要安慰她的心理才回应了她的（性行为）。"山口"安慰"喝醉的女性而"回应（性行为）"这一奇特的回答在推特上引来了很大的舆论争议。与此同时，也有人指责伊藤"捏造"事件并嘲笑她"沽名钓誉的行为"或"枕边营业（的失败）"（"枕边营业"指通过奉献肉体来博取上位的机会——译者注）。

日本的 MeToo 事例当中关于权力男性与无名女性之间的纠纷不止这一件事。

同样在 2017 年，*BuzzFeed Japan* 上刊登了博客作家伊藤春香在广告代理商电通株式会社就职时受到性骚扰一事的报道。另外，2018 年 4 月，担任摄影家荒木经惟长达 16 年的模特 KaoRi，在博客上公开了荒木性骚扰和权力骚扰的丑闻，给摄影界带来了巨大的冲击。此外，2018 年 12 月，身为摄影月刊 *Days Japan* 的编辑长、著名市民活动家广河隆一，常年以"教授摄影"等名义诱奸女性等行为被告发。

这一系列事件，与"位高权重的年长"男性对"籍籍无名但渴望提升的年轻"女性进行性骚扰的哈维·韦恩斯坦事件是相通的。并且，提出控诉的女性反而都受到"沽名钓誉的行为""枕边营业"等反方向的责备，自愿跟着男性走、给男性以可乘之机、裙子过短、饮酒、未竭尽全力抵抗、未及时告发等各种形式的批判扑面而来。为何受害方总会受到谴责呢？——关注这种不合理的情况，倾听受害者的声音，进而分享自己的伤痛，可以说是 MeToo 行为中的一步。

二　姬野薰子《她脑子不好使》

那么，小说当中又是如何描写这种性暴力的呢？以 2016 年五名东大学生的集体猥亵事件为题材的姬野薰子的小说《她脑子不好使》（文艺春秋社，2008）举例来说。乍一看与故事内容无关的封面画，其实是 19 世纪中叶英国画家约翰·埃弗里特·米莱斯（John Everett Millais，1829 - 1896）的作品

《樵夫的女儿》（*The Woodsman's Daughter*）。该画以科文特里·帕特莫尔（Coventry Patmore, 1823－1896）的同名诗歌为基础，描绘了一位樵夫女儿因受到领主儿子的勾引陷入情网后却不幸遭遇舍弃，最终溺死私生子后精神失常的悲剧。米莱斯画的正是公子诱惑贫穷人家少女的场面，她两眼发光地伸手去接表情冷硬的领主儿子递过来的苹果——禁断的果子。

很明显，选用这幅图作为封面的这部小说，目的在于叩问“女孩接受了递来的果实，她就该得到报应吗?”这一核心问题。

在此简单介绍一下故事的梗概。女主人公是在横滨郊外一户普通家庭长大而后升入女子大学的神立美咲。她与竹内翼，一位在涩谷区广尾的优渥环境中长大，而后升入东京大学的男生相遇并坠入爱河。然而，出于嫉妒、自卑、阶级意识等因素，神立美咲在一间公寓被扒光衣服，遭到包括竹内翼在内的 5 名东大生随心所欲的蹂躏。虽然她拼命逃跑并选择了报警，但是这一事件被曝光后，受害一方的美咲却遭到舆论的攻击，被认为是“破坏东大生未来的‘误会女’”。

一位平凡的女孩，在朋友纷纷坠入“爱河”而自己却一无所获之际，被东大一名男生搭讪。这本应是一段令人心跳的恋情，但对于东大男生来说，这名女孩不外乎“一头别有用心的母猪”，最终沦为东大社团戏弄的玩偶。标题“她脑子不好使”便是这名东大生在接受审讯时所说的话。

然而，在姬野薰子的小说中，故事的“根源”始于女主角的小学时代。由于它讲述了一位极其平凡的女孩和她平凡的成长故事，所以从这方面来说，它与韩国的畅销书、赵南柱所著的一部女性小说《82 年生的金智英》（2016）有共通之处。《82 年生的金智英》虽然并非叙述一项具体事件，而是叙述一位平凡女性的平凡人生。但她若一旦跌倒，就会变成《她脑子不好使》当中的女主角美咲。

《她脑子不好使》虽说是基于真实案件，但其中定式思维的描写随处可见，如“东大生就是这样的人”等，不可否认，以真实事件来创作小说是有一定难度的。实际上，在东大举行的公开读书会上就有读者批判作者，说“这不是真实的东大生”“东大生也有烦恼”等。但是，无论怎样批判那种“定式思维的描写”，也无法否认该小说所体现的问题的重要性。

小说所反映的实质问题是作者对于某些固有观点的绝望，例如“男生总是刁难他所喜欢的人（所以女生要学会忍耐并灵活应对）”。受到恋人的背叛，身体和精神都饱受创伤的女主角美咲选择了报警，却使得自己暴露在世人批判的目光面前。来探望她的一位女教授，向她讲述了自己曾被一个不断骂自己“丑女，去死吧”的男子在车站公共厕所袭击的经历。

“虽然大家会说‘看吧，他果然对你有意思’，但其实压根不是那么回事。无法将自己的心情表达出来的这种感觉真是让人懊恼得受不了。”欲哭无泪的美咲对教授的一番话感同身受，眼泪夺眶而出。“对你有意思”之类的加害者情感，于受害者而言没有任何意义。受害者没有任何义务去揣度加害者的恋爱或感情。未获得双方同意的性行为就是性骚扰。关于女主角美咲的事件，作者最后这样总结道：

> 他们并没有强奸美咲，也没有强奸的意图。他们对她没有产生性欲。

“对你有意思”这句话并不能成为获得原谅的借口。同时，也不能因为“没有性欲”这个理由，来减轻加害者的罪责，使受害者蒙受更大的伤害。上述赵南柱《82 年生的金智英》当中有这样一幕。主人公智英上小学时，对欺负自己的男孩子厌恶至极，于是请求老师调换座位，可结果却让智英感到十分惊讶，老师笑着说：“那家伙喜欢你噢。”老师这句话的意思是“所以你要能理解这种情况”。可是，为什么她必须理解这种让自己厌恶的男生呢？另外，在就职面试时智英被问到“遇到性骚扰怎么办”，她一时不知该如何回答。此时，面试官给了她一个模范答案，那就是“不要马上拒绝，不要大吵大闹，当然也不要陷入这种不恰当的关系，以成人的态度避开”。就这样，智英的精神世界一点点遭受着侵蚀。这与《她脑子不好使》中的女教授对美咲所吐露的经历是一样的。

2017 年去世的电影导演兼小说家胡迁（胡波）的中篇小说《大裂》当中，讲述了一位在底层学校寄宿的女学生遭到同学强奸之后移居加拿大的故事。可是随着故事情节的发展，会发现实际上男人并未强奸女人。憎恨这名女生的男生（恐怕是由于男生的创作得不到女生的承认而感觉受到了轻视），只是在一片荒无人烟的森林里脱下女人的衣服，强逼她穿着血淋淋的猪皮“而已”。女生无法忍受这一屈辱，就捏造了一个自己被强暴的故事。

并不是只有发生性行为才算猥亵罪。性受害者如果爱上加害者，就会被人们认为是“图谋不轨”，如果有了关系就被当作“所属物”，如果任何一方都不是，就会被视为“没有价值和魅力的女人”。在日本，这种情况不只出现于小说中，就连现实世界当中也有很多。

三　林奕含《房思琪的初恋乐园》

接下来，让我们将目光转向台湾小说。2017 年，林奕含的小说《房思琪的初恋乐园》（以下简称《房思琪》）出版，出版本身就是一次“事件”。此书出版以后，26 岁的作者林奕含自杀身亡。她同小说中的女主人公房思琪一样，曾遭遇补习班老师的长期性侵。在自杀前的访谈中，她详细讲述了该书的创作历程，引起了社会的激烈议论。

在此简单介绍一下故事梗概。住在高雄一栋豪华公寓里的漂亮女生房思琪，受到同一栋住宅的补习班老师李国华的邀请来修改作文，可是转眼之间，房思琪便沦为李国华性欲的饵料。她不敢同性方面比较保守的父母进行商量，也无法对崇拜李国华的好友刘怡婷透露心扉。当她升入台北高中后仍无法割断这种关系，最终精神崩溃。故事以思琪精神失常后，怡婷在房间发现她的手记并展开阅读的方式来推进的。

女主角房思琪在苦于无法对任何人说出和住在同一栋公寓的李老师的不当关系时，开始强迫自己“爱上他”。如果不告诉自己那是一种“爱”，可能瞬间就会失去精神上的平衡。然而，被迫与和父亲同龄的男性发生性行为而产生的“爱”有可能发生吗？在生前的采访中，林奕含倾诉道，这部小说并不是一部关于“女孩被诱奸或是被强暴的故事”，而是“一个女孩子爱上了诱奸犯的故事，它里面是有一个爱字的”。为何这位聪明的少女会爱上一名诱奸犯呢？对于实施性虐待的补习班老师李国华这个人物的原型，林奕含作了如下描述：“在现实生活中有一个原型，然后是我所认识的一个老师。然后也许有的人看得出来，这个现实生活中的人物，他也有一个原型，然后也许有人想得到这个原型就是胡兰成。……所以李国华是胡兰成缩水了又缩水了的赝品，所以，李国华的原型的原型就是胡兰成。”

张爱玲的热烈粉丝林奕含，将对自己施行性虐待的“老师”想象成张爱玲的前夫胡兰成可能存在必然性。作家张爱玲和政论家胡兰成这段婚姻故事，至今仍被有些人作为民国文学上的一段佳话来谈论，但张爱玲由于胡兰成的不忠饱受心灵的痛苦却是不争的事实。需要注意的是，胡兰成与张爱玲的结合，以及房思琪深信爱着李国华，都是出于对“文学”的执着。李国华是一位精通古今中外文学的知识分子，而思琪又是一位酷爱文学的少女。林奕含说道：“我们都知道‘在心为志发言为诗’，‘诗缘情而绮靡’，还有孔子说的‘诗三百，一言以蔽之，曰思无邪’。就是这些学中文的人，就是胡兰成跟李国华，为什么他们……我们明明都知道一个人说出诗的时候，一个人说出情诗的时候，一个人说出情话的时候，他应该是言有所衷的，他是有‘志’的，他是有‘情’的，他应该是‘思无邪’的。所以其实这整个故事里面最让我痛苦的是，一个真正相信中文的人，他怎么可以背叛这个浩浩荡荡已经超过五千年的语境，他为什么可以背叛这个浩浩荡荡已经超过五千年的传统，所以我想要问的是这个。李国华他有些话，就是他所谓情话，因为读者都已经有一个有色眼镜，知道他是一个所谓犯罪者，所以觉得他很恶心呀什么的。但是其实他有些话，如果你单独把它挑出来看，会知道那句话其实是很美的。”

房思琪的苦恼不仅在于老师的性侵，更在于施暴者李国华的那句“你太美了”，这句话让思琪痛苦不堪。在李老师身上，不但有自己所热爱的唯美文学，也有自己所憎恶的丑陋的猥亵恶行。如果自己是因为文学的羁绊“爱上了老师”，那么文学不就成了伤害自己的利刃了吗？故事结尾，思琪精神崩溃后，她的好友怡婷认为伤害思琪的不是“文学爱好者”，而正是“文学”本身，这一点的确触及了问题的核心。此外，在最后一幕中，思琪、怡婷、李国华所在公寓的太太们，怀疑思琪精神崩溃的原因可能是“读书过度”。对此，李国华含糊地笑着敷衍过去了。故事结尾，名教育家强奸未成年人事件，变成了不知分寸的少女自作自受，因“读书过度”导致自己精神失常的一场悲剧。如此一来，遭遇性暴力的受害者声音则被社会所湮没，这种状况恐怕今后也难以有所改善吧。而且，作者自己在写完这本书后，如同燃烧殆尽一般选择了自杀。从她生前的采访中提到的“李国华有真实存在的人物，那个人物的原型就是胡兰成”这句话中可以得知，对应的“房思琪也有真实存在的人物，那个人物的原型就是张爱玲”。在接受采访时，林奕含断言：“不管胡兰成这个人物有多卑劣，他的《民国女子》定是描写张爱玲的最美的文字。”面对薄情而唯美，或者说正因为薄情而愈显美丽的男性话语，女性该如何去面对呢？《房思琪》这部长篇小说中到处可见张爱玲的影子，这绝不是偶然。在此，我想论述一下该作品与张爱玲的短篇小说《色，戒》的相似之处。《色，戒》的主要舞台是沦陷期的上海。爱国大学生王佳芝因其美貌与演技成为国民党政府的间谍，企图利用美色诱惑日本傀儡政权的重要人物易先生并实行暗杀任务。一切进展得十分顺利。计划当日，王佳芝将易先生带到了指定的狙击地点，一家珠宝店。可是，就在挑选钻石戒指的时候，王佳芝吃惊地发现易先生竟"爱着自己"（是不是事实无法从文中读出），于是向易先生说了句"快走"。当即察觉到情况不妙的易先生立马从店中逃走，然后迅速封锁市中心，将包括王佳芝在内的学生一网打尽，当天就全部枪决。光看故事梗概，可以看出这部小说并不像《房思琪》那样是以校园暴力为题材的作品，但二者都可以归纳为"年轻的女性/与拥有权力的男性产生了一段没有爱情的肉体关系/通过说服自己这种关系就是爱/而最终毁灭自我的故事"。并且很明显，林奕含将张爱玲的文本，特别是《色，戒》融入《房思琪》的创作当中。

例如，《色，戒》是从带着暗杀任务的王佳芝参加易先生和他妻子主办的麻将聚会这一幕开始的，而最后则以王佳芝被枪杀的当晚，易先生表现得若无其事，被沉迷打麻将的妻子及其朋友辛辣讽刺的场面而结束。至于对当天早晨还坐在那里玩牌的王佳芝突然失踪一事，小说中的人物都未给予任何反应，而《房思琪》的故事也从高级公寓里的太太们的聚会开始。如前所述，在房思琪患精神病后的最后一幕中，同样有位太太在李国华的面前嘲笑说"思琪看书看过头了"，而后故事结束。这幕场景与《色，戒》相同，强调了像床单一样的白色桌布。毁灭思琪的李国华忙于和太太们的交流，而受到性虐待、被逼迫到精神临界点的少女悲剧则从视野中退出。两部作品的视角错位方式是共通的，都妨碍了读者将自己的感情移入女主角的悲剧当中，与此同时，也冷静而透彻地暴露出一个冷酷的事实，那就是即便女性的青春和身体沦为男性的牺牲品，社会也不会因此有所改变。并且，这两个故事中的女主角都不是"自己爱着他"，而是被"他爱我"所羁绊从而牺牲了自己。虽然她们很聪明（她们的学历绝不会被说"脑子不好"），但被剥夺了主体性和自我决定权。即便接受了高等教育，但若自己无法掌控恋爱（不管是精神的还是肉体的），这样的悲剧还是会反复发生的。

《房思琪》的描写很容易让人联想起张爱玲。整篇缀满比喻与引用的文本几乎给学者一种炫耀学识的感觉，但我们不该忽略"思琪很快乐"这一词语散落于文中各处。她的“快乐”大部分是指李老师和她之间油然而生的文学问答。“初恋的乐园”是由文学功底深厚的李老师以及李老师施加的残酷性暴力所构成的。

四 余秀华事件

关于中国的20世纪文学，前一节中提到了张爱玲。张爱玲虽然刻画了很多女性，但她并不是抱着女性主义的自觉来展开创作活动的。在当代中国文学中，例如，备受瞩目的“80后”作家文珍，在其近作《隔着星空与大海》《我们总是谈论她人的生活》（均发表于《雨花》2019年第11期）中，就将同时代中国社会中的女性所背负的苦闷与矛盾真实地描绘了出来，颇有意思。然而，笔者尚未读过如同上述小说那般具备深入读者内心的具有震撼力的重量级作品。

在这种情况下，余秀华的诗歌对于MeToo文学产生了一股强烈的冲击。这里，我们来介绍一下《我养的狗，叫小巫》这首诗歌。因为不长，在此将全文引用如下。

我跛出院子的时候，它跟着
我们走过菜园，走过田埂，向北，去外婆家

我跌倒在田沟里，它摇着尾巴
我伸手过去，它把我手上的血舔干净

他喝醉了酒，他说在北京有一个女人
比我好看。没有活路的时候，他们就去跳舞

他喜欢跳舞的女人
喜欢看她们的屁股摇来摇去
他说，她们会叫床，声音好听。不像我一声不吭
还总是蒙着脸

我一声不吭地吃饭

喊“小巫，小巫”把一些肉块丢给它
它摇着尾巴，快乐地叫着

他揪着我的头发，把我往墙上磕的时候
小巫不停地摇着尾巴
对于一个不怕疼的人，他无能为力

我们走到了外婆屋后
才想起，她已经死去多年

一面是在东京、首尔、台北等大城市受过高等教育的女性，一面是在湖北农村以丈夫的暴力为题材创作诗歌的农妇余秀华（一位有脑瘫后遗症的残疾人），将这二者相提并论似乎有点过于鲁莽。

这首诗描绘的是夫妻间的性暴力，也和此前介绍的东亚 MeToo 文学不无关联。出轨的男性却不隐瞒自己出轨的事实、反复的（性）暴力等问题，不但出现在都市精英女性的小说当中，就连未受过高等教育的农村女性中也出现了这样的文学。对此，我们能从中感受到网络社会给文坛带来的一股不可逆转的潮流（余秀华的诗未经印刷就由 SNS 传播到全世界）以及当代中国文学所具备的可能性。同样是这位作者，又通过《穿过大半个中国去睡你》这首诗歌来强调女诗人所拥有的“睡”“你”的主体性，并试图说出“睡你和被你睡的是差不多”的。

我们女性不管是否美丽，不管是否年轻，不管是否聪慧，都能和“被你睡”一样来“睡”“你”，而且没有必要为此感到羞耻和犹豫。

我希望小说文本能够尽快创作出这样的女性。

MeToo and Literature in Japan and China

Abstract: This paper mainly focuses on literary works about how the MeToo Movement, which originated in the United States, spread across the oceans to East Asian countries. Compared with other developed countries, Japan's GGI (Gender Gap Index) is relatively low, and the actual situation of gender discrimination is not good. This paper starts with a few case studies and then discusses sexual violence in a Japanese novel, Kaoruko Himeno's *Because she is bad-headed.* At the same time, the current situation of gender discrimination in East Asian literature would also be elaborated, which combines Metoo-related literature from South Korea, China Taiwan and China Mainland.

Keywords: MeToo; Kaoruko Himeno; Lin Yihan; Yu Xiuhua

国别和区域

东亚社会性别间教育不平等机制的比较研究*

——基于EASS2006数据的分析

姚逸苇　郭云蔚**

【摘　要】随着经济、社会的发展和教育普及化，教育机会和成就的性别差距日趋缩小，不过性别间教育不平等的现象在东亚社会依然存在。本文使用“东亚父权制”这一概念，提出“结构性男性偏好”和“策略性男性偏好”两种导致性别间教育不平等的机制。进而使用EASS2006数据，对中国大陆、日本、韩国和中国台湾进行比较分析，将4个社会中性别间教育不平等的机制分为三种类型。本文发现“结构性男性偏好”的存在可能遏制了日本、中国大陆女性受教育水平的上升，而中国台湾虽然出现了高等教育女性化的趋势，但“策略性男性偏好”依然存在。

【关键词】性别间教育不平等　父权制　教育公平　东亚社会

一　研究背景

教育资源分配不均的现象一直是社会学以及相关学科持续关注的课题。[①] 在导致教育资源分配不均的诸多因素中，性别因素在各个时期、各个

---

* 本文为北京外国语大学中央高校基本科研业务费“当代东亚青少年价值观与行为模式研究”（项目编号：2019QD015，主持人：姚逸苇）的阶段性成果。

** 姚逸苇，北京外国语大学北京日本学研究中心讲师，主要研究方向为教育社会学、家庭社会学、青少年研究。郭云蔚，中国社会科学院社会发展战略研究院助理研究员，主要研究方向为劳动社会学、性别研究。

① M. Blau Peter, and D. Duncan, *The American Occupational Structure*, New York: Wiley, 1963.

社会中都受到研究者的关注。[①] 近年来，随着经济、社会的发展和教育的普及化，教育机会和成就的性别差距日趋缩小。[②] 东亚社会也不例外，例如中国大陆和台湾已经出现高等教育女性化的趋势。不过，教育机会和受教育水平的性别差距在东亚社会依然存在。[③]

仅以高等教育毛入学率为例，1990 年，东亚地区（韩国、中国大陆、日本、中国香港和中国台湾地区）中，仅中国台湾地区的高等教育毛入学率男女比低于世界平均水平（见图 1）。即便随着教育普及化和两性平等化的发展，到了 2015 年，韩国、日本的高等教育毛入学率男女比仍然高于世界平均水平，中国大陆和香港地区略低于世界平均，而台湾地区的男女比却转而高于世界平均水平（见图 2），可见两性教育平等之路在东亚仍然漫长。

东亚地区内部，在人均 GDP 较高、生育率较低的日本和韩国，高等教育毛入学率男女比高于相对后发的中国大陆和中国台湾地区。这说明性别间的教育平等未必与经济、社会发展程度呈线性关系。因此，解释东亚地区性别间教育不平等现象时，仅考虑经济条件和人口结构的因素并不够充分，还需考虑文化及制度因素的影响。

有关东亚地区的性别不平等研究中，东亚父权制这一制度因素经常被指出是造成东亚社会性别间不平等的重要原因之一。[④] 东亚父权制也同样反映在社会及家庭内教育资源分配过程中。例如在中国大陆和日本，女性接受教育的年限低于男性。[⑤] 在中国台湾地区，女儿会被迫牺牲受教育的机会，以保证兄弟获得更多的教育。[⑥]

---

① 保田時男：「教育達成に対するきょうだい構成の影響の時代的変化」，『大阪商業大学論集』2008 年第 4 巻第 2 号，第 112 ~ 125 頁；Chu, C. Y. Cyrus, Yu Xie and Yu, Ruoh-Rong, "Effects of Sibship Structure Revisited: Evidence from Intra-family Resource Transfer in Taiwan," *Sociology of Education*, 80 (2), 2007, pp. 91 – 113.

② Hout, Michael and Thomas A. DiPrete, *What We Have Learned: RC28's Contributions to Knowledge about Social Strafication and Mobility*, 2006, p. 24.

③ Ono Hiroshi, "Who Goes to College? Features of Institutional Tracking in Japanese Higher Education," *American Journal of Education*, 109 (2), 2001, pp. 161 – 195.

④ Sechiyama, Kaku, *Patriarchy in East Asia: A Comparative Sociology of Gender*, Brill, 2013.

⑤ Greenhalgh Susan, "The Other Side of 'Growth with Equity' in East Asia," *Population and Development Review*, 11 (2), 1985, pp. 265 – 314; Ono Hiroshi, "Who Goes to College? Features of Institutional Tracking in Japanese Higher Education," *American Journal of Education*, 109 (2), 2001, pp. 161 – 195.

⑥ Chu, C. Y. Cyrus, Yu Xie and Yu, Ruoh-Rong, "Effects of Sibship Structure Revisited: Evidence from Intra-family Resource Transfer in Taiwan," *Sociology of Education*, 80 (2), 2007, pp. 91 – 113.

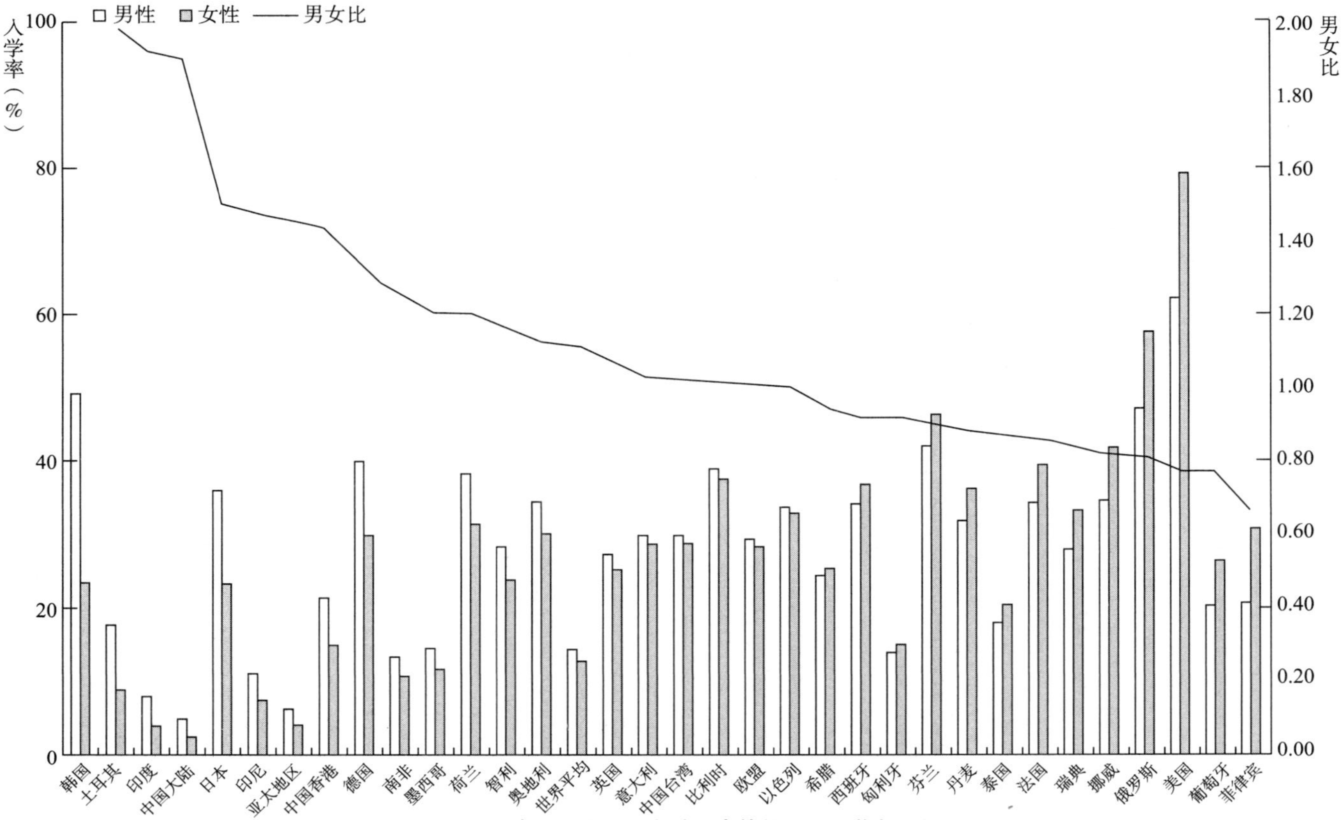

图 1　1990年世界各国、各地区高等教育毛入学率男女比

注：资料来源于世界银行和中国台湾地区教育部门相关数据。由于历年数据存在缺省，图中葡萄牙为1991年，德国、中国香港、菲律宾为1992年，墨西哥、智利为1993年，中国为1994年的数据。

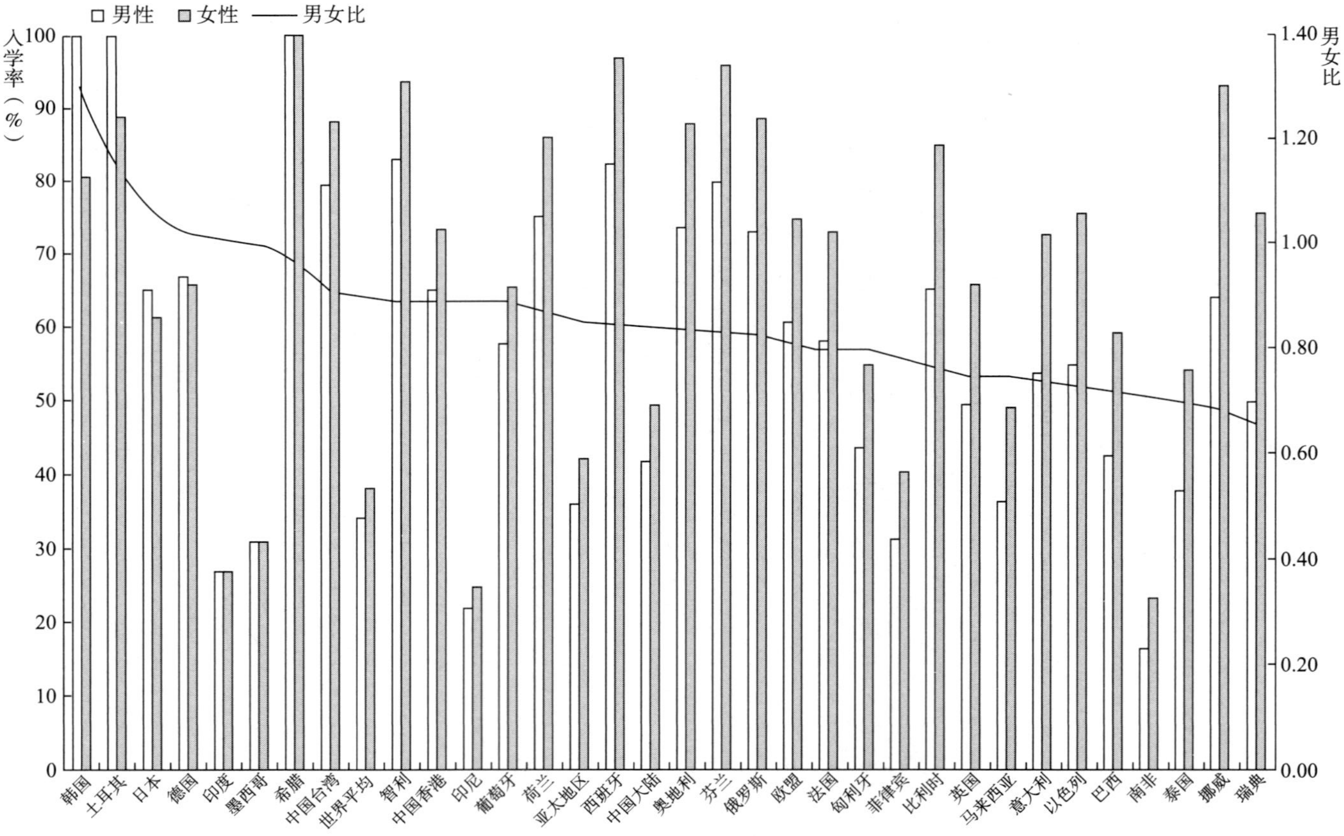

图2　2015年世界各国、各地区高等教育毛入学率男女比

注：资料来源于世界银行和中国台湾地区教育部门相关数据。由于历年数据存在缺省，图中，希腊为2010年、菲律宾为2014年的数据。

东亚父权制所依据的传统儒家思想仍然深刻影响着当今东亚各社会的价值观。[①] 传统儒家思想不仅在中国得到传承，在日本、韩国、越南等历史上长期受到中国文化影响的地区也发挥着影响力。与现代欧美社会相比，受儒家伦常观影响的社会中，亲族和家庭成员在育儿、养老、经济支援和福利，甚至企业经营等社会活动中扮演着重要角色。家庭内部关于抚养子女、照顾老人的多种决策中，儒家伦常观也依然保持着影响力。[②]

二战后，传统儒家伦常观在东亚社会日渐式微。特别是个人主义的盛行和低生育率的蔓延，父辈的权威甚至是传统的家族、家庭自身的力量都日趋衰微。[③] 有研究认为，性别间教育不平等会随着生育率的下降或经济发展水平的提升而减弱。[④] 不过，这样的假设在日本社会未能得到验证。[⑤] 因此，将同处东亚、历史上曾受儒家伦常观影响的社会进行比较，有助于理解我国以及东亚社会教育资源分配不均现象。

东亚地区教育资源分配的相关研究至今已有相当丰富的积累。不过既往研究多是基于单一社会情况的分析，将东亚社会的教育资源分配机制进行地区间比较的研究数量尚少。本文旨在对中国大陆、日本、韩国、中国台湾地区四个社会进行比较分析，整理东亚父权制对教育资源分配影响的不同机制，进而总结理论框架，并提出降低东亚地区性别间教育不平等问题的方案。

二 东亚父权制和教育资源分配

1. 东亚父权制

本文使用“东亚父权制”概念，并基于这一概念提出分析框架。不过

---

① 伊達平和：「家父長制意識と排外的態度：EASS2008を用いた中台日韓の比較社会学」，『ソシオロジ』2015 年第 60 巻第 2 号，第 75 ~ 94 頁。

② Sechiyama, Kaku, *Patriarchy in East Asia: A Comparative Sociology of Gender*, Brill, 2013；郝明松、于苓苓：《双元孝道观念及其对家庭养老的影响——基于 2006 东亚社会调查的实证分析》，《青年研究》2015 年第 3 期。

③ 闫云翔：《中国社会的个体化》，上海译文出版社，2012。

④ 叶华、吴晓刚：《生育率下降与中国男女教育的平等化趋势》，《社会学研究》2011 年第 5 期；马宇航、杨东平：《高等教育女性化的发生机制——基于世界银行截面数据的实证研究》，《清华大学教育研究》2016 年第 5 期。

⑤ 保田時男：「教育達成に対するきょうだい構成の影響の時代的変化」，『大阪商業大学論集』2008 年第 4 巻第 2 号，第 112 ~ 125 頁。

"东亚父权制"概念在使用中存在诸多不明确的部分，在构筑理论框架之前需要对其进行厘清。

本文将"父权制"视作一个制度概念加以使用。日本社会学者濑地山角将"父权制"概念定义为"父权制是一种规范和社会关系的总和。这种规范基于性别和世代，将特定的权力和社会角色固定地分配给特定的对象"①。简言之，父权制就是某一社会关于性别、辈分在社会中所享有权力地位的社会规范。这是一个普遍的社会学概念，基于这个概念构筑出的理论化模型具有跨文化的适用性。根据研究目的，本文仅就性别和同世代兄弟姐妹的影响进行探讨。"东亚"则作为一个空间和文化概念使用，即作为分析对象的四个社会均地处东亚，历史上均长期受到儒家文化影响，而且这些地区在女性劳动、养老和育儿等诸多方面都体现着儒家文化的影响。②

2. 东亚父权制对教育资源分配的影响

分析家庭内教育资源分配机制时，既往研究普遍使用资源稀释模型③作为解释框架。资源稀释模型认为，家庭中子女数量越多，家庭内部的教育资源稀释情况就越严重。由于资源不足，兄弟姐妹多的家庭中，孩子更容易过早终止学校教育，结婚或者工作。④ 不过，良好的家庭经济状况，或是较少的子女数量，可以保证家庭教育资源充足。这种情况下，家庭可以不需要牺牲任何子女就能保证所有孩子接受最好的教育，即稀释机制将不起作用。不过，这样的理想状态即便在现代社会也并非普遍存在，子女数量的稀释作用在教育方面产生的影响仍然在各个社会得到广泛验证。⑤

家庭内教育资源分配若仅受资源稀释机制作用影响，那么在家庭内部将不会出现性别间教育不平等现象。为了理解教育资源分配的性别差，利他主

---

① Sechiyama, Kaku, *Patriarchy in East Asia*: *A Comparative Sociology of Gender*, Brill, 2013, p. 23.

② Ochiai, Emiko, Kenichi Johshita, Sirin Sung and Gillian Pascall eds., *Gender and Welfare in East Asia*: *Confucianism or Equality*? Palgrave, 2014.

③ Blake, Judith, *Family Size and Achievement*, University of California Press, 1989.

④ William L. Parish and Robert J. Willis, "Daughters, Education, and Family Budgets Taiwan Experiences," *The Journal of Human Resources*, 28 (4), 1993, pp. 863 – 898.

⑤ 平沢和司：「きょうだい数・出生順位と学歴」，藤見純子編『認知された家族ときょうだい関係』，日本家族社会学会全国家族調査（NFR）研究会，2001，第 83 ~ 97 頁；吴愈晓：《中国城乡居民的教育机会不平等及其演变（1978—2008）》，《中国社会科学》2013 年第 3 期。

义模型也是常被既往研究援引的解释。① 利他主义模型认为，为使家庭内有限的资源得到最有效利用，父母会决定选择一部分子女做牺牲，将教育资源优先投资给另一部分子女，保证其更多地接受教育。不过，家庭牺牲哪个特定的子女或哪个性别的子女，投资哪个特定的子女或哪个性别的子女，其机制则因家庭和社会而异。例如，教育投资的男性偏好在东亚各国广泛存在。②

不过，有关东亚父权制对教育投资男性偏好的形成机制却存在多样的解释。例如，同样是将男性偏好解释为女性的教育投资回报率低于男性，造成男女教育差距的，是男主外、女主内的性别角色模式导致的社会全体对于女性的低期待③，因家庭优先投资男孩以获得收益最大化的策略④，还是多种机制同时起作用？这个问题在不同社会得到的回答也不尽相同。

三　研究框架：结构性男性偏好和策略性男性偏好

本文关注的是东亚父权制带来的性别间教育不平等，不可以简单理解为利他主义模型的一种子类型。“父权制”作为一种规范和社会关系的总和，其既可以反映在宏观的社会性别角色中，也可以作用于相对微观的家庭资源分配过程中。因此，本文在探究性别间教育不平等的产生机制时，将区分“社会普遍价值观”和“家庭内分配策略”宏观、微观两个层面，分析东亚父权制对于性别间教育不平等的具体影响机制。

在分析性别间教育不平等时，本文将重点关注教育资源分配中存在的“男性偏好”的形成原因。具体上，男性偏好的产生机制分为以下两种理想型。本文将社会层面的男性偏好称为“结构性男性偏好”，其机制通常被认为是男主外、女主内的性别角色模式导致的社会全体对于女性的低期待⑤，甚至是历史上曾在中国与朝鲜半岛大行其道的“女子无才便是德”思想。⑥

---

① Gary S. Becker, *A Treatise on the Family*, Harvard University Press, 1981.

② Ono Hiroshi, “Who Goes to College? Features of Institutional Tracking in Japanese Higher Education,” *American Journal of Education*, 109 (2), 2001, pp. 161 – 195.

③ Ono Hiroshi, “Who Goes to College? Features of Institutional Tracking in Japanese Higher Education,” *American Journal of Education*, 109 (2), 2001, pp. 161 – 195.

④ Greenhalgh Susan, “The Other Side of ‘Growth with Equity’ in East Asia,” *Population and Development Review*, 11 (2), 1985, pp. 265 – 314.

⑤ Ono Hiroshi, “Who Goes to College? Features of Institutional Tracking in Japanese Higher Education,” *American Journal of Education*, 109 (2), 2001, pp. 161 – 195.

⑥ Sechiyama, Kaku, *Patriarchy in East Asia: A Comparative Sociology of Gender*, Brill, 2013, p. 23.

在这样的机制下，全社会对于女性的教育期待会低于男性，即便在家庭教育资源相对充足的情况下，也不会给予女儿“过度”的教育投资。

与此相对，本文将家庭层面的男性偏好称为“策略性男性偏好”，其作用机制可以理解为父母并非给予每个孩子均等的教育投资，而是为获得家庭内收益最大化而优先将教育资源投资给男孩。[①] 与结构性男性偏好不同，“策略性男性偏好”表现为由于女孩教育回报率低于男孩，家庭在教育资源有限的情况下会优先男孩。若教育资源充足，对于女孩的教育投资也会随之增加，追上甚至超过男孩。

“结构性男性偏好”和“策略性男性偏好”两种理想型既可能同时出现在某一社会的某一时期，也可以单独出现，或是全在某一社会的某一时期销声匿迹。这两种偏好是相互独立的两个理想型，体现着东亚父权制的两个维度。前者体现了传统儒家伦常观中男性优势的特征，后者则体现了东亚传统社会中个人利益让位给家族利益的传统。

本文在以上分析框架下，对四个社会二战后性别间教育不平等的产生机制进行比较分析。笔者根据人力资本理论，将个人的受教育年数视作其获得的教育投资的总量。[②] 据此，“结构性男性偏好”的判定标准可以操作为：在投入个人女性虚拟变量、兄弟数量、姐妹数量、兄弟数量与女性虚拟变量的交互项、姐妹数量与女性虚拟变量的交互项，且其他控制变量一致的情况下，满足以下条件：

A 女性虚拟变量与其教育年数之间有显著的负向相关；

B 兄弟数量与女性虚拟变量的交互项、姐妹数量与女性虚拟变量的交互项和教育年数之间均不存在任何显著相关关系。

且在以下三种条件中满足任意一个：

C_1兄弟数量和姐妹数量与教育年数之间均不存在任何显著的相关关系；

C_2兄弟数量和姐妹数量与教育年数之间均存在显著的负相关；

C_3兄弟数量和姐妹数量与教育年数之间均存在显著的正相关。

与此相对，“策略性男性偏好”的判定标准操作为，在投入女性虚拟变

---

① Greenhalgh Susan, “The Other Side of ‘Growth with Equity’ in East Asia,” *Population and Development Review*, 11 (2), 1985, pp. 265 - 314.

② Becker, Gary S., “An Economic Analysis of Fertility,” in Universities-National Bureau Committee for Economic Research (eds.), *Demographic and Economic Change in Developed Countries*, Princeton University Press, 1960.

量、兄弟数量、姐妹数量、兄弟数量与女性虚拟变量的交互项、姐妹数量与女性虚拟变量的交互项，且其他控制变量一致的情况下，满足以下条件：

A 女性虚拟变量与其教育年数之间不存在显著的负向相关。

且在以下三种条件中满足至少一个：

B_1兄弟数量与女性虚拟变量的交互项和教育年数之间存在显著的负相关；

B_2姐妹数量与女性虚拟变量的交互项和教育年数之间存在显著的负相关；

B_3兄弟数量与教育年数之间均存在显著的负相关，且姐妹数量与教育年数之间均不存在任何显著相关关系。

与这两种影响机制近似的命题在各个社会的既有研究中并非没有被提及或检验①，但是两种机制尚未被明确提出并在东亚地区的比较研究中加以检验。既往研究在变量和拟合模型的选择上不尽相同，而且调查规模和实施时间也会对结果产生影响，从而导致不同研究的结果难以直接进行比较。因此，本文为保证分析结果的可比性，将使用相同的模型，基于同一时期同一方法的调查数据进行再分析。

四　数据、模型和变量

本文使用 2006 年东亚社会调查②的数据。该调查在中国大陆、日本、韩国、中国台湾地区 4 个社会③运用多层次抽样法，调查地区几乎覆盖四个社会的全部行政区，包括城市、城镇和乡村。该数据也是已公开的 EASS 调查数据中唯一包括回答者兄弟姐妹信息的调查。

本文在分析中仅选取 1941 年至 1983 年出生的非在学回答者（N = 4826）

① 叶华、吴晓刚：《生育率下降与中国男女教育的平等化趋势》，《社会学研究》2011 年第 5 期。

② The East Asian Social Survey (EASS) is based on the Chinese General Social Survey (CGSS), the Japanese General Social Survey (JGSS), the Korean General Social Survey (KGSS), the Taiwan General Social Survey (TGSS), and is distributed by the East Asian Social Survey Date Archive (EASSDA).

③ EASS 数据将中国大陆和台湾区分为两个数据组。由于大陆和台湾地区在战后一直采用不同的社会制度，而且经济和教育发展的步调并不一致，因此本文在分析中不对两组数据进行合并。

作为样本。选择理由如下，战后东亚各个社会都实施了一系列教育改革，战前以及战中的学制与战后的教育制度有较大差异，导致二者不容易简单对应。选择 1941 年为起点可以保证大多数回答者是在新学制下开始和完成小学学业的。选择 1983 年为终点，是为保证大多数回答者在 2006 年时已经结束高等教育，减少同年龄样本中尚未毕业者的大量存在所导致的系统性偏差。

在拟合模型时，本文采用 tobit 回归模型。由于现代教育制度的规定，绝大部分现代人的受教育年数只能在下限 0 年与上限 16 年之间①，因此在 0 年和 16 年这两个点上会出现截断。这样的效果会导致 OLS 模型得到的回归直线（或曲线）的残差不满足正态分布，致使斜率失真。本文通过拟合 tobit 回归模型可以有效改善该偏差，使模型拟合更加精准。② 分析中，本文使用 R version 3. 0. 2③ 的 vgam package 进行推断。所有变量在分析中已做全体中心化处理。

由于不同社会的学历制度不同，不宜直接进行比较，本文选择将回答者的受教育年数作为因变量。自变量则包括性别、兄弟数和姐妹数。由于日本和韩国调查中回答者仅被问及调查时仍健在的兄弟姐妹数量，为统一分析方法，本文使用仍健在的兄弟姐妹数量来测量其兄弟姐妹的人数。控制变量包括父母的受教育年限、回答者的年龄及 15 岁时居住地类型。

五　分析结果

1. 基础模型：检验资源稀释模型

表 1 确认了数据结构。首先，中国大陆的平均受教育年限最低，仅高于初中毕业水平，而日本、韩国、中国台湾地区教育普及化较早，平均已达 11 年以上。其次，相比中国大陆和日本，韩国和中国台湾地区家庭兄弟姐妹数量较多，平均约为 3 人；而中国大陆和日本平均偏少，日本平均值略高

① 研究生阶段的教育本质上不同于大学教育，可以视作职业生涯的一部分。因此，本文在分析中将研究生学历的教育年数也作 16 年处理。

② 水落正明：「打ち切り・切断データの分析」，『理論と方法』2009 年第 24 卷第 1 号，第 129～138 頁。

③ R Core Team, *R: A Language and Environment for Statistical Computing*, R Foundation for Statistical Computing, 2013.

于2人，不过日本和中国台湾地区均存在有13名兄弟姐妹的回答者。

表1　描述统计量

变量名称		中国大陆				日本				韩国				中国台湾地区			
		平均值	最小值	最大值	标准偏差	平均值	最小值	最大值	标准偏差	平均值	最小值	最大值	标准偏差	平均值	最小值	最大值	标准偏差
女性		0.55	0	1	0.50	0.54	0	1	0.50	0.56	0	1	0.50	0.50	0	1	0.50
年龄		35.30	23	65	8.47	45.85	23	65	12.18	40.82	23	65	9.76	42.31	23	65	11.51
受教育年数		9.80	0	16	3.68	13.12	9	16	2.04	13.19	0	16	2.91	11.61	0	16	3.80
父亲受教育年数		6.64	0	16	3.97	10.55	6	16	3.28	8.81	0	16	4.64	6.79	0	16	4.64
母亲受教育年数		4.87	0	16	4.14	10.11	6	16	2.74	6.83	0	16	4.14	4.84	0	16	4.22
地区	农村地区	0.30	0	1	0.50	0.09	0	1	0.28	0.31	0	1	0.46	0.48	0	1	0.50
	大城市	0.21	0	1	0.41	0.15	0	1	0.35	0.33	0	1	0.47	0.11	0	1	0.32
	中小城市	0.38	0	1	0.48	0.43	0	1	0.50	0.24	0	1	0.43	0.19	0	1	0.39
	城镇	0.11	0	1	0.32	0.33	0	1	0.47	0.11	0	1	0.31	0.22	0	1	0.41
同辈数量	兄弟姐妹数	2.45	0	9	1.75	2.05	0	13	1.49	3.30	0	10	1.82	3.73	0	13	2.08
	兄弟数	1.26	0	6	1.12	1.06	0	9	1.04	1.62	0	6	1.15	1.85	0	9	1.36
	姐妹数	1.20	0	7	1.18	1.00	0	8	1.02	1.67	0	8	1.40	1.88	0	9	1.49
样本量		1184				1103				1011				1528			

接下来，本文使用tobit回归模型对数据进行分析，并根据模型的结果对东亚四个社会的教育资源分配模式进行分类。表2中的8个模型分别是各个社会的基础模型，用以验证资源稀释模型。基础模型中的变量仅包括控制变量以及性别和兄弟姐妹总数以及兄弟数、姐妹数。模型1、3、5、7的结果显示，四个社会均存在女性的平均教育年数低于男性的现象。除了日本之外，其他三个社会中回答者年龄和受教育年数之间均呈现出显著的负相关。这能体现出二战后至21世纪初的半个多世纪间，中国大陆、韩国和中国台湾社会的义务教育化和教育普及化的成果。此外，四个社会中均存在父母受教育年数

越长，子女的受教育年数越长的现象，这验证了阶层再生产模型在东亚普遍适用。都市的教育资源优于农村的现象也普遍存在于东亚地区。

关于兄弟姐妹数量对于教育资源的稀释，在中国大陆、日本和中国台湾地区均得到了验证。韩国在东亚社会却是一个例外，兄弟姐妹数对教育年数竟然出现了显著的正相关。根据常识很难想象兄弟姐妹数会对个人教育资源的获得产生正向作用，有必要对韩国做进一步分析。

模型 2、4、6、8 进一步区分了兄弟姐妹的性别。与之前的模型结果相同，中国大陆、日本和中国台湾地区，虽然回归系数有所不同，兄弟数量和姐妹数量均呈现出对教育资源的稀释效果。而韩国再一次出现特异的结果，即兄弟数量并未呈现出稀释教育资源的效果，而姐妹数量却对个人的教育年数有显著的加成效果。针对韩国数据中出现结果，本文将在接下来的分析中加以分析和解释。

表 2　兄弟姐妹数与个人教育年数的 tobit 回归模型（基础模型）

	中国大陆				日本				韩国				中国台湾地区			
	Model1		Model2		Model3		Model4		Model5		Model6		Model7		Model8	
	Coef. (S. E.)	Sig	Coef. (S. E.)	Sig	Coef. (S. E.)	Sig	Coef. (S. E.)	Sig	Coef. (S. E.)	Sig	Coef. (S. E.)	Sig	Coef. (S. E.)	Sig	Coef. (S. E.)	Sig
常数项	-2.93 (0.24)	***	-2.93 (0.24)	***	0.23 (0.29)		0.23 (0.29)		1.80 (0.25)	***	1.79 (0.25)	***	0.62 (0.16)	***	0.61 (0.16)	***
女性	-1.15 (0.20)	***	-1.15 (0.20)	***	-0.96 (0.15)	***	-0.96 (0.15)	***	-1.40 (0.23)	***	-1.38 (0.23)	***	-0.35 (0.16)	*	-0.34 (0.16)	*
年龄	-0.06 (0.01)	***	-0.06 (0.01)	***	0.00 (0.01)		0.00 (0.01)		-0.11 (0.01)	***	-0.11 (0.01)	***	-0.10 (0.01)	***	-0.10 (0.01)	***
父亲受教育年数	0.23 (0.03)	***	0.23 (0.03)	***	0.17 (0.04)	***	0.17 (0.04)	***	0.23 (0.04)	***	0.24 (0.04)	***	0.28 (0.02)	***	0.28 (0.02)	***
母亲受教育年数	0.18 (0.03)	***	0.18 (0.03)	***	0.17 (0.05)	***	0.17 (0.05)	***	0.13 (0.04)	**	0.13 (0.04)	**	0.12 (0.03)	***	0.12 (0.03)	***
地区（参照项：农村）																
大城市	2.30 (0.40)	***	2.30 (0.40)	***	0.90 (0.33)	**	0.90 (0.33)	**	1.66 (0.31)	***	1.65 (0.31)	***	1.01 (0.29)	***	1.02 (0.29)	***
中小城市	1.58 (0.23)	***	1.58 (0.23)	***	0.91 (0.28)	**	0.91 (0.28)	**	1.23 (0.33)	***	1.22 (0.33)	***	0.39 (0.23)	†	0.40 (0.23)	†

续表

	中国大陆				日本				韩国				中国台湾地区			
	Model1		Model2		Model3		Model4		Model5		Model6		Model7		Model8	
	Coef. (S. E.)	Sig	Coef. (S. E.)	Sig	Coef. (S. E.)	Sig	Coef. (S. E.)	Sig	Coef. (S. E.)	Sig	Coef. (S. E.)	Sig	Coef. (S. E.)	Sig	Coef. (S. E.)	Sig
城镇	1.04 (0.32)	**	1.04 (0.32)	**	0.55 (0.28)	†	0.55 (0.28)	†	1.07 (0.40)	**	1.07 (0.40)	**	0.39 (0.22)	†	0.40 (0.22)	†
兄弟姐妹数	-0.27 (0.07)	***			-0.20 (0.06)	***			0.15 (0.08)	*			-0.18 (0.05)	***		
兄弟数			-0.26 (0.10)	*			-0.17 (0.07)	*			0.01 (0.11)				-0.25 (0.07)	***
姐妹数			-0.27 (0.09)	**			-0.22 (0.08)	**			0.24 (0.09)	**			-0.12 (0.06)	*
对数似然	-2786.302		-2786.298		-2141.336		-2141.22		-1957.252		-1955.546		-3533.804		-3532.677	
样本量	1114				1103				1011				1528			

注：$^{***}p < 0.001$，$^{**}p < 0.01$，$^{*}p < 0.05$，$^{\dagger}p < 0.10$。

2. 交互模型：对两种作用机制的分析

表 3 兄弟姐妹数与个人教育年数的 tobit 模型（交互模型）

	中国大陆		日本		韩国		中国台湾地区	
	Model9		Model10		Model11		Model12	
	Coef. (S. E.)	Sig	Coef. (S. E.)	Sig	Coef. (S. E.)	Sig	Coef. (S. E.)	Sig
常数项	-2.79 (0.24)	***	0.18 (0.30)		1.65 (0.24)	***	0.51 (0.16)	**
女性	-1.29 (0.21)	***	-0.85 (0.18)	***	-1.12 (0.24)	***	-0.09 (0.18)	
年龄	-0.06 (0.01)	***	0.00 (0.01)		-0.10 (0.01)	***	-0.10 (0.01)	***
父亲受教育年数	0.23 (0.03)	***	0.17 (0.04)	***	0.25 (0.04)	***	0.28 (0.02)	***
母亲受教育年数	0.19 (0.03)	***	0.17 (0.05)	***	0.12 (0.04)	**	0.12 (0.03)	***

续表

	中国大陆		日本		韩国		中国台湾地区	
	Model9		Model10		Model11		Model12	
	Coef.（S. E.）	Sig	Coef.（S. E.）	Sig	Coef.（S. E.）	Sig	Coef.（S. E.）	Sig
地区（参照项：农村）								
大城市	2.28（0.40）	***	0.90（0.33）	**	1.63（0.31）	***	1.01（0.29）	***
中小城市	1.55（0.23）	***	0.91（0.28）	**	1.18（0.33）	***	0.41（0.23）	†
城镇	1.01（0.32）	**	0.54（0.29）	†	1.16（0.39）	**	0.39（0.22）	†
兄弟数	0.05（0.14）		-0.27（0.10）	**	0.27（0.15）	†	-0.14（0.09）	
姐妹数	-0.15（0.13）		-0.25（0.11）	*	0.59（0.13）	***	0.02（0.08）	
女性×兄弟数	-0.61（0.18）	***	0.19（0.14）		-0.51（0.19）	**	-0.25（0.12）	*
女性×姐妹数	-0.21（0.17）		0.04（0.15）		-0.60（0.16）	***	-0.30（0.11）	**
对数似然	-2779.388		-2140.282		-1945.358		-3526.711	
样本量	1114		1103		1101		1528	

注：*** $p<0.001$，** $p<0.01$，* $p<0.05$，† $p<0.10$。

表 3 检验了东亚四个社会中“结构性男性偏好”和“策略性男性偏好”的影响机制，模型 9、10、11、12 进一步验证了性别与兄弟姐妹数量的交互效果。首先，模型 9 显示在中国大陆，即便加入交互效果后女性的受教育年数仍然显著低于男性。不过在加入交互作用后，兄弟数和姐妹数的主效果消失，也就是说兄弟姐妹数量对于资源的稀释效果较少作用于男孩。不过兄弟数量对于女性呈现出显著的负影响，即兄弟数量几乎不会稀释男孩的教育资源，却会大幅度地削减女孩的教育机会。同时，女性的受教育年数显著地低于男性。可以推论，中国大陆属于“结构性男性偏好”与“策略性男性偏好”的混合模式，女性的教育资源既会因自己是女性而削减，也会因兄弟数量多而再度稀释。

模型10显示，在日本女性虚拟变量、兄弟数和姐妹数呈现出对于教育年数的负向效果，而且交互作用未显现出统计学的显著性。因此可以推论，日本属于较为典型的“结构性男性偏好”模式，即兄弟姐妹数量会同时稀释男孩和女孩的教育资源，但是女性得到的教育资源会结构性地少于男性。

从模型11来看，韩国的女性受教育年数不仅显著低于男性，女性虚拟变量与兄弟数量和姐妹数量的交互项均呈现出显著的负效果。与其他三个社会不同，对于韩国男性，兄弟数量和姐妹数量非但不会稀释男性的教育年数，反而呈现出显著的正向效果。可以推测，在韩国有兄弟姐妹的男性能够得到更多的支援以继续学业，而女性则会因支援自己兄弟受教育而被迫放弃学业。因此根据本文的分类，韩国同中国大陆一样，同属于“结构性男性偏好”与“策略性男性偏好”的混合模式，但是韩国的“策略性男性偏好”却甚于中国大陆。

最后来看中国台湾。模型12是四个模型中唯一未出现性别主效果的模型，而且兄弟数量和姐妹数量对于受教育年数的负向影响仅作用于女性。按照本文的分类，中国台湾属于较为典型的“策略性男性偏好”。

通过以上分析，本文可以得到下面的结论。在中国大陆和韩国，“结构性男性偏好”与“策略性男性偏好”两种机制并存，即在社会层面和家庭层面的共同作用下，女性分配到的教育资源少于男性。日本女性主要受到“结构性男性偏好”机制的作用，即日本全社会对于女性的教育乃至人力资本的期待普遍低于男性。与此相对，中国台湾女性主要受到“策略性男性偏好”机制的影响，如果兄弟姐妹数量较少，将会得到与男孩一样多的教育投资。图3展示了四个社会中性别间教育不平等的作用机制。

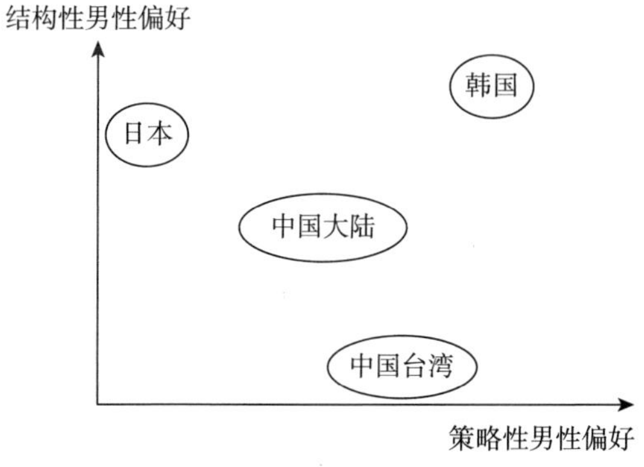

图3 东亚四社会性别间教育不平等的产生机制示意

3. 灵敏度分析：东亚父权制两种作用机制的历史变化

为进一步理解东亚社会中性别间教育平等化的历史变化，特别是“结构性男性偏好”和“策略性男性偏好”两种作用机制的时代变迁，表 4 以 1970 年为节点，将 1970 年以前出生（含 1970 年）的回答者和 1970 年以后出生的回答者区分为两组，分别按照模型 9、10、11、12 的方法进行了灵敏度分析。关于节点的选择，各个国家经历生育率滑坡和经济快速增长的时间不尽相同，因此本文仅以全体样本的平均年龄为参考，并以保证各个社会的数据中前后世代样本量差距不大为原则，以 1970 年为节点区分两个世代。

表 4 东亚四社会性别间教育不平等产生机制的时代变化

	中国大陆		日本		韩国		中国台湾地区	
	Coef. (S. E.)	Sig	Coef. (S. E.)	Sig	Coef. (S. E.)	Sig	Coef. (S. E.)	Sig
出生年早于 1970 年（含 1970 年）								
女性	−1.83 (0.34)	***	−0.76 (0.22)	***	−2.05 (0.31)	***	−0.89 (0.22)	***
兄弟数	0.26 (0.21)		−0.18 (0.11)	†	0.00 (0.18)		−0.21 (0.10)	*
姐妹数	−0.21 (0.21)		−0.28 (0.12)	*	0.54 (0.16)	***	−0.06 (0.09)	
女性 × 兄弟数	−0.83 (0.29)	**	0.07 (0.15)		−0.26 (0.25)		−0.05 (0.14)	
女性 × 姐妹数	−0.34 (0.29)		0.15 (0.16)		−0.50 (0.21)	*	−0.23 (0.13)	†
对数似然	−1047.186		−1440.792		−1311.526		−2387.278	
样本量	479		793		645		996	
出生年晚于 1970 年								
女性	−0.75 (0.26)	**	−0.88 (0.32)	**	0.19 (0.31)		0.85 (0.29)	**
兄弟数	−0.20 (0.20)		−0.72 (0.24)	**	0.22 (0.29)		−0.60 (0.24)	*
姐妹数	−0.11 (0.17)		−0.34 (0.30)		0.10 (0.23)		−0.13 (0.20)	

续表

	中国大陆		日本		韩国		中国台湾地区	
	Coef.(S. E.)	Sig	Coef.(S. E.)	Sig	Coef.(S. E.)	Sig	Coef.(S. E.)	Sig
女性×兄弟数	-0.29 (0.26)		0.64 (0.37)	†	-0.37 (0.36)		0.25 (0.32)	
女性×姐妹数	-0.13 (0.22)		-0.12 (0.40)		-0.12 (0.28)		0.07 (0.25)	
对数似然	-1727.309		-678.2757		-601.4669		-1112.268	
样本量	705		310		366		532	

注：$^{***}p<0.001$，$^{**}p<0.01$，$^{*}p<0.05$，$^{\dagger}p<0.10$。

表4省略了控制变量的系数，仅展示了性别、兄弟数、姐妹数以及性别与兄弟数和姐妹数交互项的分析结果。分析结果显示，中国大陆从“结构性男性偏好”与“策略性男性偏好”的混合模式逐渐转变为“结构性男性偏好”。而日本仍保持着“结构性男性偏好”，尽管男性兄弟间教育资源的竞争更加激烈，不过这也并未催生出“策略性男性偏好”的机制。1970年以后的韩国已经检验不出“结构性男性偏好”和“策略性男性偏好”，男女的教育资源呈现出平等的趋势。中国台湾地区虽然已经出现了教育女性化的倾向，但是“策略性男性偏好”仍然存在，兄弟数量对于全体兄弟姐妹的受教育年数有显著的负向影响。

不过，以上分析仅为灵敏度分析，若对东亚社会的性别间教育平等化趋势做出严谨推断，仍需做更深入研究。例如对四年制大学升学机会，甚至是包括兴趣特长和辅导班花销在内的家庭教育总支出进行独立建模分析等。

六　结论与讨论

本文对中国大陆、日本、韩国、中国台湾地区性别间教育不平等的产生机制进行了探索性分类，发现四个社会虽然同处东亚地区且深受儒家伦常观影响，教育不平等的产生机制却表现出多种不同的形式。其中，中国大陆和韩国呈现出“结构性男性偏好”和“策略性男性偏好”的混合模式，即社会层面对于女性教育投资的预期低下，以及家庭内为实现教育投资收益最大化而选择牺牲女性教育的宏微观双重作用，造成了两个社会中女性分得的教育资源少于男性。日本主要受到“结构性男性偏好”机制影响，呈现出女性的受教育年数普遍低于男性的现象。中国台湾地区则主要受“策略性男性偏好”作用。

本文通过区分“结构性男性偏好”和“策略性男性偏好”两种机制，加深了既往研究中对东亚地区教育不平等现象的理解，使东亚父权制对资源分配的影响不仅限于家族内的“男性优先”或社会上“男尊女卑”这样简单地模式化。同时，本文也为东亚父权制研究甚至整个“父权制”研究领域提供一个分析框架。

本文在已有文献的基础上，进一步探讨了低生育率和教育普及化对男女平等化的作用机制，并使用国际数据在不同社会背景下对二者关系进行了验证。分析发现，在“结构性男性偏好”的日本社会，即使在教育普及化和生育率降低的趋势下，男女的教育不平等仍然存在。同时，在灵敏度分析中，中国台湾地区呈现的是，20 世纪 70 年代以后出生的人们虽然已经经历了教育普及化，甚至是女性高学历化的过程，“策略性男性偏好”仍旧存在。可见，在实现性别间教育机会平等化的道路上，“结构性男性偏好”和“策略性男性偏好”都是需要跨越的障碍。

Two Formation Mechanisms of Gender Educational Inequality in East Asian Societies: A Comparative Study Based on EASS-2006 Data

Abstract: With the popularization of higher education and the development of economy & society, gender inequality of educational opportunities and achievements is reduced. However, gender educational inequality still exists in East Asian societies. This paper analyzed the concept of "Patriarchy in East Asia", and present two mechanisms— "structural male preference" and "strategic male preference" —which would result in a gender educational inequality in East Asian societies. Furthermore, this paper used EASS-2006 data to verify that if these two mechanisms caused inequality of educational opportunities and achievements in Chinese mainland, Japan, South Korea and Taiwan region, and distinguish the three types of mechanism in the four societies. Finally, we found that the existence of "structural male preference" may curb the rise of women's education in Japan and Chinese mainland. And although the feminization of higher education occurred in Taiwan region, "strategic male preference" still exists.

Keywords: Gender Educational Inequality; Patriarchy; Educational Fairness; East Asian Societies

日本语言与教育

新时期日语学习词典使用现状及需求研究*

——基于教师、学生、留学生的用户调查

王　星　曹大峰**

【摘　要】为了适应新时期外语人才培养的要求，了解和研究中国日语学习者和教师对学习词典的需求和使用现状，我们对日语教师、国内学生和留日学生等用户进行了大规模问卷调查，分析归纳了不同用户在使用习惯、使用策略、使用需求等方面的特征，发现他们共同倾向于使用便携型词典，关注词义或语法项目的解释与例句的真实性，希望获取使用场景、搭配信息、相关的社会文化信息等，这些需求都指向语言的交际功能。未来词典的编纂应以满足学习者的跨文化交际出发，除了提供必要的语言表层信息之外，还应当提供交际行为所必需的其他信息。

【关键词】日语学习词典　问卷调查　用户需求　交际功能

引　言

用户调查既是理论词典学的重要内容，也是提高词典编纂质量、满足用户需求的有效手段之一。“学习词典”是为非母语学习者专门设计和编纂

* 本课题由北京外国语大学曹大峰教授主持的团队实施，调查和研究得到了下列各位的合作和支持：李琚宁、孙海英、王鹏、白晓光、徐莲、黄毅燕、曾艳、曹彦琳、陈燕青、赵冬茜、杨雅琳、邓超群、崔广红。本文为“2013—2025 年国家辞书编纂出版规划重点辞书项目：现代日语教学语法词典的研究与编撰”（项目批号：新出政发〔2013〕9 号，项目主持人：曹大峰）的阶段性研究成果。

** 王星，青岛理工大学人文与外国语学院副教授。曹大峰，北京外国语大学日本学研究中心教授，博士生导师。

的教学型参考词典，其主要目的是满足二语学习者的学习需求和教学需求。在新时期新形势下，提高学习者的外语交际能力（communicative competence）已成为外语人才培养的主要任务，词典编纂也应与时俱进，以满足学习者运用外语进行思想交流以及信息沟通的需求。

以日语词典为例，玉村文郎[①]，砂川有里子[②]，井上优、有贺千佳子[③]对现有日语学习词典的设计宗旨、词条等进行了探讨；张科蕾[④]通过对比日本出版的日语学习词典，总结了我国出版的日汉学习词典的词汇特征。潘钧[⑤]、野田尚史[⑥]则指出现有日语词典[⑦]在编纂过程中，多以语言学研究为出发点，尚未明确考虑非母语学习者的学习现状，应当针对学习者的实际来编纂词典；戴宝玉[⑧]基于语料库编纂词典的理念精选例句试编了部分词条，总结了语料库编写词典的优点以及存在的问题。在日语词典的用户研究中，张勇[⑨]指出国内学习者在选择和使用日语词典时，存在片面追求便携、词汇量的问题；冷丽敏[⑩]发现学习者普遍使用电子词典，且以汉语释义的词典为主，并利用电子词典进行拓展性学习和复习巩固学习等。可以看出，当前日语词典的研究多集中在词典本体，针对不同类型用户的调查并不多见，如何兼顾教师、学习者、留学生等不同用户的差异性需求等问题也有待进一步讨论。而且目前我国的日语词典“大都偏重词条的选取和释义，很少考虑话语特性和社会文化功能的记载，更没有一部是基于外语教

① 玉村文郎：「辞典の将来」，『日本語学』1998年第14期，第12~21頁。

② 砂川有里子：「日本語学習者のための表現辞典」，『日本語学』1998年第14期，第45~53頁。

③ 井上優、有賀千佳子：「これからの学習者用日本語辞書」，『日本語学』2006年第7期，第22~29頁。

④ 张科蕾：《日本日语学习词典和中国日汉学习词典的词表对比》，《外语学刊》2015年第3期，第155~158页。

⑤ 潘钧：《日本的教育词典及其启示》，《日语学习与研究》2004年第1期，第20~24页。

⑥ 野田尚史：「コミュニケーションのための日本語学習用辞書の構想」，『日本語/日本語教育研究』2011年第5期Web版，第5~32頁。

⑦ 日语词典与日语学习词典的区别如下：前者指已出版的日语类词典，如双语词典、双解词典等，使用人群不特定；后者特指为学习日语的人群编纂的词汇、语法、句型等词典。在做问卷调查时，考虑到部分使用者对二者的区别比较模糊，故问卷里没有特意区分。

⑧ 戴宝玉：《日语语料库例句词典编纂构想》，《解放军外国语学院学报》2011年第2期，第23~26页。

⑨ 张勇：《日语词典使用情况调查与分析》，《辞书研究》2009年第5期，第98~105页。

⑩ 冷丽敏：《高校日语专业学习者电子辞典的使用现状调查》，《日语学习与研究》2014年第6期，第53~60页。

学理念和外语习得特点编撰的词典”。在这种情况下，为了了解当今日语学习者和教师使用词典的现状与需求，为编纂体现新理念和有效提高外语习得的新型日语学习词典提供有效的参考，我们设立了新时期日语学习词典使用现状及需求研究的课题，本文基于该课题进行了大规模用户问卷调查，讨论新时期各类型用户对现有日语词典的评价及使用需求、新时期日语学习词典编纂面临的课题、构筑交际型日语学习词典的理念思路等问题。

一　调查的基本情况

1. 问卷设计与基本构成

现有研究已证明问卷调查在探悉用户需求方面的有效性，因此本次调查也是通过问卷来获取不同环境下用户使用词典的状况及需求信息。为了清晰地描述用户的认知需求和编纂需要，我们一方面需要了解用户的使用状况，另一方面需要梳理他们的需求。状况调查能够很好地了解用户的查阅策略和习惯，需求调查则可以从提升用户的满足感出发，设计出最佳编纂方案。为此，本次问卷的题目设置主要包含以下内容：

（1）用户在使用日语词典时的查阅习惯；

（2）用户对日语词典的查阅满足度；

（3）用户对日语词典的查阅需求。

用户的使用现状调查通过（1），用户的使用需求调查通过（2）和（3）来体现。已有研究[①]明确指出用户调查可以通过用户的语言背景特征、用户的知识结构特征、用户的知识需求特征、用户的学习活动需求特征、用户的词典接受心理特征等实现。因此，本次问卷的题目设计又细分为以下几项：用户的学习（教学）背景、用户的查阅习惯及使用偏好、词典的查阅满足度、词典的使用评价、用户的使用需求等方面。用户的语言背景及知识结构特征通过用户的学习（教学）背景调查实现；用户的知识需求和学习活动需求特征通过词典的查阅习惯、偏好、使用需求等模块进行考

① 于伟昌：《英汉、汉英词典使用和设想的调查》，《广州师院学报》（社会科学版）1999年第12期，第88~93页；章宜华：《二语习得与学习词典研究》，商务印书馆，2015；胡文飞：《用户需求与汉英学习词典微观结构的构建：基于中国EFL学习者的实证研究》，《外国语文》2013年第2期，第72~78页。

察；用户对词典的查阅满足度和对词典的使用评价等问题主要考察用户的词典接受心理特征。

问卷中题目的形式根据测试项目分为量表题、单项选择题、多项选择题、排序题及开放式问答。其中多选题设置选项数量为1个及以上，并设置了“其他”选项，选择“其他”时须填空回答具体内容。

2. 调查对象和工具

考虑到日语学习词典的主要使用者为教师和学习者，本次调查主要面向中国境内的日语专业教师、日语专业学生（本科生和研究生）、在日本的中国留学生，他们可以视为较典型的用户，具有一定的针对性和可借鉴性。同时由于他们的使用目的和使用环境以及需求等都存在一定的差异性，而词典编纂则需要满足预设目标用户的使用需求，因此描写用户群体的共性特征和差异特征都可以为后期词典的内容设计提供有效参考。

由于教师和学生的立场有所不同，问卷分为教师版和学生版。调查对象包括国内8所大学的学生和教师、日本4所大学和1所预科学校的中国留学生，共计回收国内大学生答卷434份、教师答卷43份、留学生答卷62份。调查时大学生的日语学习年限及人数比例为：不足1年的有166人（38%），1~2年的33人（8%），2~3年的113人（26%），3~4年的28人（6%），超过4年的94人（22%）。教师中有37人担任不同年级的综合日语（精读）课程的教学工作，其他课程包括听力·会话、阅读·写作、文学·文化等。留学生被试中，学习日语不足一年的有9人（14.5%），1~2年的12人（19.3%），2~3年的6人（9.7%），3~4年的4人（6.5%），超过4年的31人（50%）。

调查通过问卷星生成网络版问卷，被试通过微信扫码、QQ、网页等形式参与调查；问卷的统计工具为问卷星提供的SPSS在线分析软件。

3. 调查过程

调查过程分为三个阶段进行。第一次调查为前期调查，实施时间为2017年5月。对象为日语专业教师11人，日语专业学生30人，问卷全部回收，并且记录参加人员的答题体验。随后，根据回收的问卷和访谈情况对部分问题进行调整和修改。第二次调查为国内正式调查，2017年6月中旬至7月底实施。主要面向8所院校的日语专业教师和学生发放问卷。第三次调查为国外正式调查，2018 年 4 ~6 月在日本实施，面向母语为汉语的留学生发放。

为了防止调查对象以外的其他数据流入，本次调查事先统计各高校的专业人数，设置选项要求被试选择所属高校，对各高校的参与调查人数进行了核对，调查结束后关闭问卷，确保数据真实有效。

二　考察与分析

分析问卷结果可以发现，部分项目用户群体之间没有明显差异；部分项目在教师、大学生和留学生之间存在一定的差异；还有少数项目可以看出学习者学习年限上的差异。下文将通过分析用户的词典使用特征、使用评价和使用需求，进一步总结新时期日语学习词典编纂的课题与思路。

1. 用户的词典使用特征

二语学习活动涉及听、说、读、写、译等环节，根据学习环境不同，还可分为课堂内学习与课堂外预习和复习等，这些活动又不可避免地会用到词典。词典的类型很多，所搭载的信息、使用媒介等各有不同，用户也会根据使用目的和偏好、习惯等选择词典类型。因此，对词典的使用特征分以下项目进行考察：词典类型的选择和偏好、词典的使用目的、查阅内容等。

词典类型的考察采用矩阵量表题的形式进行。从词典类型的选择（见图 1）来看，用户普遍认为数字化词典（网络在线词典、便携电子词典、手机 App 词典）更加方便携带，且方便查阅，但是纸质词典在便于标注、释义详细、例句充分等方面具有优势。因此，用户多倾向于使用网络在线词典、电子词典、手机 App 词典等数字化词典（均值 >3），其中留学生和大学生更偏好使用手机 App 词典。从词典分类看，教师更倾向于使用双解词典（均值 >3）、日日词典（均值 >3）；留学生对汉日/日汉词典的利用率略高于大学生和教师。

词典的使用目的与学习、教学活动紧密相关，为了更清楚地考察用户倾向于在哪些环节中使用词典，我们采用了排序法。各选项平均综合得分是由问卷星系统根据所有填写者对选项的排序情况自动计算得出的，它反映了选项的综合排名情况，得分越高表示综合排序越靠前。①

① 排序题记分规则：问卷星，https://www.wjx.cn/help/help.aspx? helpid =43，2019 年 6 月 8 日。

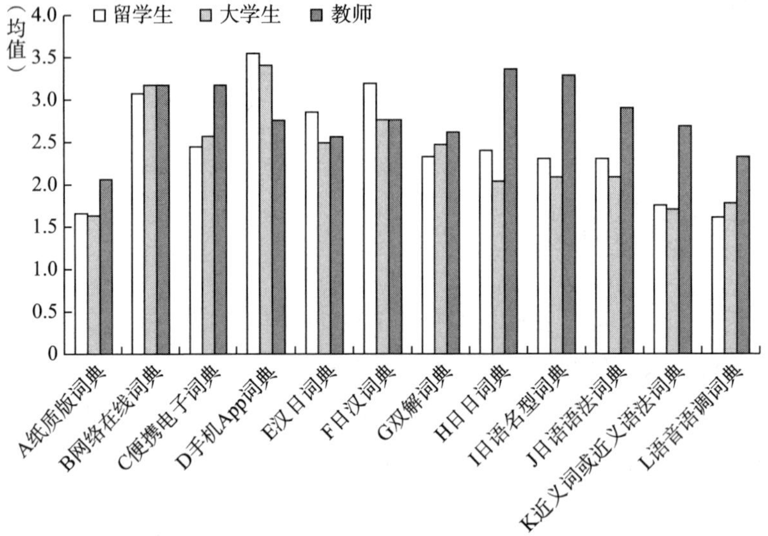

图1 词典类型的选择

从图2来看，在听、说、读、写、译等各类学习活动中，词汇学习或记忆、翻译、阅读、备课等是查阅词典的主要目的。不同用户的使用目的也略有差异，大学生在词汇学习、翻译、阅读、写作等方面的利用率较高；留学生在阅读、写作等学习活动中，词典的利用率超过大学生和教师；教师多利用词典进行词汇学习或记忆、翻译、备课等活动。

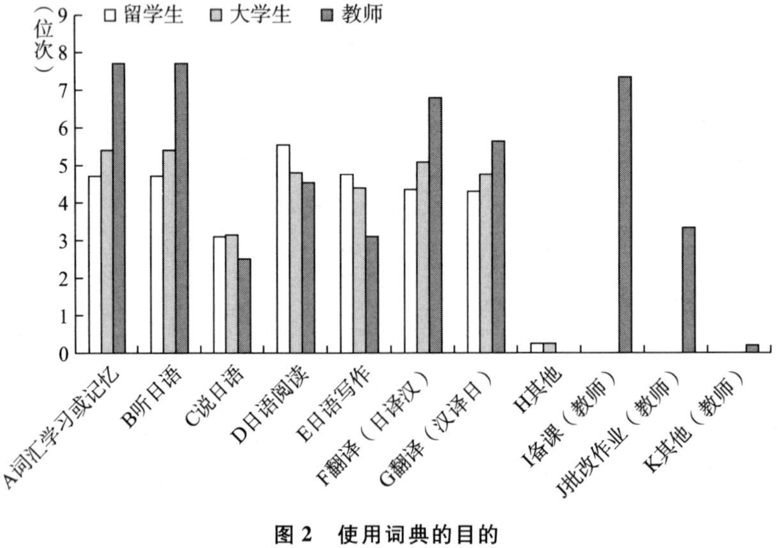

图2 使用词典的目的

用户通过词典查阅的内容考察为多选题（见图3），百分数表示该选项的人次在所有填写人数中所占的比例。可以看出，用户较为关注词典释义（留学生96.8%，大学生92.2%，教师74.4%）、用法说明（留学生74.4%，大学生69.6%，教师72.1%）、例句（留学生66.1%，大学生65.9%，教师76.7%）等信息。学生用词典查阅发音或音调（留学生67.7%，大学生74%）的比例超过教师（48.8%），教师在利用词典查阅词或句型的搭配信息（69.8%）等项目上超过学生（留学生38.7%，大学生35.9%）。

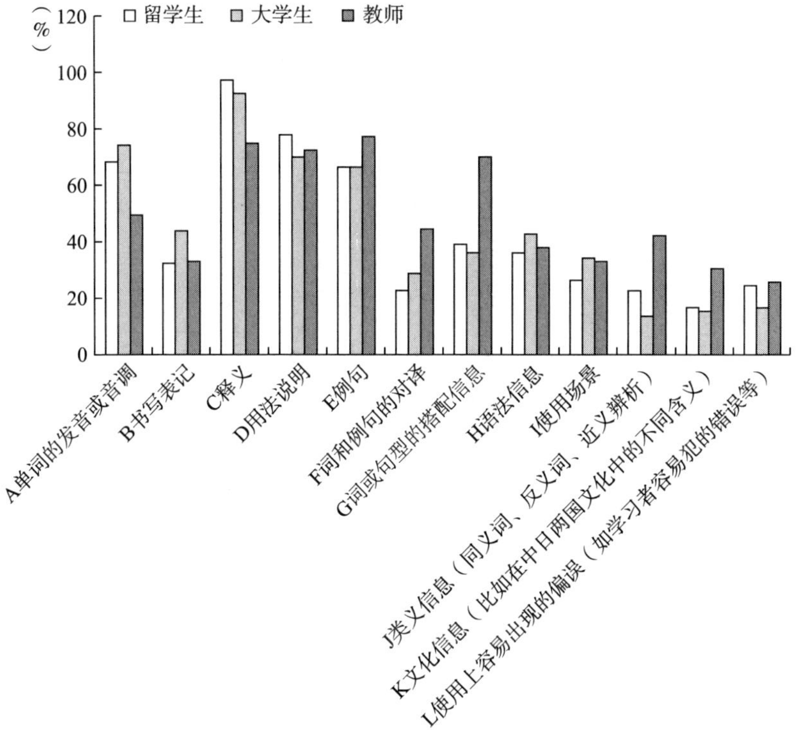

图3　词典的查阅内容

根据章宜华的解释，查阅词典通常包含是否查阅、查阅何种类型词典、查阅目的、查阅方法。用户通过这些查阅行为与词典的编纂体例、搭载信息等建立起直接关系，用户的查阅行为也会对他们的查阅体验产生影响。从查阅行为（见图4）上看，用户习惯边阅读边查阅词典（留学生71%，大学生67.1%，教师58.1%），留学生的这一习惯更为明显。与该项相对的是“阅读时标注难以理解的词，阅读完成后查词典”，采用这一阅读策略的用户相对较少。但是，当“查词典时遇到超过一个词义”时，55.8%的教师会选择"用上下文帮助选择词义"，大学生和留学生运用这一策略的比例分别为34.6%和45.2%。这说明教师查阅词典追求词汇的准确性，大部分学生依然会使用阅读策略完成阅读训练。

此外，教师更加注重词典的使用多样性，使用词典的策略较多，会根据学习或工作活动选择使用不同的词典。如"查词典时遇到超过一个词义的，用上下文帮助选择词义""随身携带词典，需要时随时查阅""查阅词典时我会做一些笔记""根据学习任务不同选择不同的词典"等选项上，明显高于学习者。但是用户对词典的编纂说明关注较少，本次调查中，主动阅读词典凡例、用法说明、结构信息等内容的用户不足15%。

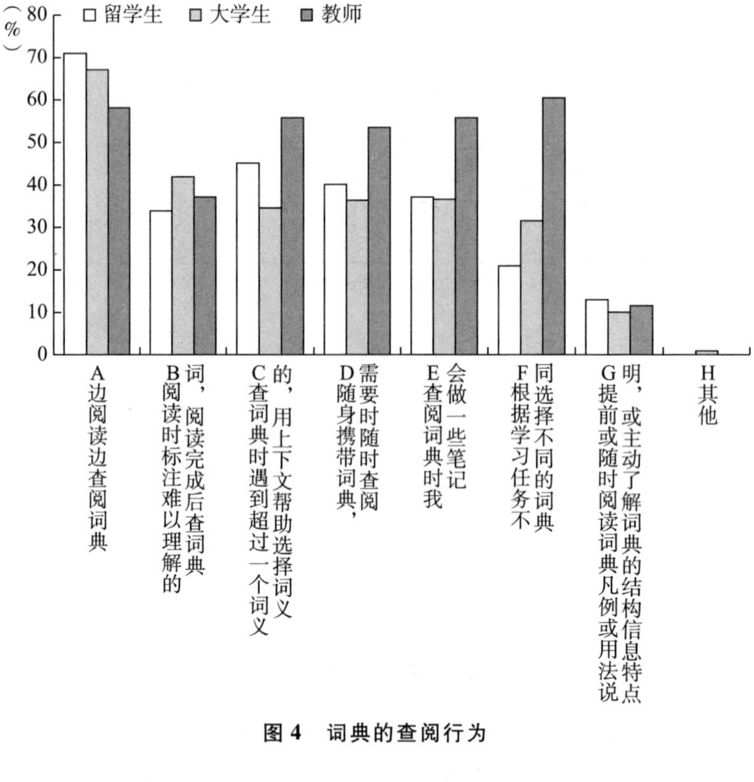

图4 词典的查阅行为

2. 用户对词典的评价

考察使用评价可以较为清晰地了解用户对词典查阅结果的满足度，有利于掌握用户对词典的心理期盼和认知需求，对于词典编纂来说意义重大。那么现有日语词典的体例和搭载信息等是否能够满足用户的查阅需求？我们从词典对日语学习或教学的帮助、查阅信息的满足度、无法满足的查阅信息等方面进行了考察。

首先是词典的帮助作用（见图5），用户普遍认为词典对“扩大词汇量”的帮助作用较为明显（留学生91.9%，大学生85%，教师88.4%）。教师认为词典的帮助作用还体现在翻译及教学（74.4%）、语法应用（60.5%）等方面；学生认为词典对自己的帮助主要还体现在阅读（留学生72.6%，大学生65.7%）和翻译（留学生71%，大学生68%）上，还有接近60%的学生认为词典对自己的自学能力有帮助，而认为词典对自己的听力水平和口语水平有帮助的用户比例相对较低。

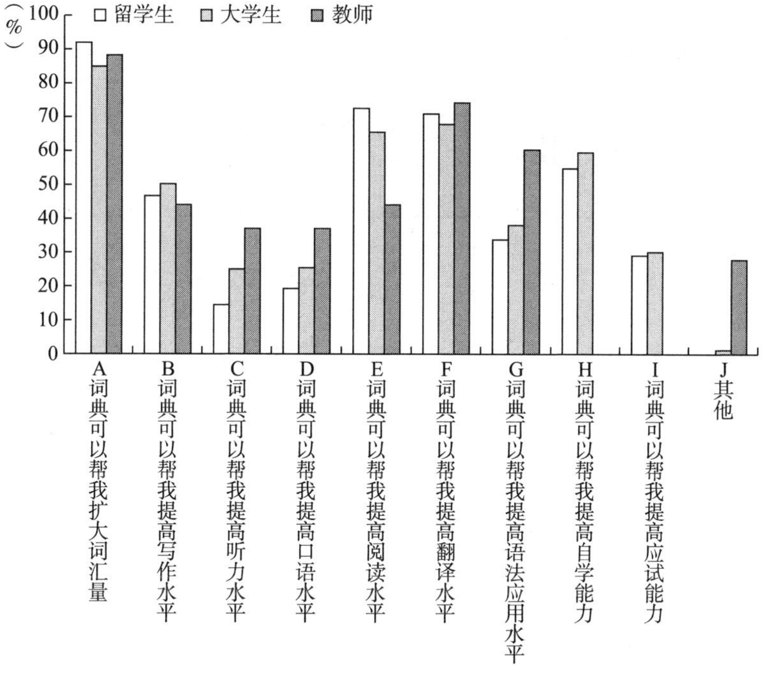

图5 词典的帮助作用

从用户查阅词典的满足度看（见图6），用户对现有词典在词汇或语法项的释义（留学生93.6%，大学生87.3%，教师90.7%）方面满足程度最高。此外，用户还认为现有词典在单词的发音或音调（留学生79%，大学生84%，教师72.1%）、用法说明（留学生74.2%，大学生68.2%，教师74.4%）、例句（留学生67.7%，大学生64.4%，教师76.7%）等方面能够部分满足查询需求。虽然60.5%的教师认为现有词典可以获得词汇或句型的搭配信息，但大学生的这一数字只有35.5%。此外，用户普遍对于词和例句的对译、词或句型的搭配信息、类义信息（同义词、反义词、近义辨析）、文化信息、使用上容易出现的偏误等的查阅满足度偏低，尤其是大学生和留学生，认为“文化信息”和“使用上容易出现的偏误”能够满足查询需要的比例均不足 20%。可以看出，传统的日语词典一般注重词汇、语法项目的释义信息，对语言的语用义等附加信息的关注较少。

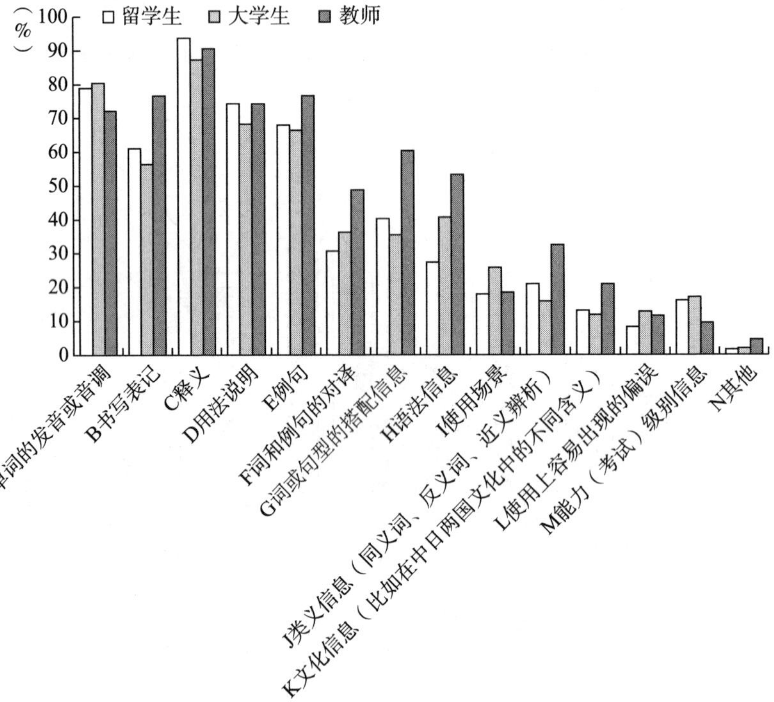

图 6　词典可以满足的查询信息

为了进一步明确用户在词汇和语法上的查询需求，我们针对这两项内容设置了专门的问题。从词汇上看（见图 7），用户对词典词汇的未满足感差异较小，主要集中在“查不到”和“不会用”上。50% 以上的用户认为无法查阅到的词汇信息包括“省略语、复合语、俚语”等，67.7% 的留学生和 52.5% 的大学生认为有些单词即使查到了，也“不清楚单词在具体使用时的注意事项（如对上级不能使用、不自然的搭配用法等）”，58.5% 的大学生和 51.6% 的留学生认为当面临一词多义时，“难以选择义项”。由此可以看出，当前词典在解释词汇的具体使用场面和使用方法等方面仍有待继续改进。

而关于无法查阅的语法项目，用户评价的差异性较明显（见图 8）。

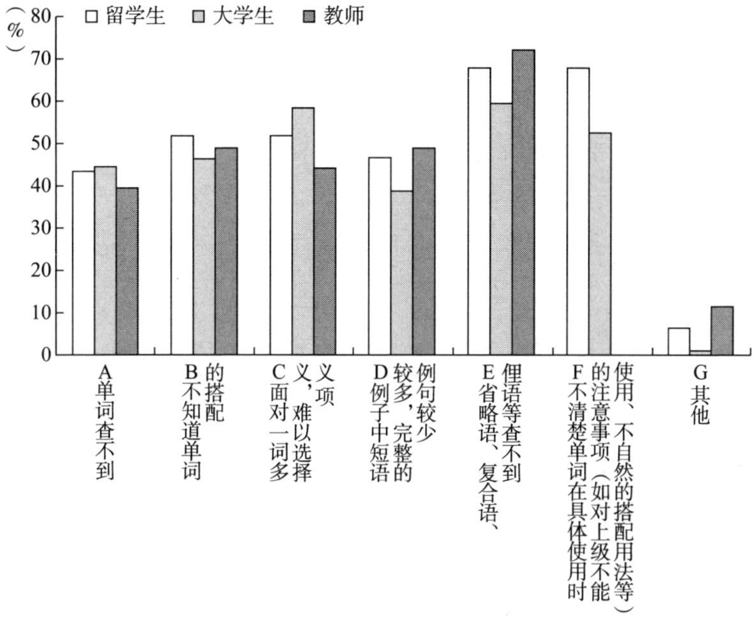

图 7　词典无法查阅到的词汇信息

81.4% 的教师认为词典的“例句看不出语法的具体使用场景”“当某些语法点的汉语说法相近时，不清楚该使用哪一个”，而大学生的回答分别是 48.6% 和 58.9%，留学生的回答分别是 69.4% 和 64.5%。

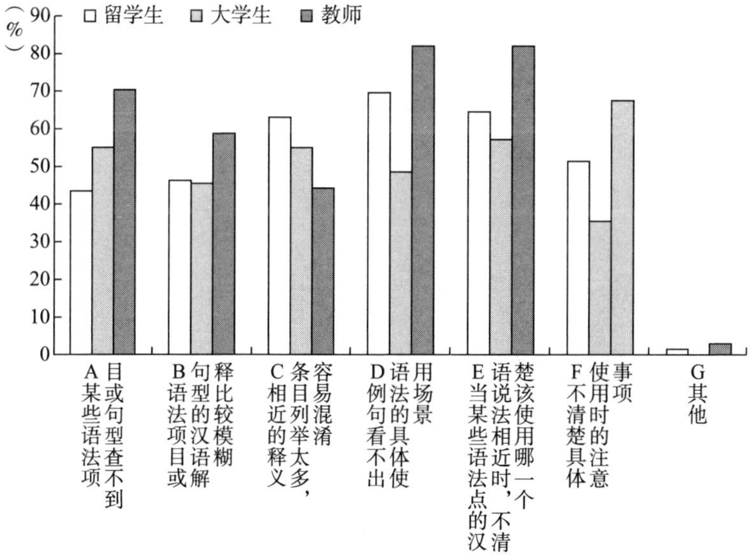

图 8　词典无法查阅到的语法信息

另有接近 70% 的教师认为现有词典收录的语法条目不全，“某些语法项目或句型查不到”，且查阅后仍“不清楚具体使用时的注意事项”；大学生对这两项的回答分别为 54.6%、35%，留学生的回答分别为 43.6% 和 51.6%。这或许与教师的教学活动有关，他们需要向学生解释日语句型的具体含义和使用方法。但是，62.9% 的留学生和 54.8% 的大学生认为词典中“相近的释义条目列举太多，容易混淆”，比教师的回答比例高，说明学习者希望释义能够更加明晰、准确，以帮助掌握语法或句型的不同用法。

不同学习阶段的学习者之间评价也存在差异（见图 9），尤其是在关于无法查阅到的语法信息上可以看出，随着学习年限的不断增加，学习者更关注语法的使用场景和具体使用条件；由“某些语法项目或句型查不到”“语法项目或句型的汉语解释比较模糊”两项的折线图可以看出，2～3 年级的学习者对词典的语法项目和释义要求较高，或许与这一阶段的学习者集中学习备考各类等级考试相关。大学 4 年级及以上的学生对语法项目的关注明显下降，开始关注语言的具体使用环境、与中文相关语法点的异同等问题。

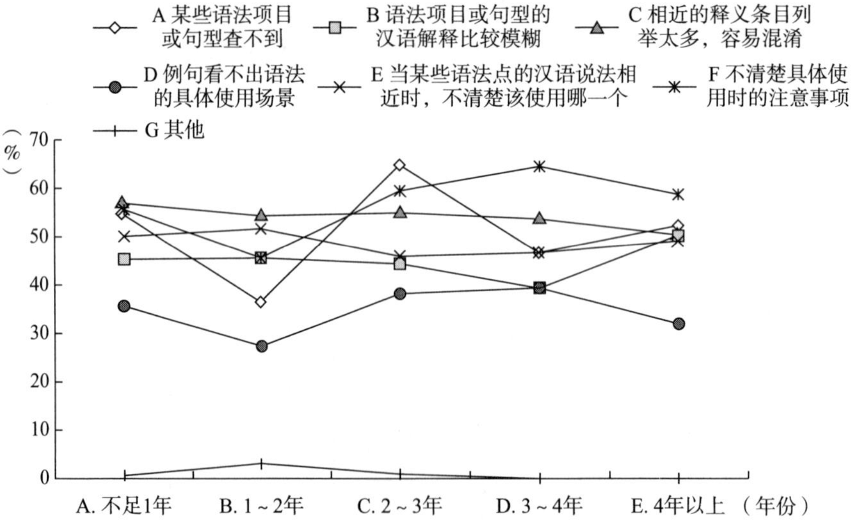

图 9 词典无法查阅到的语法信息（学习年限差异）

3 用户对词典的需求

上文我们讨论了用户使用日语词典的特征以及用户的查询满足度，那么用户对理想中的日语词典有哪些具体需求呢？我们主要从用户关注的词典收录信息、释义信息与方式、所选例句来源等方面进行了考察。

词典的收录信息是编纂者理念的具体表现，因此，考察二语学习者对词典收录信息的需求十分必要。如图 10 所示，日语词典的用户高度需求的词典收录信息为“例句（真实性、场景化、丰富性等）”和“搭配（词组短语、句型、惯用句等）”。不同使用人群需求的信息略有不同，教师除了“例句（真实性、场景化、丰富性等）”（97.7%）和“搭配（词组短语、句型、惯用句等）”（86.4%）之外，还较关注“词语的文化内涵”（59.1%）和“相关词（派生词、近义词、反义词等）”（52.3%）；学习者较为关注例句、搭配和词条量，其中留学生比大学生更关注“例句（真实性、场景化、丰富性等）”（83.8%）、“搭配（词组短语、句型、惯用句等）”（82.3%）和“词条（词汇、语法、句型等）量”（64.5%），大学生比留学生更关注注音（发音、声调、相应文字表记等）（52.8%）。可以看出，用户已经不满足于单纯的意义解释和没有语境的例句，还希望从词典中获取准确的“何时用，如何用”等信息。这也说明面向二语学习者的词典编纂与面向母语学习者的词典编纂有所不同，除了必要的释义信息外，还应包含语用、语境、词汇或语法的内涵与外延等附加信息。

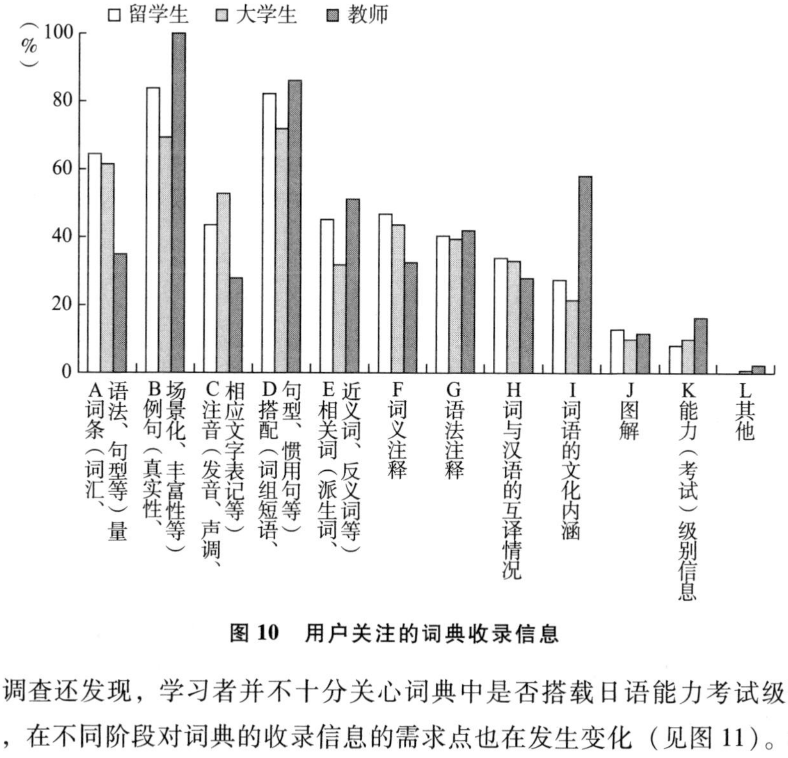

图 10 用户关注的词典收录信息

调查还发现，学习者并不十分关心词典中是否搭载日语能力考试级别的信息，在不同阶段对词典的收录信息的需求点也在发生变化（见图 11）。相对而言，不足1年的学习者更关注词汇的注音（63.9%）、词义注释（47.6%），对注音的关注随着学习者学习时间的增加而减少，4年以上的学习者的关注程度只有37.2%；1~2年的学习者对例句（真实性、场景化、丰富性等）（54.6%）、搭配（词组短语、句型、惯用句等）（66.7%）的需求相比其他年级较低，2~3年之后的学习者在这两项上的需求开始增加。4年以上的学习者最关注例句真实性（76.6%），3~4年的学习者最关注搭配信息（82.1%）；3~4年的学习者对于除了图解信息、等级考试信息以外的其他内容关注度相对处于较高的状态。经过4年学习之后，学习者对收录的词条量、词义注释、注音、与汉语的互译情况等的关注显著下降，而对词语的文化内涵、例句的真实性、图解等内容的关注度则明显提高。可以看出，随着学习年限的增长及各阶段学习任务的变化，学习者对词典收录信息的关注点也有所差异。从综合水平看，学习者较为关注例句、搭配和词条量等的情况。

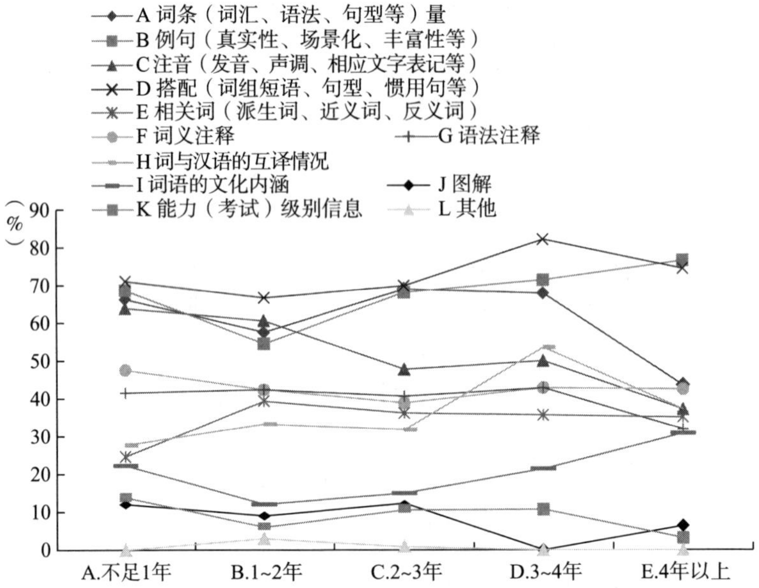

图11 用户关注的词典收录信息

什么样的信息有助于学习者理解语法条目呢？本次调查通过排序题进行了考察，从综合得分（见图12）看，“语法的接续形式”“语法的意义和功能”“语法的搭配信息”“对应的汉语句型或语法”“使用的场合和语境”排在前五位。

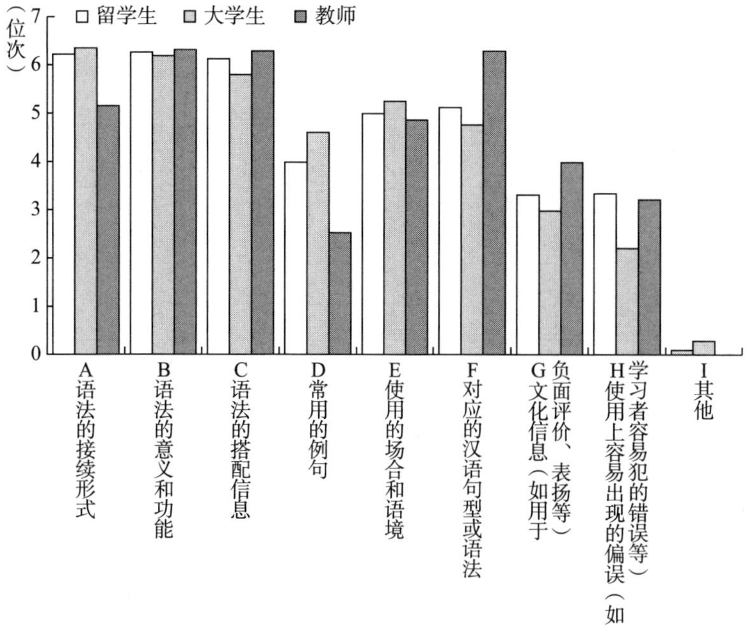

图 12　词典释义中对语法学习有帮助的信息

释义方式和例句直接关系到用户的查阅体验，章宜华[①]列举了以下几种释义形式：同义对释、短语释义和句子释义，而“例句既是释义的延伸和扩展，又是被释义项使用方法的最直观体现”。由图 13 可以看出，用户普遍希望提示使用环境和搭配信息（留学生 83.9%、大学生 77.7%、教师 93%），给出常用例句（留学生 85.5%、大学生 76.7%、教师 83.4%）等，反映了用户希望通过例句掌握具体的使用方法，同时还可以看出他们除了追求输出语言的准确性以外，还希望能够了解地道自然的日语。在二语课堂中，解释和说明语言现象的近义用法是重要的教学内容，因此 84% 的教师希望获得近义句型的辨析，但学习者的需求并不高；在是否有必要用日语释义一项中，留学生的需求最高（71%）。

词典中例句的来源和形式也有很多，如引例、改编例、自撰例、搭配例、短语例、句子例等。由图 14 可以得知，用户显然更倾向于带有场景的例句（留学生 88.7%，大学生 76%，教师 95.4%）；而在例句的来源上，直接引用书籍、报纸等真实用例和改编后用例的差异不明显，但是选择结

① 章宜华：《二语习得与学习词典研究》，商务印书馆，2015。

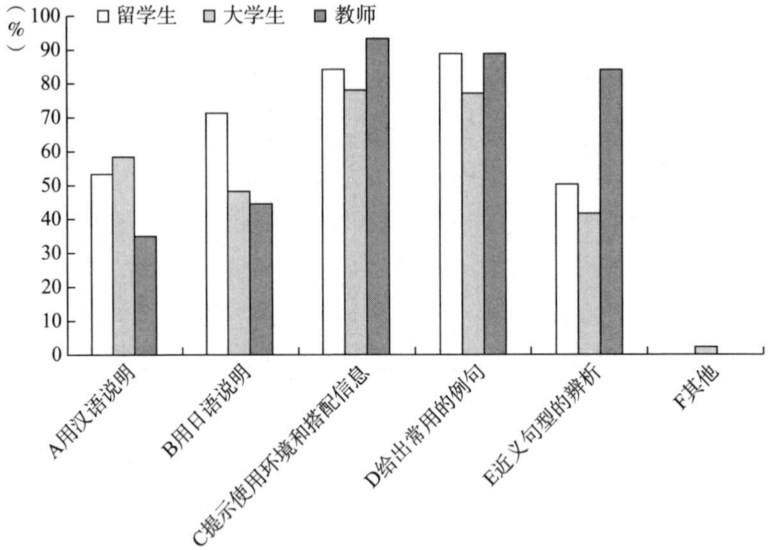

图 13 有利于学习或理解语法的词典释义形式

构复杂的例句或长句的比例不到 20%，说明用户更偏爱来自真实语境的、接近自然语言的简短例句。此外，半数左右的用户（留学生 58.1%，大学生 59.7%，教师 51.2%）希望例句带译文，选择不带译文的用户非常少。

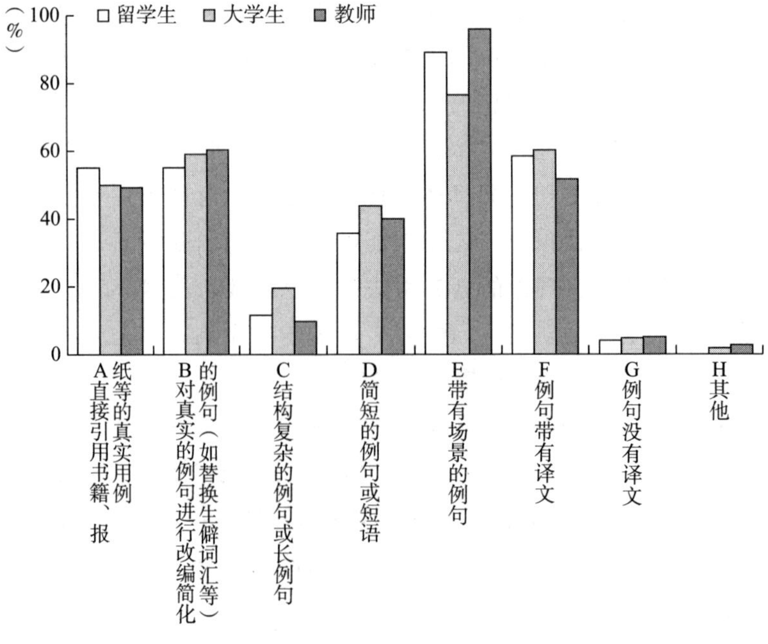

图 14 用例的出现形式

此外，为了具体了解用户还希望从词典中获取哪些信息，本次问卷调查还设置了问答题“您希望在词典中增加哪些有利于语法学习和应用的内容”，收集受试的建议。本次问卷调查共计回收有效回答253份，图15显示的是回收问卷答题中出现的关键词频次排序，可以看出“例句”“具体使用场合”“类似表达”“误用信息”“文化”“图示”“搭配信息”等的关注程度较高，其中不少与问卷选项重合，突出反映了用户的需求倾向。

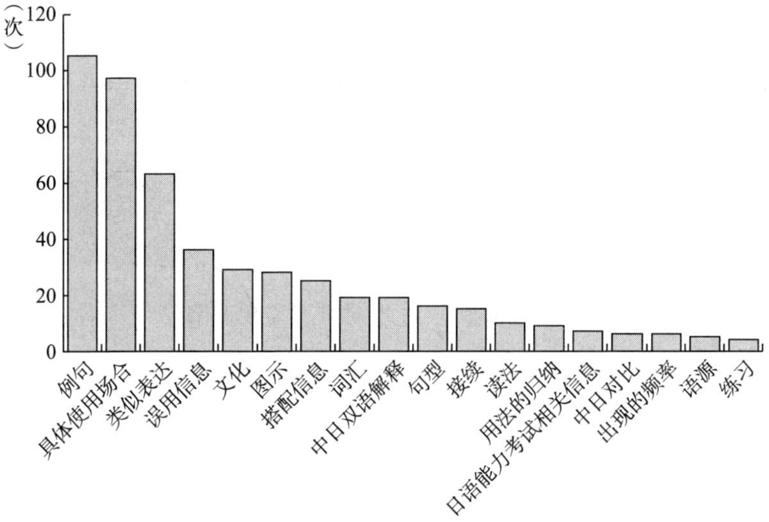

图15　用户对词典的其他需求

三　新时期日语学习词典编纂的课题与思路

通过上述分析可以看出，当前日语学习词典的用户更倾向于使用网络在线词典、手机App词典等数字化词典，他们多通过词典查找词语，进行阅读、翻译、语法等学习或教学活动。学生主要使用词典查询单词，使用策略实施较少，很少有学生主动阅读词典的前言、说明等内容，对不同词典的编纂特点及重点不是特别关心。但是他们同时又普遍希望能够在词典中查找到具体的使用场景。尤其是到了高年级阶段，学生对词典的多功能性需求增大，如词汇的搭配、场景提示、日本人日常场景中使用的真实例句等。日语教师善于使用不同的词典满足教学需要，他们更希望从词典中查找到较为清晰的解释信息，如词语的搭配、词汇或语法背后的文化信息、近义词或语法的区别等。

用户对词典的需求包括：（1）词汇或语法的搭配信息；（2）语法或词汇的具体使用场景；（3）误用信息的提示；（4）实用的真实的日语例句；（5）词汇或句型的文化内涵等。不同用户对词典的需求存在差异：教师会根据需要选择不同的词典类型，对词典释义需求更高；学生则更关注词汇或语法类义项的区别。

这些需求都指向一个共同的目的，即能够用地道自然的日语与日本人交流。因此，未来的日语学习词典的编纂课题应是以满足学习者的跨文化交际出发，除了为使用者提供必要的语言信息之外，还应当提供交际行为必需的其他信息。

外语学习的重要目的是语言交际，语言交际涉及听说读写等技能的综合运用。因此，野田尚史[①]提出交际型日语学习词典（「コミュニケーションのための日本語学習用辞書」）的理念，即“听”“说”“读”“写”所需要的信息都能够通过词典查阅到，为此词典就需要具备以下条件：

（Ⅰ）「聞く」ための辞書では、聞き間違えていても、調べたい語句が調べられる。

（Ⅱ）「話す」ための辞書では、個々の状況に合ったあいづちなどの音声が聞ける。

（Ⅲ）「読む」ための辞書では、固有名詞を含め、あらゆる語句の意味が示される。

（Ⅳ）「書く」ための辞書では、依頼や感謝などのメールに使う文章例が示される。

如果说听与读是二语习得过程中的“理解（输入）”阶段，那么说与写则可以看作这一过程的“产出”阶段，与此相应，跨语言交际从本质上说也包含两个阶段：通过听或读，在“理解”对方所要表达的内容及情感等的基础上，通过说与写来表达自己想表达的内容与情感，实现人际沟通与互动。正如章宜华[②]指出的，新一代词典应该突破的主要方向之一是“如何

---

① 野田尚史：『コミュニケーションのための日本語学習用辞書の構想』，『日本語/日本語教育研究』2011 年第 5 期 Web 版，第 5～32 頁。

② 章宜华：《二语习得与学习词典研究》，商务印书馆，2015，第 199 页。

把多维、动态、系统的二语习得机制引入词典体例和释义”。交际型日语学习词典强调二语学习过程的认知特点，主张从音声、词汇、句法、篇章等整体建构词典的内容体系，重视词汇和语法意义的动态性、关联性与整体性。因此，新型日语学习词典从本质上说应该建立一个网络状的关联整体，主要包括词典与用户、理解与产出、词条或语法项目的功能、形式（接续、搭配等）、场景信息、例句与意义（释义等）、语篇意义、语用意义等要素。以外语学习中需求最大的语法学习词典为例，图 16 的框架呈现了上述理念的构想思路。

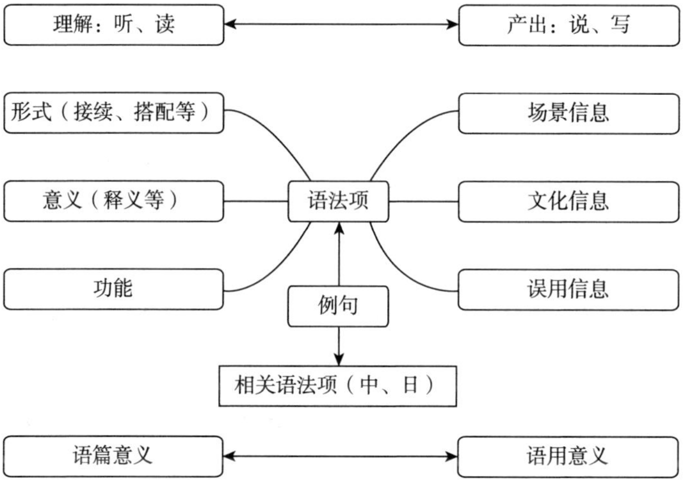

图 16　交际型日语学习词典（语法项）的要素关联框架

这一框架体现了二语习得的两大阶段：语言理解和语言产出，语言理解包括语言的读与听，语言产出则包括使用语言的说与写；语言理解和产出又同时可以看作交际活动的手段。[①] 词典提供的语法形式、意义、功能等应该满足不同学习阶段、不同使用目的、不同查阅需求的需要，因此需要做到有条理、有重点的“面面俱到”。但词典的全面性绝对不是没有逻辑关系的信息罗列，而是建立在以二语习得过程和语言交际为主线的网状释义上。可以说，语言交际建立在多语句前后连贯的整体理解的基础上，如果说对其中某一句话的理解是表面的语篇理解，那么该语法/词汇项目的场

① 野田尚史编著，张麟声等译《交际型日语教学语法研究》，外语教学与研究出版社，2014，第 21 页。

景、文化内涵的提示则有助于使用者加深对该项目的语用意义的理解，才有可能产出符合目标语习惯且具有交际意义的语言形式。

结　语

本文探讨了当今日语学习词典的使用现状及用户的使用需求，提出了未来日语学习词典面临的课题与建构理念。通过大规模多层面的用户问卷调查，可以看出现有的日语词典在注音、词条数量、中日双语释义、例句、用法说明等方面满足了中级阶段以下学习者的大部分需求，但是对于高级阶段的学习者、教师等群体来说，如何满足他们利用语言进行交际、解释语言现象、了解语言的文化性与社会性等需求，是未来词典编纂需要努力的方向之一。为此，我们提出构建交际型语法学习词典的理念和框架，希望能够通过这一尝试，为未来日语学习词典编纂与词典学的发展提供一些参考。

A Survey of Japanese Learner's Dictionary Use and Needs in New Era: Based on the Teachers, Students and Multi-users

Abstract: To meet the cultivating standards of foreign language talents in the new era, the authors have explored a large-scale questionnaire on the demands and current use situations of learning dictionaries with the target of our domestic Japanese learners and teachers including teachers teaching Japanese, domestic students and students learning in Japan. By analyzing and summarizing the features of users' habits, strategies and demands, it is found that all users tend to use handy mobile dictionary (e-dictionary) . Moreover, they focus on word meaning, explanations of grammatical items and authenticity of example sentences. Furthermore, they hope to acquire information on use context, collocation, related social and cultural information, etc. All these above demands are directed at the communicative function of language. Consequently, this paper concludes that the compilation of dictionaries in future should prioritize the basic needs of cross-cultural communicative competence of learners and extra information needed by cross-culture communicative behaviors besides necessary surface language information such as vocabulary, grammar and structure.

Keywords: Japanese Learner's Dictionary; Compilation of Dictionaries; User's Needs; Communication

日源新词在粤港澳的吸收及使用差异研究*

——以"～控"为例

芦　茜　谯　燕**

【摘　要】粤港澳大湾区是我国的重要口岸地区之一，长期以来，海外语言文化与本土语言文化在此地区交汇融合。粤港澳三地虽然同属粤方言区，但由于存在历史上的割裂，三地对外来语言文化的吸收状况存在差异。改革开放后，大量的日源新词作为新事物、新知识的载体输入汉语中，粤港澳三地在吸收和使用日源新词方面同样存在差异。本文以典型日源新词"～控"为考察对象，通过新闻报纸语料分析其在汉语中的吸收及使用状况，聚焦其在广东和港澳的差异性，并探究差异性产生的原因。

【关键词】粤港澳　日源新词"～控"　吸收　使用差异

我国改革开放后，一批日源新词随着日本科技、文化的对华输入而进入汉语体系中。从这些日源新词的进入路径来看，一部分是直接被引入大陆语言体系中，另一部分则是先被引入台湾、香港这些口岸地区，然后再由台湾、香港引入大陆语言体系中的。随着近些年来中国内地经济高速发展和文化影响力的大幅度提升，大陆语言体系对新概念、新词汇的吸收力和创造力都显著增强，日源新词在包括港台在内的整个中国语言体系中都呈现出丰富多彩的生命力。

粤港澳地区是我国经济、文化交流的活跃地区，在多语言文化融合方

* 国家社科基金项目"两岸三地现代汉语对日语借词的吸收及创造性使用研究"（15BYY187）。

** 芦茜，博士，广东工业大学外国语学院讲师，主要研究方向为日语词汇学。谯燕，博士，北京外国语大学日本学研究中心教授，主要研究方向为日语词汇学。

面极具活力。粤港澳三地虽然基本以粤语（广府话）[①] 为母语，同属一个文化区域，但出于近代殖民统治的原因，港澳与广东多年分离，其粤语在词汇、语音、语法上出现了细微的变化。在广东地区，国家普通话推广政策推动了普通话在粤语地区的普及，使普通话的词汇、语音和语法渗透到了粤语中，粤语逐渐向普通话趋同化。而与广东地区不同，粤语在港澳两地均为优势语言，官方会议、公众媒体、日常交流，所使用的语言都是以粤语为主，港澳两地保留着完整的粤方言语言文字系统，受到普通话的同化影响较小，同时却受到了外国殖民语言的影响，这是广东与港澳在汉语使用上的明显差异。这种语言背景上的差异使日源新词在粤港澳地区的吸收和使用上也产生了一些差异，主要体现在：是否引入以及引入时间的差异、使用频率的差异、词汇派生的活跃度差异、语义及语用差异这四个方面。本文利用“读秀学术搜索”中的报纸语料对日源新词“~控”在现代汉语中的使用情况进行调查，分析对比粤港澳三地语言中“~控”在上述几个方面的异同，探讨词汇的引进和使用状况与地域语言特征之间的关联性。

一　日源新词“~控”的由来

日语中将和制英语“mother complex”译为「マザコン」，意为“恋母情结”。「コン」取自英语“complex”的前缀“com”，“complex”意为“不正常的精神状态；情结”[②]。与「マザコン」有着相同构词方式的日语词汇还有「ファザコン」（恋父情结）、「ムスコン」（恋子情结）、「ブラコン」（恋兄/弟情结）、「シスコン」（恋姐/妹情结）、「ロリコン」（恋萝莉情结）、「ショタコン」（恋正太情结）等。这些词的语义为对某（类）人有着一种特殊的迷恋情结，且这种情结大多被认为是一种有悖世俗常理的心理情感。

从我们在大型日语平衡语料库“現代日本語書き言葉均衡コーパス”中的检索结果来看，上述词自20世纪80年代中期后出现在日语中（以下例

① 广义的粤语应包括广府话（广州话）、潮州话和客家话，而狭义的粤语仅仅指广府话。本文所论述的粤语采用的是狭义概念。

② 牛津高阶英汉双解词典（第七版）。

句均为各词在上述语料库中的最早例句①）：

(1) 多くの夫たちが、精神的に母親に依存しているのだ。日本人はこれを「マザコン」(母親コンプレックス) と呼んでいる。

『奇跡の国ニッポン’80年代日本の女性たち』1986

(2) 近頃流行りの「ロリコン野郎」と片づけられてしまったのでは、冥界の鮎川も苦笑してアタマを掻いているにちがいない。

『幽霊船長』1987

(3) それに、山崎の妹はブラコンなんだ。つまり、兄貴にあこがれてたのさ。 『テイク・ラブ』1991

(4)「真穂りん、ベビーフェイスだからあ」「実は、ファザコンだったりして」 『好きから始まるkiss物語』1993

(5) その彼の唯一にして最大の欠点といえば、シスコンであること。異母姉様へのいきすぎた愛情が、ちょっとアブない質問として飛び出した！ 『仙界伝封神演義より ～作劇指南之書』2001

(6) ショタコンとは何ですか？ ロリコンの男の子版、年端のいかない少年を愛する人。 『Yahoo！知恵袋』2005

在实际语言运用中，「～コン」② 在句子中既可作为名词性成分，也可以作为形容词性成分。当其作为名词性成分时，可指称某种情结，也可指称具有某种情结的人。因此例（1）中的「マザコン」既可以理解为“恋母情结”，也可以理解为具有恋母情结的丈夫们。

我们利用检索工具NLB③ 可知，「～コン」在实际语言中常与其他名词组合在一起，作为形容词性成分起修饰作用。NLB计算出「～コン」类词中使用率最高的是「マザコン」和「ロリコン」，其修饰的中心词可列举如下。

マザコン（男/夫/坊や/野郎/男性/狂気/彼氏）

① 该语料库中未见「ムスコン」的用例。他处用例如：「ムスコン」とは、息子を異性として見て、溺愛して止まない母親たちのことだ。(Biglobenews 2016)

② 本文考察的「～コン」仅限定为语源为“～complex”（～情结）的词，语源为“～contest”（～比赛）和“～company”（～联谊会）的「～コン」不是本文的考察对象。

③ 全称NINJAL-LWP for BCCWJ（NLB），http://nlb.ninjal.ac.jp/。

ロリコン（愛好者/男/野郎/雑誌/犯罪/要素/オヤジ/趣味/成分/変態/傾向/風/化/心/系）

我们通过对语言事实的考察，可知日语合成词「～コン」在构词、词义及运用上有以下四点特征：

1. 日语合成词「～コン」自20世纪80年代中期开始出现在日语语言中。

2. 「～コン」的前项构词成分限定为几种特定的人物称谓名词，如「マザ」(母亲)、「ファザ」(父亲)、「ムス（コ）」(儿子)、「ブラ（ザ）」(兄/弟)、「シス（タ）」(姐/妹)、「ロリ（タ）」(萝莉——年幼可爱的小女孩)、「ショ（—）タ」(正太——年幼可爱的小男孩)，「～コン」式的构词在日语中并非开放性的。

3. 日语合成词「～コン」的词性为名词或形容词。

4. 日语合成词「～コン」是指一种针对特定人物对象所产生的有悖常理的心理感情，人们对于这种感情一般持负面评价的态度，日语中「～コン」的语义色彩是消极的。

二 日源新词“～控”在汉语中的使用概况

日本发达的动漫产业使日本动漫文化辐射到了整个亚太地区，甚至在全球都具有重要的影响力。「ロリコン」(萝莉控)、「ショタコン」(正太控）这样具有动漫文化特色的日语词语也随之流入汉语中，「～コン」在汉语中被音译为“～控”，日语词语「～コン」由此被吸收到汉语中。

我们利用“读秀学术搜索”数据库对“～控”在中文报纸中的出现情况进行了考察。在该数据库所收录的中文报纸中，“～控”最早的用例出现在2008年。

(7) 据说××控，就是特指具有××方面狂热爱好的意思。那么，毫无疑问，我是一个品牌控。　　《晶报》(深圳) 2008

(8) 潮人都知道，网上近来最流行的词汇是“控”。叔控、萝莉

控、淑女控、蝴蝶控……　　　　　　　　　　　　《羊城晚报》2009

2008 年出现的例句大多直接或间接地与“～控”的词义解释相关，大概是由于“～控”在这时刚刚进入汉语中，人们对这个词的词义尚不熟悉，因此在使用时需要对其词义加以解释。正如例句（7）所解释的那样，“～控”意指“在某一方面有狂热爱好”，其构成的合成词意指有此种狂热爱好的人。从例句（8）可以看出，“～控”进入汉语不久便显现出了强大的构词能力，几乎可以与任何词组合在一起。

通过对中文报纸语料以及网络语料的考察可知，“～控”的构词成分有以下几类。

1. 人＋“控”

大叔、萝莉、正太、妹、弟、淑女、御姐、女王软妹、伪娘、美少男、……

2. 物＋“控”

咖啡、甜品、宠物、制服、包包、颜、短发、微博、手机、漫画……

3. 事＋“控”

购物、K 歌、拼团、团购、收藏、旅行、登山、骑行、探险、恋爱……

4. 属性＋“控”

傲娇、呆萌、小清新、腹黑、脑残、萌声、强大、高冷、幽默、嗨……

自从“萝莉控”“正太控”这样的译词诞生后，“～控”的造词大量产生，自此“控”字在汉语中出现了新的意思和用法。参照《现代汉语大词典》①，汉字“控”的释义原为：

【控】

1. 控制。

---

① 上海辞书出版社，2007。

2. 告状；申诉。

3. 跌落。

4. 将容器出口朝下，让里面的液体慢慢流出，也指将人头部放低，吐出食物、水等。

从上述释义可知，汉字“控”并不包含“情结”“狂热爱好”这类义项。当我们对「コン」进行音译时，汉语中仅有“空”“孔”“恐”“控”这四个常用汉字可供选择，但“空”“孔”“恐”三字在字义上与“情结”“狂热爱好”相去甚远，容易造成语义上的费解，因此相比而言“控”字是「コン」的最合适的音译字。

为了把握人们对日源新词“~控”中“控”字字义的理解状况，我们对汉语母语者（日语学习者20名、非日语学习者20名）进行了一项问卷调查。为了获得被试者对于“~控”中“控”字字义最直接的理解，我们采用主观作答的形式请被试者写出自己认为的“控”字的词义及来源，调查结果如表1所示。

表1 “~控”中的“控”字的理解情况调查

调查问题：新词“~控”中“控”字的来源和字义是什么？		
调查对象	作答内容	人数及比例
日语学习者（20人）	即为汉字“控”，“控制”意	8人（20%）
	来源于日语「コントロール」（control），“控制”意	12人（30%）
非日语学习者（20人）	即为汉字“控”，“控制”意	20人（50%）
调查结果：70%的人认为“~控”中“控”字来源于汉字“控” 100%的人认为“~控”中“控”字意为“控制”		

如表1所示，所有被试者都认为“~控”中“控”字的意思是“控制”。即使是日语学习者，也并不了解“控”字的真正语源，而是巧合地误解为源自control（控制）。如果我们将「コン」（complex，情结）按照“内心被某种心理所控制，因而产生某种特殊的喜好情结”的意思来理解，那么「コン」的语义则与汉字“控”的意项“1、控制”产生关联。从这个意义上来说，汉语中将日语合成词「～コン」音译为“~控”的同时，也在一定程度上贴合了汉字“控”的字义。

汉语中的"～控"从词性上来看为名词，意指"对某（类）人或事物极度喜爱的人"。汉语早已存在的类似表达还有"～癖""～狂"，但"～癖""～狂"多指负面、消极的爱好，而"～控"从感情色彩上看属中性，不含贬义。

除了上述"～控"这一构词形式，在实际语言运用中还出现了"控～"的用法。例如：

（9）大叔控萝莉，你还敢控大叔么？ 微博 2009

（10）我已经不再控萝莉了。 百度贴吧 2013

（11）妹控不再控妹了。 百度贴吧 2013

以上例子中的"控"为动词用法，由"～控"中"控"的名词性用法延伸而出，意为"狂热地喜欢"。由于"控"在汉语中原本是动词性实词，因此具备由名词性用法延伸出动词性用法的倾向性。

综上所述，与日语中的「～コン」相比，汉语中的"～控"在构词、语义及用法上有着以下几个特点。

第一，日语「～コン」的前项名词仅限于几个特定称谓名词，是一个非开放性的构词。汉语"～控"的前项名词的范围则可无限扩大化，可谓万物皆可"控"，是一个开放性的构词。

第二，从特征上看，日语「～コン」的语义是"～情结"，是一种侧重于心理学角度的命名，而汉语的"～控"由于构词的开放性，原本基于心理学命名的"～情结"的语义被扩大化、一般化，最后演变成"极度喜爱、狂热喜欢"这样的一般性语义。

第三，汉语"～控"的"控"由名词性用法延伸出了动词性用法，这一点是日语「～コン」不具有的。

三 粤港澳地区日源新词"～控"的使用现状

日语「～コン」以"～控"的词形进入汉语后，各地的中文报纸、期刊、文学作品中相继出现了"～控"的用例。我们利用"读秀学术搜索"，分别对广东地区、香港地区、澳门地区的代表性报纸中的日源新词"～控"的使用现状进行了调查。

如前所述，日源新词“～控”自2008年开始出现在中文报纸中，广东地区的报纸也于2008年开始出现“～控”的用例。从构词、语义及用法上来看，“～控”在广东地区的使用情况与全国情况相同，同样显示出强大的构词能力，并且都出现了“控”表“狂热地喜欢”的动词性用法（如例16）。

（12）热爱重复购买，无意识的白T恤控贾茹可从来没有给自己贴上“购物狂人”的标签 《南方都市报》2008

（13）《欲望都市》里的Carrie是“美鞋控”，一见到美鞋就筋酥骨软以致无法动弹。 《羊城晚报》2008

（14）［标题］熊猫控 《晶报》（深圳）2008

（15）［标题］徐来专栏：大汗不是正太控 《南方都市报》2009

（16）［标题］围脖实名，你还“控”吗［正文］作为一个不折不扣的微博控，我现在已经很难想象离开微博的日子该怎么过。

《广州日报》2012

我们选取了广东地区代表性报纸《广州日报》作为考察对象，统计了《广州日报》中“～控”出现的用例（统计时段为从用例初现年份至2019年10月31日），统计结果如表2和图1所示。

表2 《广州日报》中日源新词“～控”用例数量

年份	2009	2010	2011	2012	2013	2014	2015	2016	2017	2018	2019
例数	1	8	26	16	11	11	7	4	4	3	1
合计	92例										

从表2可知，《广州日报》中的日源新词“～控”的用例最早出现于2009年，仅有1例。由于《广州日报》带有官方报纸属性，在使用流行词、新词方面会持谨慎态度，因此首例出现的时间与其他报纸（如广州地区的《羊城晚报》《南方都市报》等）相比略晚。然而流行词、新词在官方报纸的运用恰恰能证明该词的使用已经得到广泛认可，说明该词已经完全融入该地区的语言中。另外，自2009年后“～控”的用例数量快速增长，于2011年达到顶峰，之后又呈逐年递减的趋势。这种爆发式流行后又逐渐消退的趋势也符合流行词、新词在语言运用上的普遍性特征。

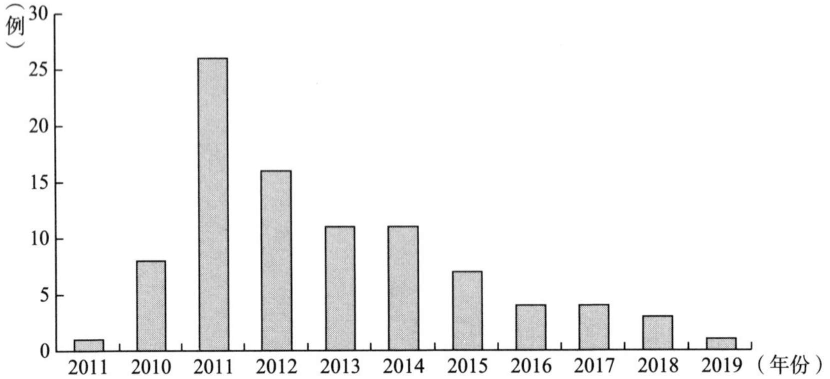

图1 《广州日报》中“~控”的用例数量变化（2009~2019）

同样，我们对香港地区的代表性中文报纸《香港文汇报》进行了考察。最早出现在《香港文汇报》中的“~控”用例出现在2011年，此后至2019年10月为止共计9例，列举如下。

（17）世说新语：“控”字来袭

网络文化的发展真是日新月异，新名词层出不穷。去年9月广州某报刊报道：「曾经当过铆钉控、豹纹控以及尖头控的Tina对于高跟鞋的狂热已经平息，目前她只会选择大众色调以及经典款式，颜色太过乖张另类或者造型刁钻时尚都不会在她考虑范围内。」铆钉控、豹纹控和尖头控，究竟是什么意思？原来，这「控」字已在内地诸多报章上流行起来。据媒体解释：「控，出自日语『（kon）』，取complex（情结）的前头音，指极度……喜欢某东西的人，喜欢的东西要冠在『控』字之前，例如：萝莉控、正太控、大叔控等，基本解释和『癖』相似。也可以放在名词前面做动词，表示强烈的嗜好和喜欢。把喜欢某一事物的人称为某某控，有时并不含贬义。」

内地某报章列举了部分「控」词，例如：「萝莉控：喜欢洛丽塔型女生的人；正太控：迷恋羸弱可爱小男生的年长女性或男性；御姐控会追求年龄较大、身材好并有如姐姐般的女性；大叔控：喜欢成熟年长男子的人；中国控：迷恋中国崛起模式的人；苹果控：对苹果公司的产品发烧得近乎『中毒』的人。」内地流行曲男歌手许嵩最近的一首新歌，就叫《微博控》。那么，现在你应该明白前面所说的「铆钉控、豹纹控、尖头控」是什么意思了吧。　　《香港文汇报》2011

（18）［标题］健康养生经？江苏：压力大零食控女生长出胡子

《香港文汇报》2012

（19）［标题］（国家跳水队队员陈若琳的）闺蜜（队友兼江苏老乡陈妮）爆料：她是鞋子控 《香港文汇报》2016

（20）［标题］食得滋味：甜品创作有新意 紫色控不得不试

《香港文汇报》2017

（21）［标题］美丽密码颜色多 养护合一 指甲油控新宠儿

《香港文汇报》2018

（22）［标题］唇膏控钟情舒淇式厚唇 《香港文汇报》2018

（23）［标题］历史与空间：琼岛咖啡控 《香港文汇报》2018

（24）全新酥皮龙虾味宅卡B薯条礼盒及2周年虾哈笑感谢袋，由3月13日起于香港店独家限量发售，零食控切勿错过。

《香港文汇报》2018

（25）［标题］日本回转寿司过江龙潮圣 性价比高 寿司控吃饱喝足

《香港文汇报》2019

从例（17）的内容可知，笔者从内地报纸中首次看到了“～控”的用法，转引了内地报纸中“～控”用例及释义，将其定义为“网络文化的”“新名词”，向香港市民介绍一个新的语言现象，即“控字来袭”。由此可知，2011年之前“～控”并未进入香港语言中。2012年的例（18）出现在《文汇报》的内地版面上，介绍的是内地新闻，2016年的例（19）中引述的是内地人的话语，因此我们可以推测“～控”在2017年以前都未真正融入香港语言中。而自2017年之后一共出现6例“～控”的用法，数量略微增多，这时“～控”才开始真正被运用到香港语言中。

另外，我们还发现《香港文汇报》中首次出现“～控”的年份正是《广州日报》中出现“～控”用例最多的一年（2011年），可见“～控”在香港语言中的出现是受到了内地语言中“～控”的流行因素的影响。《香港文汇报》中“～控”用例的高峰期出现在2018年（4例），较《广州日报》中的用例高峰期滞后了7年。

我们同样对澳门地区的代表性中文报纸《澳门日报》中的“～控”用例进行了考察。“～控”的用例最早出现于2011年，此后至2019年10月为止共计7例。

（26）［标题］名人尽成微博控　　《澳门日报》2011

（27）［标题］零食控　　《澳门日报》2017

（28）甜点控君君曾经是个不沾糖的信徒。　　《澳门日报》2017

（29）对于一个“抹茶控”嚟讲，下面为大家介绍慨呢家铺头，绝对会令一众“抹茶控”为之疯狂！　　《澳门日报》2017

（30）有着街头时尚文化之称的澳洲品牌Royal Elastics，与Hello Kitty合作推出了联名款，对Hello Kitty控来说绝对是好消息！

《澳门日报》2017

（31）我不算是个“面包控”，只是平日喜欢吃面包罢了。

《澳门日报》2018

（32）［标题］何超莲自认甜品控　　《澳门日报》2019

日源新词“~控”在《澳门日报》中的使用情况与在《香港文汇报》中的使用情况极为相似，最早用例都出现在2011年，用例高峰的年份很接近（分别为2017、2018年），这也印证了港澳两地语言特征的相似性。

以上对日源新词“~控”在广东地区和港澳地区的使用现状进行了考察，通过考察我们发现存在以下明显的差异。

第一，日源新词“~控”进入广东语言的年份要早于进入港澳语言的年份，使用高峰年份也明显早于港澳。

第二，日源新词“~控”在广东语言中的使用频率（用例数）要极大地高于在港澳语言中的使用频率（如图2所示）。

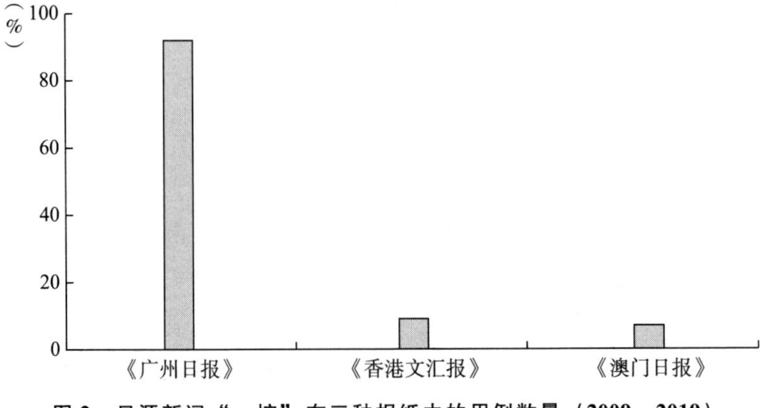

图2　日源新词“~控”在三种报纸中的用例数量（2009~2019）

第三，港澳语言中的“控”并未延伸出表“狂热地喜欢”之意的动词性用法。

四　日源新词“～控”在粤港澳使用差异原因初探

广东地区与港澳地区在语言文化上同根同源，港澳地区回归祖国已满20年，两岸之间各方面的往来非常密切，社会、经济、文化等各方面的差异显著缩小，但为何日源新词“～控”在广东地区与港澳地区之间存在明显的吸收差异呢？我们将对此问题进行初步的探讨。

如前所述，广东和港澳虽然都属粤方言区，但广东地区的粤语逐渐向普通话趋同，而港澳仍然保留着完整的粤方言语言文字系统，因而广东地区的语言运用与港澳具有一定差异性。为了弄清日源新词“～控”在广东地区与港澳地区之间存在明显差异性的原因，我们有必要先考察汉字“控”在广东地区和港澳地区的使用特征。

汉字“控”在现代汉语中作动词用，意为“1、控制，2、控告，3、跌落，4、使液体朝下流出”。其中义项3在当今语言中几乎不再出现，义项4的用法也极为有限（“控干”“控出水分”），因此本文主要对“控”的义项1和义项2进行考察分析。我们利用“读秀学术搜索”对全国性报纸《人民日报》和广东区域性报纸《广州日报》中的“控”的用例进行调查，“控”字在这两种内地中文报纸的使用情况未见差异。由“控”构成的合成词如下：

> 义项1“控制”：控制 防控 监控 遥控 触控 疾控 调控 联控 失控 自控 把控 测控　程控 解控 掌控 操控 布控 查控 管控 数控 光控 磁控 控温 控流 控速 控股 控烟 控枪 控人口 控楼市 控房价
>
> 义项2“控告”：控告 控诉 指控 控方

按照内地汉语的使用习惯，动词“控”常与其他构词成分组成合成词。义项1的“控”作为构词成分具有开放性，构成的合成词数量多，而义项2的“控”是非开放性构词成分，由其构成的合成词数量有限。

由于内地汉语中“控”字总是与其他构词成分一起构成合成词后再使用，「コン」在被译为“控”后，“控”字与“萝莉、大叔、微博、甜品”等词一起构成合成词，形成一种稳定的结构。同时，义项1的“控”在内地汉语中原本就是开放性构词成分，所以从语义上接近义项 1 的新词“～控”在汉语中产生出强大的构词能力也是符合其词法特征的。与此相反，义项 2 的“控”是非开放性构词成分，由其构成的合成词数量有限且特定，所以当内地汉语中出现新词“～控”时，人们不会倾向按照义项 2 的释义去理解“控”字的含义。综上所述，基于汉字“控”本身的构词及语义特征，日源新词“～控”自然而然地会在现代汉语（主要指内地汉语）中具备构词能力强、理解度高、易于传播等特征。

另外，汉字“控”在港澳语言中也主要有义项 1、义项 2 这两种意义用法。为了细致地把握港澳语言中“控”的使用现状，我们收集了 2019 年 1 月 1 日至 3 月 31 日的《香港文汇报》《澳门日报》中的“控”字的词例，如表 3 所示。

由表 3 可知，在港澳语言中，“控”在义项 2 下的使用频率（次数）要略高于义项 1，但构成合成词的种类数量基本持平，因此我们可以认为港澳语言使用者对于“控”字的语义认知度在义项 1 和义项 2 之间基本平衡。但是，义项 2 下的“控”字作为动词具备单独使用的功能，这一点是义项 1 下的“控”字所不具备的。因此，从整体上来看，在港澳语言中，“控”字在义项 2 下的语义功能更强大一些。

表 3　《香港文汇报》《澳门日报》中“控”字的使用现状

<table>
<tr><th></th><th>义项类别</th><th>使用形式</th><th>词例及出现次数</th><th colspan="2">合计次数</th></tr>
<tr><td rowspan="5">港澳语言中的“控”</td><td rowspan="3">义项 1
“控制”</td><td>构成动词性合成词</td><td>控制 80 防控 10 风控 3 控成本 3
助控 2 控油 1 控糖 1 控仓 1
控烟 1 控秩序 1 控球 1 触控 1
布控 1 控温 1</td><td>107</td><td rowspan="3">120</td></tr>
<tr><td>构成专有名词合成词</td><td>汇控 8 北控 1 联控 1 深控 1 珠控 1</td><td>12</td></tr>
<tr><td>构成日源新词合成词</td><td>甜品控 1</td><td>1</td></tr>
<tr><td rowspan="2">义项 2
“控告”</td><td>构成动词性合成词</td><td>控告 56 控方 28 撤控 6 加控 6
改控 4 促控 3 票控 3 控书 1
拘控 1 避控 1 检控 1 控诉 1
轻控 1 增控 1 提控 1 遭控 1</td><td>115</td><td rowspan="2">151</td></tr>
<tr><td>单独使用</td><td>控 36</td><td>36</td></tr>
</table>

港澳语言中义项 2 下的“控”字单独使用的用例可见如下。

（33）［标题］张艺谋控侵权案开庭　《澳门日报》2009

（34）老人赴日控成都轰炸案进行了第六次开庭审理。　《澳门日报》2012

（35）［标题］巴西政府控尼马逃税　《香港文汇报》2016

上述例句中的“控”单字作动词用，在新闻标题中“控告”常精练为单字“控”。但即使同样追求文字精练，内地的新闻标题则会多用“诉”字表“控告”之意，而不会单独使用“控”字。

义项 2 下的“控”字在港澳汉语中构成合成词的数量要比内地汉语中的多，构词能力更强，并且可以单独使用，这一点是内地汉语中义项 2 下的“控”字所不具备的，这可以说是汉字“控”在内地（广东）和港澳两地的使用上最大的不同点。由于港澳语言中义项 2 下的“控”字构词能力强且可单独使用，因此与内地汉语相比，港澳汉语中的“控”字表“控告”之意的倾向性更加明显。当日源新词“～控”进入港澳语言时，人们更容易联想到“控”的“控告”之意，对新词“～控”的语义难以推测和理解，这或许会对日源新词“～控”引入港澳形成阻力，因而造成了“～控”在粤港澳地区的吸收和使用上的差异性。

结　语

本文对日源新词“～控”的由来、在汉语中的使用现状、在粤港澳的吸收差异及其原因进行了考察和论述。日源新词“～控”来源于日语词语“～コン”，吸收到汉语中后，“～控”在构词、语义和用法上都比日语中的“～コン”更活跃，并出现了创造性的使用方法。然而新词的吸收和运用在不同的地区会出现不同的特点，我们通过对比考察粤港澳地区的“～控”的使用现状，发现了广东地区对“～控”的吸收情况要明显优于港澳地区。最后，我们聚焦汉字“控”在广东和港澳地区的使用差异这一点上，通过对比分析，探讨了日源新词“～控”在粤港澳的吸收及使用上出现差异的原因。

本文以“～控”为切入点，描述了日源新词进入汉语，进而被各地语言吸收的这一过程，探讨了词语的引进和吸收状况与地域语言特征之间的关联性。今后我们将对更多的典型性外来新词进行研究和考证，以期探明词汇在语言接触方面的一些重要特性。

The Discrepancies in the Absorption and Usage of Loanwords from Japanese in Guangdong, Hong Kong and Macao
——Take "~kon" as an Example

Abstract: As one of the important port areas in China, Guangdong-Hong Kong-Macao Greater Bay Area plays a leading role in absorbing foreign languages and cultures. For a long time, overseas language and culture have converged with local language and culture in this region, and spread to the hinterland of China through this region. Although Guangdong, Hong Kong and Macao belong to the same Cantonese dialect area, there are discrepancies in their absorption of foreign languages and cultures due to the historical split. After the reform and opening up, a large number of Japanese neologisms have been imported into Chinese as the carrier of new things and new knowledge. There are also discrepancies in the absorption of Japanese neologisms among Guangdong, Hong Kong and Macao. This paper takes the typical Japanese neologism "~kon" as the research object, analyzes its absorption and usage in Chinese through the investigation of news newspaper corpus, focuses on its absorption discrepancies in Guangdong, Hong Kong and Macao, and explores the reasons for the discrepancies.

Keywords: Guangdong, Hong Kong and Macao; Loanwords from Japanese, "~kon"; Absorption and Usage; Discrepancies

语法学视域下的“日本汉语”概念及其研究方法*

袁建华**

【摘　要】纵观日本汉语的相关研究，前人考察主要集中在词汇学领域，概念界定也多限于明确其源流，框定其范围，但据笔者观察，日本汉语在语法上也呈现出与固有和语词汇不同的性质。基于此现状，本文旨在从语法学视域重新审视“日本汉语”这一概念，指出其内涵应包括单词和词基两个语法单位层级，认为借助词基层级的下位分类可有效考察单词层级的语法性质，并通过日本汉语动词的ヲ格插入条件简要验证了这种被我们称为“词基·单词双层互动法”的全新方法论的有效性。

【关键词】日本汉语　语法性质　词基层级　单词层级　词基·单词双层互动法

引　言

伴随古代中国高度发达的文化，汉字先后传入周边各国，这些国家形成了所谓的“汉字文化圈”。在朝鲜半岛及越南，汉字虽早已被废除，但汉语借词以及在汉语借词基础上各国自创的汉语词汇（以下统称“汉语词汇”）在

---

* 本文为2020年度天津市教委科研计划项目“基于数据库的现代日语高频汉字词兼类用法实证研究”（项目编号：2020SK071）的阶段性成果。

** 袁建华，博士，天津外国语大学日语学院讲师，主要研究方向为日语语言学、语料库翻译学、汉日对比语言学。

这些语言中仍被广泛使用。其中，汉语词汇在朝鲜语中被称作“한자어”(Sino-Korean vocabulary)，在越南语中被称作“Từ' HánViêt”(Sino-Vietnamesevocabulary)。然而，日语中的汉语词汇却直接被称作“漢語”(Sino-Japanese vocabulary)，由于和我国通用语言汉民族共同语名称一致，极易引起混乱，故本文参照柏谷，将日语中的汉语词汇称作“日本汉语”①。本文从语法学视域出发，重新审视“日本汉语”这一概念，并在此基础上提出一种考察其语法性质的全新方法论。

一　文献综述——词汇学视域下的概念界定

任何研究在着手之前都要明确其研究对象，本文也不例外。本文以日本汉语为研究对象，只有在规定其内涵和外延的基础上，才有可能进一步考察和研究。在讨论本文观点之前，我们简要回顾前辈时贤如何界定日本汉语。

1. 日本汉语研究现状

笔者将日本汉语研究史分为滥觞期和展开期，滥觞期以冈井②和山田③为代表。后者从历时与共时两个角度全面系统考察了日本汉语，首先，介绍了日本汉语在日语词汇整体中的占比，并界定了其范围，描写了其音形特点，考察了其传入源流。其次，讨论了日本汉语融入日语的情况，以及日本汉语的传入对日语所产生的各种影响。最后，山田得出了以下结论：一方面，日本汉语不仅在量上占优势，而且在不破坏日语基本语法构造的前提下，在音韵、造词及个别语法现象上对日语产生了诸多影响；另一方面，日本汉语在使用中发生了日语化，形态·句法特征逐渐脱离其在“汉文”(「漢文」)中的用法。

山田涉及课题广泛，但并未一一详细论证，展开期的研究则大多是在此基础上选取日本汉语的某个侧面进行更加详尽周密的考察。近年来，日本汉语的研究热度不断攀升，笔者利用《日本语学论说资料(创刊号)》的牵引［CD－R 版「日本語学論説資料＝創刊号～50 号(1964－2012)」·

---

① 柏谷嘉弘：「日本漢語」，『東京大学国語学研究室創設百周年記念国語研究論集』，1998，第 428～430 頁。

② 岡井慎吾：『漢語と国語』，東京：明治書院，1933。

③ 山田孝雄：『国語のなかに於ける漢語の研究』，東京：宝文館，1940。

索引]① 进行了小规模调查，输入关键词汉语（「題名 > 検索語 1 = 漢語」），检索得到 501 篇论文，具体情况如图 1 所示。

由图 1 可知，关于日本汉语公开发表的论文数量几乎呈直线递增，尤其 90 年代以降，这一倾向更加明显。检索结果显示，关于日本汉语的研究主要集中在词汇学领域，历时研究主要包括个别词的词源探究及语义演变、日本汉语的时代对比分析、中日词汇交流史研究；共时研究主要包括各种计量统计和单词内部的构词分析、限于某特定文献的穷尽式考察等。还有一些关于日本汉语语法性质的研究，数量虽少，但绝大多数集中在“动名词”（「動名詞」）方面，在广度和深度上均有进一步挖掘的余地。

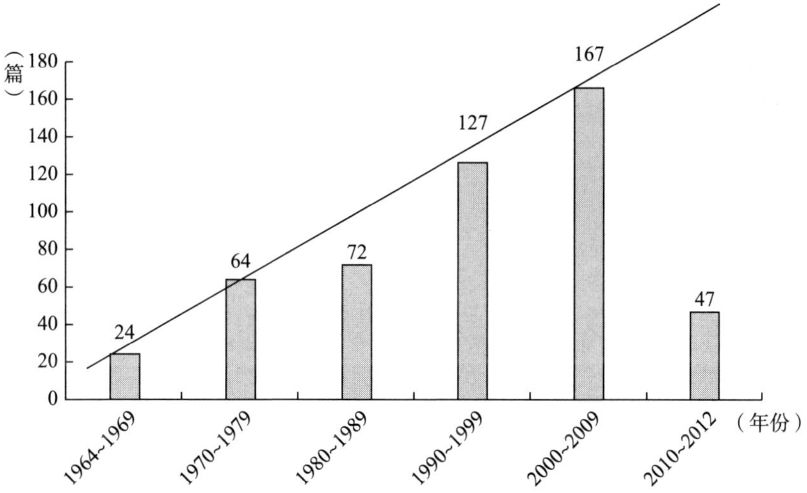

图 1　按年代划分的日本汉语相关的研究论文数

2. 前人对“日本汉语”的概念界定

前人研究在给日本汉语下定义时都局限在框定范围上，当然，仅框定

---

① 《日本语学论说资料》（「日本語学論説資料」）收录了日本出版的学术杂志中与日语语言学研究相关的论文，此处仅检索到 2012 年是由于客观条件所限，检索时（2017 年 4 月）笔者所使用的同志社女子大学图书馆馆藏的 CD－R 版《日本语学论说资料》（「日本語学論説資料」）只能检索到 2012 年。为了掌握中国国内日本汉语研究现状，笔者尝试在中国知网（CNKI）的“高级检索”中选择文献种类为“外语语言文字→日语”（http://nvsm.cnki.net/kns/brief/result.aspx? dbprefix = SCDB&crossDbcodes = CJFQ，CDFD，CMFD，CPFD，IPFD，CCND，CJRF，CCJD），检索结果基本是中日对比研究，其中的“汉语”与“日语”相对，指我国通用语言，因此，笔者只好放弃了国内的调查。

范围就非易事，比如可按时代划分、按体裁划分、按国籍出处划分，划分角度之多，复杂程度之甚，不言而喻。研究者根据各自的研究目的对日本汉语范围的界定也存在微妙的差异，具体参见表 1。

表 1　前人研究中“日本汉语”的定义

<table>
<tr><th colspan="2">文献名称</th><th>“日本汉语”的定义</th></tr>
<tr><td colspan="2">山田（1940）</td><td>严格区分词的出处，认为日本汉语是指源于中国的借词，其中汉音吴音被视为正统的日本汉语，唐音、宋音或广东音及经由汉语（中国）①传入的各国借词被视为边缘的日本汉语</td></tr>
<tr><td colspan="2">浜田（1963）②</td><td>日本汉语满足 3 个条件：①最基本的条件，必须使用汉字书写；②词本身发音“生硬”；③从词的广义功能来看日常生活中不常听到</td></tr>
<tr><td rowspan="3">野村</td><td>野村（1987）③</td><td>狭义指古代至近世期间从中国传入的借词；广义还包括日本人仿照汉语造词规则创制的词</td></tr>
<tr><td>野村（1998）④</td><td>从中国传来的借词及仿照前者日本人自创的音读词</td></tr>
<tr><td>野村（2013）⑤</td><td>严格区分“汉语”“字音词”“汉字词”这 3 个概念，日本汉语是其中范围最狭小的概念，从字音词中刨除各种借用字用法词及由于汉字限制政策改写的替换汉字词就是“汉语”；“汉字词”是指用汉字表记的词，由于很多和语词汇也习惯用汉字表记，所以野村认为这是一个“不令人满意的（好ましくない）”术语</td></tr>
<tr><td colspan="2">柏谷（1998）</td><td>汉语的各种音译（吴音、汉音、唐音・宋音、现代音、古代音、经由汉语传来的梵语等的音译・意译词）借词；日本人创制的音读词及和汉混种词・洋汉混种词・和汉洋混种词中的音读部分可视为边缘的日本汉语</td></tr>
<tr><td colspan="2">永泽（2010）⑥</td><td>吴音、汉音、唐音（宋音）及前者在日本发生变化的惯用音的字音词，也包括在日本创制的字音词，不包括借用字表记的词</td></tr>
<tr><td colspan="2">村木（2012）⑦</td><td>从汉语借来的以及在日本创制的以汉字为表记符号的音读词</td></tr>
</table>

注：①指我国汉民族语言时，统一表述为“汉语（中国）”，以下同。

②浜田敦：「漢語」，『国語国文』（32－7），1963。

③野村雅昭：『新日本語講座 1 文字・表記と語構成・複合漢語の構造』，東京：朝倉書店，1987。

④野村雅昭：「現代漢語の品詞性」，『東京大学国語学研究室創設百周年記念国語研究論集』，1998。

⑤野村雅昭：『現代日本漢語の探究』，東京：東京堂出版，2013，序章。

⑥永澤済：「近現代期日本語における漢語の変化」，2010 年度東京大学博士論文，2010。

⑦村木新次郎：『日本語の品詞体系とその周辺』，東京：ひつじ書房，2012。

由表 1 可知，浜田与其他研究角度不同，从共时立场出发，特别重视说者的语言意识。在实际的语言运用中，该界定或许有益，但其主观色彩太强，特别是对于不以日语为母语的人而言，很难把握。剩下的几种定义，论点主要集中在：①从中国传来还是日本人创制；②借用字用法的词汇与由于汉字限制政策改写的替换汉字词汇该不该纳入日本汉语。首先，关于第①点，研究者基本达成一致，即无论是从中国借来的还是日本人仿照前者创制的均被视为日本汉语。其次，关于第②点，野村（1987、1998）、柏谷（1998）、村木（2012）均未提及，永泽（2010）仅把借用字用法的词从日本汉语中排除，野村（2013）则认为两者均不应划入日本汉语。综上，在界定日本汉语范围时，柏谷（1998）最为宽泛，野村（2013）最为严格，范围广狭不一。野村（2013：6）认为以下ア～オ均不属于日本汉语：

ア　和語のあて字　例：寿司（←酸し）、歌舞伎（←傾き）、面倒（←目だうな）

イ　洋語のあて字　例：襦袢（ジュバン）、瓦斯（ガス）、珈琲（コーヒー）

ウ　梵語（サンスクリット）のあて字　例：旦那、塔婆、閻魔、菩薩

エ　漢語のあて字　例：身代（←進退）、腕白（←枉惑）、千六本（←繊蘿蔔）

オ　漢字制限によるカキカエ　例：台風（←颱風）、散布（←撒布）

借用字（当て字，phonetic equivalent）是指，无论作为表意文字的汉字本义如何，仅用其音或训来表记单词的汉字。像「矢鱈（やたら）」这样借训的表记，很明显可以排除，然而，笔者认为将所有借用字用法都排除是不合理的。如果从考察日本汉语的语法性质出发，エ和オ与正统的日本汉语没有什么不同，因此，笔者认为可将其纳入日本汉语。ウ虽说是梵语，但由于它们先进入汉语（中国），被汉语化之后再传入日语，所以笔者认为也可将其纳入日本汉语的范围。イ为西方诸语被吸收进日语初期的借用方式，在现代日语中，一般直接用片假名表记，所以笔者认为不应将其划入日本汉语。ア本为和语，由于是借汉字的音而非训，笔者认为可将其划入日本汉语。综上，如果着眼于考察日本汉语的语法性质，日本汉语的范围

可界定如下：日本汉语是指源自中国及日本人创制的用汉字表记的音读词，包括借汉字的音构成的音读词。

3. 前人研究的问题点及今后亟待解决的课题

通过上文讨论，我们发现前人研究主要存在以下两个问题：①对日本汉语概念的认识大多停留在框定范围上，且默认其为单词层级单位（从表1划线部分可推知，“词”是对引文“語”“单語”的翻译）；②词汇学视域下的研究占绝大多数，关于日本汉语语法性质的研究凤毛麟角，历时研究多于共时研究，历时研究又集中在个别词的词源探究、语义演变上。我们认为问题①是导致问题②产生的主要原因。

其实，已有少数学者注意到日本汉语研究中存在的问题，遗憾的是均止于提及，尚未全面细致地分析。如池上表示：“日本的语言研究主要以江户时代的国学家为中心，明治时期的新学问继承了这一基础，其（研究）对象是以平安时代前期的雅语为基准总结出来的，汉语自然不包括在内，即使在词法等方面，之后的和汉混淆文系列也不在考虑范围之内。”① 影山也曾有类似意见：“在日语的词汇研究中，仅以汉语为研究对象的研究者数量十分有限，笔者自身也只是在思考日语形态学整体时会偶尔涉及汉语。”② 我国学者彭广陆也曾指出：“对日语的「漢語」的系统研究始于山田孝雄的『国語の中に於ける漢語の研究』（1940），此后许多学者从词汇（构词）、语义、语法等方面对音读汉字词进行过研究，但整体来说，从语法角度的研究还较为薄弱，不够深入和系统。”③ 也就是说，日语研究大多集中在固有和语的研究上，即使是关于日本汉语的研究，也由于其借词身份多集中在词汇学领域，如前所述，这与前人对日本汉语这一概念的认知密不可分，要想开展日本汉语语法性质的研究，必须从语言单位层级角度重新审视这一概念。

二 从语法单位层级看“日本汉语”——语法学视域下的概念界定

如前所述，关于日本汉语语法性质的研究情况，无论从广度上还是深

① 池上禎造：『漢語研究の構想・漢語の品詞性』，東京：岩波書店，1984，第4~5頁。

② 影山太郎：『漢語言語学』，東京：くろしお出版，2010，序文。

③ 彭广陆：《现代日语二字汉语动词体的研究》，北京大学出版社，2012，序。

度上都不尽如人意。之所以会形成这种局面，与研究者对日本汉语这一概念的认知密不可分，前人在考察日本汉语时，均默认其为单词层级的单位（参见表1），或是不定义或是只框定范围，缺乏全方位的立体剖析。本节着眼于前人研究的缺口，认为考察日本汉语的语法性质，应从语言单位层级出发重新审视这一概念。混淆语言单位的层级，很有可能导致对某些语言事实不能如实描写，就更谈不上逻辑分析了。对语言进行单位划分就是为了更好地讲语法，要想搞清楚日本汉语的语法性质，必须从语言单位层级进行严密界定。下文首先对日语的语言单位和研究分野进行梳理，之后从单位层级角度对日本汉语进行重新定位。

1. 语言研究的单位和分野

关于如何设置语言研究的分野，存在多种不同见解。比如，以时间轴为基准，可分为历时研究和共时研究；以空间为基准，可设立研究各地语言体系异同点的方言学；另外，以语言使用的场合为基准，还可设立（广义的）文体论①。考察日本汉语的语法性质，笔者认为从语言内部结构出发设置研究领域最合理。为明确语言单位间的层级关系，我们参考斋藤和石井、日本语记述文法研究会编②及村木③等的著作，基于各级语言单位之间的构成与被构成关系，将语言单位的各层级及以此为基础划分的研究分野图制作如图2所示。

由图2可知，层级不同的语言单位所跨研究分野不同，即使属同一研究分野，所处地位也不同。一旦搞混层级不同的语言单位，将会掩盖诸多重要的语言事实，导致不能对语言进行客观的描写与解释。遗憾的是，鲜有研究者从语言单位层级审视日本汉语，与此不同，本文严格区别不同的语言单位层级。

2. 从语言单位层级视角重新审视日本汉语

据笔者管见，除宫地④外，尚未发现从语言单位层级视角来看日本汉语

① 斎藤倫明、石井正彦：『これからの語彙論』第1部語彙論概，東京：ひつじ書房，2011，第6~7頁。

② 日本語記述文法研究会編『現代日本語文法1』第2部形態論，東京：くろしお出版，2010。

③ 村木新次郎：『日本語文法事典・形態論』，東京：大修館書店，2014。

④ 宮地裕：「現代漢語の語基について」，『語文』（31），1973。

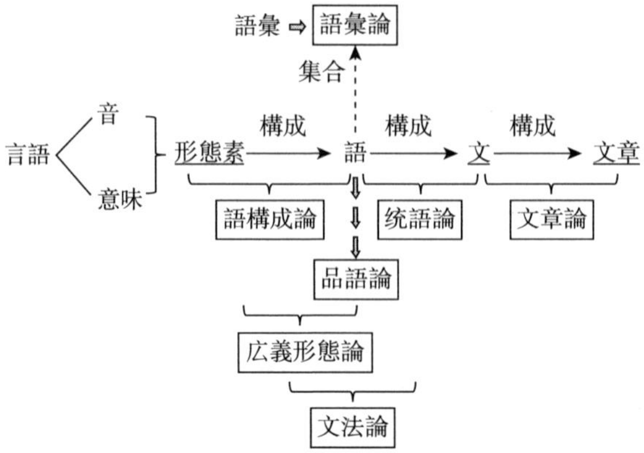

图 2　各语言单位及所属研究分野

的研究。众所周知，日语词汇按照词汇来源（「語種」，types of vocabulary）可分为固有词和语（「和語」，native Japanese vocabulary）、借词日本汉语和洋语（「洋語」，alien vocabulary）及由其中两种以上（含两种）构成的混种词（混種語，hybrid）。所谓“词汇”（「語彙」，vocabulary）是指某种语言体系下单词的集合①，而“词汇来源”是指按照单词本来所属何种语言进行划分的类别②。从以上两个术语的定义我们可推断出日本汉语与和语都应属单词层级的单位，前人也均从这个前提出发展开对日本汉语的考察，比如斋藤就有如下论述，认为汉语不同于复合字音词基，是单词层级的单位：

> 標題の「複合字音語基」というのは、「学校・田園・穏健・流麗・研究・発見・一概・結局」のような形式を指す。これらを見ると、いわゆる「漢語」と変わらないように感じるかもしれないが、前者は「語基」であるから語構成要素レベル、後者は「語」であるから語レベルで捉えているということになり、それぞれの形式の存在レベルが異なる。③

按前人观点，日本汉语应为单词层级的单位。同为单词层级单位的和

① 村木新次郎：『日本語文法事典・形態論』，東京：大修館書店，2014。
② 野村雅昭、小池清治編『日本語事典』，東京：東京堂出版，1992。
③ 斎藤倫明：「複合字音語基分類再考——「語種」の観点から」，『日本語研究とその可能性』，2015，第 52 頁。

语遍布各个词类，而绝大多数日本汉语只能用作名词，这是由于正统的日本汉语源自孤立语类型的汉语（中国），与黏着语性质的日语属不同系统，缺乏形态变化。事实上，浜田早有类似论述，浜田早有类似论述：“众所周知，日语为黏着语，汉语（中国）为孤立语，两种语言这种截然不同的性格也会体现在作为词汇的汉语与和语上。换言之，即使是日语中的汉语词汇也具有‘孤立性’。不知汉语（中国）语法具体机制为何，但至少作为日语词汇的汉语，极端来说没有活用，也就是说只能充当体言。”① 如果绝大多数日本汉语均为名词的话，那么就谈不上讨论它的语法性质了，但事实并非这么简单。

宫地利用（『現代雑誌九十種の用語用字』）抽出使用率最高的1220词，关于其中551个使用率高的日本汉语，他总结出5个特征。其中，特征3是指“集中在上位的一字非成词语素「13 様(ヨウ)・43 方(ホウ)・44 的(テキ)・59 人(ニン)」，很明显这些均属语素层级单位；特征5严格来说是混种词，如「152 対(タイ)し・247 感(カン)じ・693 通(ツウ)じ……」「126 彼女(かのジョ)・261 気持(キもち)・351 感(カン)じ（名詞）……」。该调查是关于「使用率上位語」的，调查对象理应是单词层级单位，但其中包含很多语素层级单位，宫地同时又明确指出日本汉语是「一般に『語』レベル以下で論じられる概念」。② 可见，即使认识到日本汉语不是单纯属于单词层级单位的宫地，也没能彻底摆脱前人对日本汉语根深蒂固的偏见。另外，野村标题为「現代漢語の品詞性」③，但从内容来看其考察对象为「複合字音語基」（语素层级单位），关于野村的批判详见村木④。再者，在各种词汇计量统计中，日本汉语所占比例从相异词数来讲是最高的，当然，统计的单位标准长短不一，但毫无疑问，其中被划入日本汉语的内容包含两个不同质的单位：一是单词层级的，主要以名词为主；二是以字音词基（特别是复合字音词基）为主要构词单位形成的动词、形容词等混种词中的字音词基部分。由此可见，日本汉语从语言单位层级角度来看，很难“一刀切”，因此，我们对日本汉语定义如下：从语言单位层级来看，日本汉语

① 浜田敦：「漢語」，『国語国文』（32－7），1963，第13頁。

② 宮地裕：「現代漢語の語基について」，『語文』（31），1973，第77頁。

③ 野村雅昭：「現代漢語の品詞性」，『東京大学国語学研究室創設百周年記念国語研究論集』，1998。

④ 村木新次郎：『日本語の品詞体系とその周辺』，東京：ひつじ書房，2012。

应属于语素层级的单位，但考虑到“词汇”“词汇来源”等已被普遍认知熟识的概念，为了不破坏术语的连贯性、体系性，由字音词基与和语语素（词基/词缀）构成的动词、形容词、副词等，严格意义上讲应划入混种词，鉴于单词的词汇义（lexical meaning）取决于字音词基，我们称之为“汉语动词”“汉语形容词”“汉语副词”等。

为方便起见，语素层级上的单位，我们称“字音词基”，区分成词词基和不成词词基。前人在讨论日本汉语时，其研究对象可能既包括词基层级单位也含有单词层级单位，这点希望引起大家的注意。

三　词基、单词双层互动法

第3节从语法学视域重新审视了日本汉语这个概念，那么重新界定这一概念对考察日本汉语的语法性质有什么可操作性的意义呢？本节我们将提出一种研究日本汉语语法性质的全新方法论——词基、单词双层互动法，并就近年来引起学界重视的汉语动词ヲ格插入条件来简要验证其有效性。

1. 何谓“词基、单词双层互动法”

最典型的字音词基是由两个汉字构成的复合字音词基，其在数量上也占绝对优势。如冈井所述，如冈井所述：“此外，就常识而言，一说汉语我们想到的便是二字及二字以上的熟语，诸如「佛を信ずる」、「詩を吟ずる」、「甲か乙か」，我们不认为其为汉语”（划线为冈井），……[①]，在母语者的语感里甚至不认为一字汉语是汉语；另外，三字、四字汉语大多可分解成一字或二字汉语。基于上述理由，下文我们以二字字音词基构成的日本汉语动词为考察对象，词基层级称“用言类复合字音词基”，单词层级称“日本汉语动词”。通过调查分析，笔者发现特定类的复合字音词基的下位分类反映在单词层级上体现为该词类内部的非均质性，即同一词类的内部分化，这一内部分化导致其在句中呈现不同的形态、句法特征。我们把这种词基层级和单词层级双层互动的研究方法称为“词基、单词双层互动法”。在本节下一部分中我们利用该方法考察日本汉语动词ヲ格插入条件，以简要验证其有效性。

---

① 岡井慎吾：『漢語と国語』，東京：明治書院，1933，第11頁。

2. 日本汉语动词的ヲ格插入条件

（1）用言类复合字音词基的下位分类

斎藤[①]按照是否为成词词基，是否兼具体言类词基这 2 项标准，将用言类复合字音词基进行分类，是否兼具体言类词基，体现在单词层级上为能否作名词使用。所以，他又将可成词词基分为能够充当复杂事象名词和不能充当复杂事象名词的两大类。具体如图 3 所示。

- 用言類
  - 自立形式
    - ①複雑事象名詞になる…ex. 改正・建設・研究・検討・質問・手術・掃除・調査・報告・練習
      - 複雑事象名詞にしかならない（i）
      - 單純事象名詞、またはモノ名詞にもなる（ii）～（iv）→体言類に転成
    - ②複雑事象名詞にならない（無活用動詞になる）…ex. 压搾・压倒・引火・混成・付帯・浮動・品評
  - ③拘束形式（←体言類より転成）…ex. 愛称・科学・効果・主婦・哲学・文学

图 3　用言类复合字音词基的下位分类

资料来源：斎藤倫明『語構成の文法的側面についての研究』，東京：ひつじ書房，2016。

斎藤的分类与以往研究相比，最大的特色是分出了非成词词基，该类是指本身为体言类复合字音词基，与「する」结合后才带有事象名词的性质。这一点柴田也有论述：“汉字二字作为整体具有名词语义，加上「する」之后才具有动词语义。”[②] 斎藤列举的非成词词基构成的词例均未收录进词典，其实很早就收录进词典的词例也并非没有，比如「位置する」「意味する」「左右する」「前後する」「矛盾する」等。此外，非成词词基还应包括充当体言类词基时表示动作主体、充当用言类词基时表示动作行为的多义词基。例如，「教授」作体言类词基，表示“大学等高等学校教师的最高专业职称”，「教授する」这个汉语动词包含的用言类词基「教授」则表示“按照一定的顺序讲授学问和技艺”，诸如此类还有「近侍」「警衛」「司会」「書記」「代表」「代理」等。其实，这并非汉语动词的特性，也存

① 斎藤倫明：『語構成の文法的側面についての研究』，東京：ひつじ書房，2016。

② 柴田武：『文字と言葉・漢語動詞』，東京：刀江書院，1950，第 35 頁。

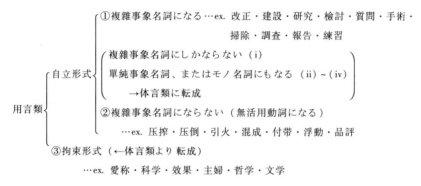

在像「汗する」「値する」「心する」「涙する」「罪する」「物する」「私する」这样的事物名词与「する」复合而成的和语动词。关于该类词，笔者曾在2014年做过小调查，除去与斋藤所示用例一致的4例，还有「学生する」「青春する」「電報する」。另外，柴田还指出一部分二字汉语动词“汉字二字作为整体具有形容动词语义，加上「する」之后才具有动词语义。”[①] 他在文中仅举了「判然する」一个例子，除此之外，还有「貴重する」[②]「緊迫する」「傑出する」「硬直する」「錯乱する」「精通する」「衰弱する」「卓越する」「卓出する」「卓絶する」「卓抜する」「透徹する」「突出する」「優越する」「湾曲する」等。此外，邱根成[③]还指出，也存在少量像「率先する」「共同する」这类副词性用法的汉语动词。以上，均是斋藤没有注意到的。

（2）从用言类复合字音词基的下位分类看汉语动词ヲ格插入问题

我们把「勉強する」命名为“综合形式”，中间插入ヲ格的「勉強をする」命名为“分析形式”，有无ヲ格并不影响两种形式的词汇义。关于汉语动词ヲ格的插入问题，前人研究只注重综合形式的语义特点，大致可分为3类，即非受格制约（有无意志性）、体的制约以及前两者结合的多条件制约，但无论哪一类都存在若干例外。一些不符合上述前人研究提到的制约条件的单词在一定的句法环境下，会变成完全自然的表达；与之相反，一些原本符合这些制约条件的单词在一定的句法环境下，反而被母语者认为是不自然的。如下列久保田[④]列举的用例所示：

①a. ＊花子は新曲がヒットをした。
cf. 花子は新曲がヒットした。
a’. 花子は新曲が異例のヒットをした。
b. ＊私たちは超常現象の体験をした。
cf. 私たちは超常現象を体験した。
b’. 私たちは不思議な体験をした。

① 柴田武：『文字と言葉・漢語動詞』，東京：刀江書院，1950，第35頁。
② 较陈旧的说法，『新明解』第5版和『大辞林』第3版还标有汉语动词的词性，但BCCWJ中仅有1例，且为引用明治时代福泽谕吉的话。
③ 邱根成：《日语サ变复合动词研究》，浙江工商大学出版社，2015。
④ 久保田一充：「日本語の出来事名詞とその構文」，2013年度名古屋大学博士論文，2013。

c. ＊世帯主が死亡をした場合に、……

cf. 世帯主が死亡した場合に、……

c’. 世帯主がもしもの死亡をした場合に、……

②a. ？これまで生きてきて、太郎は掃除したことがない。

b. これまで生きてきて、太郎は掃除をしたことがない。

综合形式的构造是［用言类复合字音词基＋和语词基スル］，而分析形式的构造则是［名词＋格助词ヲ＋和语动词スル］。所以在保持两者词汇义不变的前提下，前者的字音词基须为成词词基且可单独用作复杂事象名词，很显然只有图3－①符合条件。图3－②和图3－③（包括在上一小节中补充的斋藤没有论及的几种情况），前者不可单独作复杂事象名词使用，后者则连单独成词资格都没有，很显然这两者无论在何种语境下均不能插入ヲ格，因为这与构词法在原理上是相悖的。

综上所述，前人仅从单词层级来考察这一课题，制约条件相对复杂且例外较多，我们运用“词基、单词双层互动法”解决这一课题，标准客观，操作性强，结论简洁明了，且几乎不存在例外。

结　语

从形态语言类型学来看，日语和汉语（中国）属不同类型的语言，所以一部分汉语（中国）词汇传入日本之后，有的保留着单词资格，有的却已降级为语素层级的单位了。前人时贤在研究日本汉语时，默认其为单词层级的单位，这一认识的偏颇导致日本汉语的相关研究主要集中在词汇学领域。鉴于此，本文从语法学视域重新审视了日本汉语这一概念。另外，我们提出了一种考察日本汉语语法性质的全新方法——词基、单词双层互动法，并通过汉语动词的ヲ格插入问题简要验证了其有效性。这一方法论是否同样适用于同属汉字文化圈的朝鲜语和越南语，还有待检验。放眼普通语言学，两种语言在发生接触时，一种语言的词汇在进入另一种语言时，通过什么样的机制实现本地语化，是非常值得深入探讨的课题。由于笔者能力有限，这些均留作今后的课题。

The Concept of Sino-Japanese and Its Research Methodologies from the Perspective of syntactics

Abstract: On the study of Sino-Japanese, the predecessors' research almost focuses on lexicology, and the definition is limited to making its origin clear, or framing its boundary. So far as we know, Sino-Japanese is also different from the connatural Japanese words on grammatical functions. Based on this, this paper reconsidered the concept of Sino-Japanese from the viewpoint of grammatical functions. We think it includes two levels——word and base; by the aid of the base level's lower classification we can know the word level's syntactic natures. At last, we proved the new methodology's effectiveness which is called "Base-Word Double Levels Interactive Method" by means of inserting WO case into Sino-Japanese verbs.

Keywords: Sino-Japanese; syntactic natures; base level; word level; Base-Word Double Levels Interactive Method

日语口语角活动中的互动话题与参与身份研究*

黄均钧　邱　杨　贺丽灵**

【摘　要】本文以日语学习者、日本外教共同参与的闲谈式口语角为研究现场，聚焦口语角互动中参与者的话语功能特征，话题提出方式、话题展开模式以及身份问题。研究发现，外教在发言次数上多于学生，且往往使用“提问”“确认”的话语引导互动；日语口语角参与者基于“现场情境”、“个人经历”以及“个人喜好”提出话题，并以“中日对比”、“信息差异”和“交替分享”的模式展开话题；参与者的身份特性主要在话语功能差异和话题展开模式中得到了体现。

【关键词】口语角　互动　身份　话语研究

引　言

近年来，学生在教室外的语言活动已成为外语教学研究的一大焦点。“日语角”① 作为高校日语专业课外活动的一环，不仅为学生提供了使用日

* 本文受华中科技大学自主创新基金（项目编号：2019WKYXQN014，主持人：黄均钧）资助。另外，在资料搜集和数据统计上，分别得到了外教高かおる先生和2018级研究生华雪瑶、李献的帮助，文章修改得到了匿名审稿人的宝贵建议，在此一并致谢。

** 黄均钧，华中科技大学外国语学院讲师，硕士生导师，研究方向为日本语教育。邱杨、贺丽灵为华中科技大学外国语学院日语语言文学专业2018级研究生，研究方向分别为日本社会文化、日本文化。

① 日语角的活动主题具有多样性。本文将以口语活动为主体的日语角称作“日语口语角”或“口语角”。同样，“外语角”一词则不限语种，“外语口语角”则特指以口语活动为主体的外语角。

语的机会，在目标语言接触受限的 JFL（Japanese as a foreign language）环境下，它还发挥着能接触到日语本族语者、激发日语学习兴趣、了解日本文化等作用[①]。然而，相较于对日语角运营模式及意义的论述，学界较少关注日语角作为跨文化交际平台的一面。基于此，本文拟通过回答下列 3 个研究问题，探究日语口语角师生互动的特点。

（1）参与者以怎样的方式参与口语角互动，身份在其中发挥了怎样的作用？

（2）参与者通过哪些方式提出话题（topic），与身份之间存在何种关联？

（3）参与者通过哪些方式展开话题，身份在其中发挥了怎样的作用？

一　文献综述

1. 接触场景的互动研究

根据互动的语言，可将互动场景大致分为"母语场景"和"接触场景"。前者指本族语者使用本族语言进行的互动，后者也被称为"对方语言接触场景"（Partner language contact situation）[②]，特指其中一方使用本族语，而另一方使用非本族语。换言之，对方语言接触场景从本质上是不同文化者的跨文化交际。在本研究中，由日本外教和日语学习者自发组织、共同参与的日语口语角即可视为"对方语言接触场景"，这对 JSL 语境下的学习者而言也是一个难得的进行跨文化交际的平台。

在日本的日语教育中，关注日语本族语者与非本族语者（多为赴日留学生）接触场景互动的研究盛行已久，成果丰硕。其中，最具影响力的是基于 Neustupný[③] 的"语言管理理论"（言語管理理論，Language Management Theory）的一系列研究。该理论主张通过注意（note）、评估和调整的方式，解决互动过程中因偏离了（语言使用、社会文化等）规范（norms）而产生的语言问题（language problems）。在 20 世纪末至 21 世纪初的日本学界，该

---

① 吕娜、上娟：《日语角开展方式微探》，《语文学刊》2011 年第 1 期。

② S. K. Fan, "Language Management in Contact Situations between Japanese and Chinese," Unpublished Ph. D. Dissertation, Department of Japanese Studies, Monash University, Australia, 1992.

③ J. V. Neustupný, "Problems in Australian-Japanese Contact Situations," In Pride, J. B. (ed.), Cross-cultural Encounters: Communication and Miscommunication, 1985, Melbourne: River Seine, pp. 44 – 84.

理论被广泛运用到了二语习得、日本语教育及跨文化交际等研究领域，成为研究日语学习者互动问题的重要方法论和视角。

近年来，受社会建构主义（Social Constructivism）及社会文化理论（Sociocultural Approach）[①] 观念的影响，学界对接触场景研究的理论前提提出了质疑[②]。第一，忽视了互动主体的动态性。互动过程中的参与者角色、参与方式等的动态性和复杂性被简单地划分为本族语者和非本族语者，新手（novice）和经验者（expert）的互动，忽视了互动发生的社会情境，以及互动过程中参与者身份的转换和协商。第二，忽视了互动能力（Interactional competence）具有情境性和共建性的特点。互动能力不是个体的词汇能力、语法能力，语言组织或使用能力的简单延伸和叠加，而应注意到互动能力是由互动行为的参与方（说话者、听者）与互动情境（包括语境、社会、文化情境等）相互作用所形成的。也因此不存在具有普遍性的互动能力，而应从特定的、具体的实践中把握和评价个体的互动能力。这一转向使研究者开始采用微观视角分析互动的发生过程，在分析方法上引入了诸如会话分析、话语分析、访谈、参与观察等民族志视角的研究手法。

近年来的多元文化共生理念[③]也影响着互动研究的分析视角。研究者指出，目标语言及目标语言文化不再是接触场景互动中的唯一标准，双方应根据对方的状况适时调整自身的语言实践和交际习惯。这使得互动研究开始聚焦互动双方通过何种方式进行协商与调整、如何实现不同文化下的共生，也有学者尝试揭开共生所掩盖的互动身份及权力的不平等问题[④]。

---

① P. J. Lantolf, *Sociocultural Theory and Second Language Learning*, Oxford: Oxford University Press, 2000.

② 北出慶子:「構築主義的観点からの接触場面における相互行為プロセスの分析—接触場面の新たな分析観点と意義の提案」, *Studies in Language Science*, 2011 (3), pp. 191 - 221。

③ 岡崎敏雄:「共生言語の形成——接触場面の言語形式」, 宮崎里司, ヘレン・マリオット（編）『接触場面と日本語教育——ネウストプニーのインパクト』, 東京: 明治書院, 2003, 第 23 ~ 44 頁。

④ OhriRicha:「母語話者による非母語話者のステレオタイプ構築——批判的談話分析の観点から」, WEB 版リテラシーズ2 (1) 東京: くろしお出版, 2006, 1 - 9; 杉原由美:「留学生・日本人大学生相互学習型活動における共生の実現をめざして——相互行為に現れる非対称性と権力作用の観点から」, WE B 版リテラシーズ3 , 東京: くろしお出版, 2006 (2): 第 18 ~ 27 頁; 杉原由美:『日本語学習のエスノメソドロジー——言語的共生化の過程分析』, 勁草書房, 2010。

2. 外语角研究的现状与不足

国内关注外语角活动的研究较少。笔者认为，这是中国教师较少介入外语角活动的组织和运营，以及课堂外不便开展长期的数据搜集等原因所致。当前，以日语角为关键词的研究主要以分享活动运营心得的实践报告为主①，极少数英语角的研究关注互动。譬如，陈洪丽②采用会话分析的手法总结了参与英语角的大学生进行话语转换策略。但该英语角中没有英语本族语者的参加，分析主题亦不涉及身份、文化等因素。

日语口语角作为高校日语专业课外语言实践的一环，为学生提供了锻炼日语口语的实践平台。尤其是在有日本老师（下称外教）参与的活动中，口语角还是学生接触日本交际方式、进行跨文化交际实践的重要途径。这也意味着外教参与的口语角具有了接触场景互动的特点，因此其互动过程与参与者身份、文化等问题的动态关联亦成为研究者所关注的焦点。本文借鉴社会建构视角下的接触场景研究方法，通过搜集日语口语角录音、访谈等，从微观层面探究日语口语角互动中话题提出和展开的方式，及其与参与者身份的关联。

二 研究设计

1. 研究场域

本文以某理工类大学日语专业的日语口语角为研究现场。该口语角由日本外教组织运营，中国教师不参与，主要面向日语专业一、二年级的学生。活动前一周，外教通过微信朋友圈、课堂等渠道通知学生，但由于口语角采取自愿参加原则且需兼顾学生、外教及院系活动的档期安排，因此每期的参与人数浮动较大，参与时间也不固定。此外，口语角的活动场地则视报名学生的人数而定，人数较多时选在教室或日语系办公室，人数少

① 吕娜、上娟：《日语角开展方式微探》，《语文学刊》2011 年第 1 期；李惠、肇晓贺：《论日语角在日语学习中的重要性——以华北理工大学轻工学院樱花社为例》，《高等教育》2015 年第 8 期；孙倩：《关于加强在线日语角实践教学模式的思考——以电子科技大学中山学院在线日语角为例》，《海外英语》2016 年第 2 期。

② 陈洪丽：《论大学英语角中的话轮转换策略》，《外国语文》2009 年第 5 期。

时则在外教位于校内的家中举行。口语角的活动内容由外教决定，不预先设定讨论的主题。

外教也是大一、大二学生会话课的老师，参与者L评价外教，“为人比较亲近，在会话课课前或课后常与敢于开口说日语的学生进行交流”。师生双方对口语角活动的氛围也有着大致相同的认识。在外教看来，口语角是个“让参与者能够自由交谈，享受快乐说日语的场所”（自由に話して、日本語を話すのを楽しむところ）。学生在访谈中也反复使用“聊天”“没有压力”等来描述参加口语角的心态。综上所述，由于口语角的活动时间、地点、人数及话题都具有不固定性，且口语角氛围较为轻松，本文的日语口语角互动更接近非正式的、带有闲谈（雑談，Free conversation）性质的交际，即“在没有特定需要达成的任务的状态下和对方一同进行的会话行为”①。

2. 数据采集

在取得参与者及外教的同意后，学生携带2支录音笔进入口语角现场进行全程录音。2019年2~6月，受多方因素影响，最终仅举办了3期日语角。鉴于第2期参与学生仅为2人，数据样本不具备同质性，故本文仅分析第1期和第3期（见表1）。此外，在活动结束后的6月底，笔者对学生及外教进行了各30分钟的半结构化访谈。访谈内容主要涉及对口语角活动的认识，参加口语角的感受和参与动机等。

表1 数据采集

	活动时间（场地）	成员及人数	有效录音时长（总录音时长）	有效话论数
第1期	2019/2/28（教室）	大一学生4名+外教1名	120min（123min）	1344
第3期	2019/5/29（外教家中）	大一学生4名+外教1名	30min（73min）	435

参加口语角的学生分别是D、S、H（男）和L。4人年级均为大一。据任课老师介绍，男生H为高考日语考生，水平接近日语能力测试N1，词汇

① 筒井佐代：『雑談の構造分析』，東京：くろしお出版，2012，第33頁。

量较大，但口语表达欠佳；女生D入学前曾自学过日语，日语发音及口语表达在班级中较为突出。相比之下，女生L和女生S的日语口语表达则较为一般，在口语角互动中也多求助于同伴，且多以单词、名词句等较为简单的语法结构进行自我表达。

3. 分析方法及步骤

本文采用话语研究（Discourse studies）的手法对口语角互动进行研究。该手法源自话语分析（Discourse analysis），是语言学与哲学、心理学、社会学、文化人类学相结合下语言交际研究的跨学科产物[①]。狭义的话语分析是以语篇语法（Discourse grammar）为代表的语言学语篇分析，多以研究者自身的思维内省驱动分析；而与其相对的是以会话分析等为代表的实证性话语分析。鉴于本文不仅依据自然会话的数据，还参照了事后访谈，且在方法论上借鉴了包括话语功能、会话分析、批判话语分析的部分理念和核心概念，因此，本文以较为广义的“话语研究”来定义分析方法。综上所述，本文以日语口语角活动参与者的语言使用为研究对象，以定性为主，辅以定量的手法，分析口语角参与者的话语功能特征以及口语角互动结构。具体步骤如下。

（1）参与者话语功能特征的定量分析。包括统计、分析话轮数及话语功能。首先，笔者将录音数据进行转录，并依据刘洪[②]的话轮转化标准[③]，计算了话轮次数。随后，参照ザトラウスキ[④]关于日语“関わり合う”话语功能的编码表，编码工作在经历了2次试编达成共识后正式开始，由笔者及研究助手一道进行。

（2）口语角互动结构的定性分析。所谓话题，可宽泛地理解为话语或文本中的“关于……”的部分[⑤]，即口语角活动中参与者所讨论的“关于……”的主题。由于此次口语角采用了自由会话的形式，因此参与者需

① 橋内武：『ディスコース—談話の織り成す世界』，東京：くろしお出版，1999。

② 刘洪：《会话分析》，北京大学出版社，2004。

③ 说话者在任意时间内连续说出的一番话，其结尾以听话者和说话者的角色互换或各方的沉默为标志判定发生了话轮转换，也意味着产生了1个话论单位。

④ 「ポリーザトラウスキー：かかわりあう」，佐久間まゆみ、杉戸清樹、半澤幹一編『文章・談話の仕組み』，東京：おうふう，1997，第167頁。

⑤ P. Linell, L. Gustavsson & P. Juvonen, “Interactional Dominance in Dyadic Communication: a Presentation of Initiative-response Analysis,” *Linguistics*, 1988 (26), pp. 415-442.

要不断地寻找新话题或拓展旧话题以维系互动。换言之，“提出话题”→“结束话题”→“提出新话题”的循环构成了口语角话题生成的基本模式。也正因如此，如何提出话题，如何展开话题，如何结束话题，成为了解口语角互动结构的切入点。而其中，话题的提出和展开又直接影响着口语角互动的方向和进程，是重要的指标。因此本研究聚焦话题的“提出”与“展开”部分。首先判定出大、中话题（详见后文），随后仔细阅读互动中话题的提出和展开部分，通过类型对比，归纳出口语角话题的提出模式和展开模式。

三　分析与讨论

1. 发言数及话语功能统计

首先，笔者对口语角参与者的发言次数分别进行了统计。如表 2 所示，除学生 L 和 D 外，其余参与者的发言次数均较为稳定。其中，外教的发言次数超过平均数的 20%，分别占到了 38.3% 和 36.3%，而学生 S 在两次活动中发言次数均最低。此外，从仅有数据对比中，参与者同时说话（包括插话、笑等）的现象有所增多，可以推测第 3 期口语角互动的气氛较为活跃，这与在外教家中进行有关。

表 2　参与者发言次数合计

		L	S	D	H	T	同时说话等	合计
第 1 期	次数	263	100	167	183	515	116	1344
	比例（%）	19.6	7.4	12.4	13.6	38.3	8.6	100
第 3 期	次数	31	33	104	49	158	60	435
	比例（%）	7.1	7.6	23.9	11.3	36.3	13.8	100

其次，笔者对占比较多的话语功能——提供信息（传达信息、内容的发言）、要求信息（向对方提问以索取信息的发言）及表示关注（回应对方发言的发言，包括附和等）进行了统计分析，进一步发现外教和学生发言在话语功能上存在差异。

第 1 期活动中（表 3 及图 1），在提供信息的话语功能上，除学生 S 占比较低外，其余参与者之间并无显著差异；而在要求信息的发言方面，外教

表3　参与者话语功能分布

单位：次

	话语功能	L	S	D	H	T	合计
第1期	提供信息	124（25.3%）	37（7.6%）	103（21.0%）	108（22.0%）	118（24.1%）	490
	要求信息	12（6）（8.1%）	9（3）（6.0%）	8（6）（5.4%）	18（5）（12.1%）	102（68.4%）	149
	表示关注	65（17.1%）	24（6.3%）	23（6.1%）	29（7.7%）	238（62.8%）	379
第3期	提供信息	27（14.3%）	23（12.2%）	57（30.2%）	34（17.9%）	48（25.4%）	189
	要求信息	1（1）（2.9%）	3（2）（8.8%）	11（7）（32.4%）	1（1）（2.9%）	18（53.0%）	34
	表示关注	0（0）	3（3%）	27（27%）	8（8%）	62（62%）	100

T为102次，4位学生总共仅有47次，差异显著。第3期活动中（表3及图2），学生D提供信息的话语次数超过了外教，占到了全体参与者发言次数的30.2%。但在要求信息的发言方面，同第1期相似，外教T占比依旧超过了总话轮数的一半。

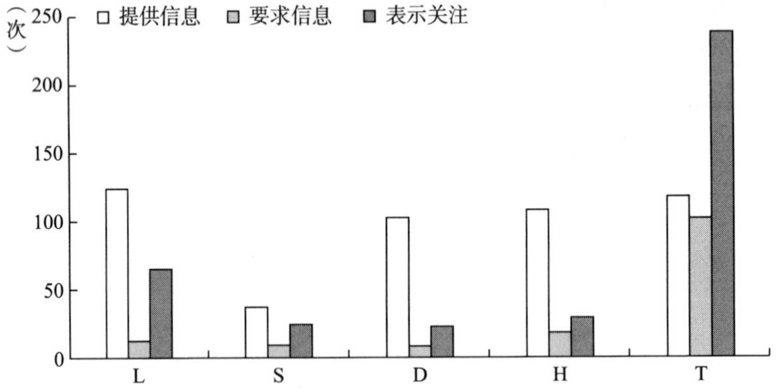

图1　参与者话语功能分布状况（第1期）

这一差异表明，在闲谈式口语角中，无论是外教还是日语表达尚不流利的大一学生都积极地向对方提供着信息，维系互动。甚至出现学生提供信息的次数高于外教的情况，这也侧面反映了在闲谈式口语角中，日语学习者即便在日语词汇、语法及口语流利程度上有所欠缺，可以凭借所掌握

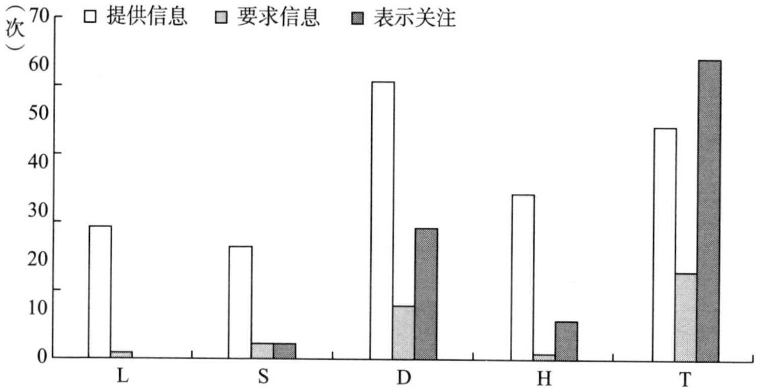

图2 参与者话语功能分布状况（第3期）

的信息参与口语角的互动。但在要求信息的话语功能上，外教多于学生，且往往使用“提问”对话题的信息进行进一步挖掘和延展。相反，学生通过提问获取信息的发言则较少，且多表现为使用中文向同伴求助。这类发言在学生“要求信息”的话语功能中分别占到了42.5%（第1期47次中20次）和68.7%（第3期16次中11次）。

赤羽①指出，“提问—回答”的相邻语对隐含着对话双方的非等价性（inequivalences）关系。这意味着，外教在口语角活动中作为提问方通过提问（外教）→回答（学生）的语对掌握着互动的主动权，也主导着讨论的内容和话题走向。加藤②在观察日语本族语者与在日留学生互动时也提及该现象，认为这与“当本族语者语言能力受限时，需要本族语者来引导”的规范意识有关，即外教认为作为本族语者，也作为口语角活动的组织者，有义务管理口语角的互动。

另外，在表示关注的话语方面，外教更多地利用诸如うん、はい、そうですか、えー等“相づち”（应和）来回应学生的发言，2次占比均高达60%以上，大大超过了学生。这与小松等③指出的，在自然会话中日语初学

① 赤羽優子：「第二言語としての日本語使用者同士のカテゴリー化実践——第三者言語接触場面の対称的なやりとりに注目して」，『国際日本語研究』2017年第9期，第83～105頁。

② 加藤好崇：「接触場面における文体・話題の社会言語規範」，『東海大学就要留学生教育センター』2006年第26期，第1～17頁。

③ 小松奈々、福冨理恵、黄明淑、呉暁婧：「初中級学習者を対象としたあいづち指導—気づきを促す授業デザインの有効性」，WEB版日本語教育実践研究フォーラム報告，2009，第1～10頁。

者作为听者时较少主动使用“相づち”的结论相似。

综上所述，本节通过统计发言次数和话语功能分布，从宏观上把握了外教和学生参与口语角互动的基本特征。以下将聚焦互动中的“2. 话题提出”和“3. 话题展开”部分，分析话题提出的方式及话题展开的模式，讨论话题展开与参与者身份的关联。

2. 话题提出

笔者及研究助手首先对口语角互动中所涉及的话题类型进行了判定和分类。在话题的判定上，笔者参照了铃木①在闲谈的话语分析中所使用的“话段”的概念。即以“构成完整意义单位的内容”为认定单位话题的标准。进而对所整理出的话题按照“小、中、大话题”的形式，进行整合——若干具有关联性的小话题构成中话题，若干具有关联性的中话题共同构成大话题。鉴于文章篇幅以及分析需要，在此仅展现大话题与中话题（见表 4），并基于该分类方式展开分析。

通过仔细对比大话题发现，口语角互动中的大话题之间不具备明显的连续性，提出大话题具有一定的偶然性，这也与闲谈这一活动设定有关。笔者总结了以下 3 类提出大话题的方式。

（1）围绕互动现场的状况

如节录 1 中所展示的由“4. 麻将”转入“Ⅲ. 日本文化”话题时，学生 L 以办公室衣柜中所摆放的浴衣为话题，以“あの”接过话轮（02），再以“先生の?”（04）的疑问句向外教索要信息，提出了新话题。浴衣话题的提出，与学生 L 关注到办公室所摆放物件相关，与上一个麻将的话题之间不存在关联性。同样的提出话题方式也发生在“Ⅵ. 手机壳”“Ⅶ. 生活日常”（第 1 期）和“Ⅱ. 眼睛健康”（第 3 期）。

节录 1　关于浴衣

01　T：ルールを覚えるところから、いやなんか、なかなかやってないかもしれない。

02　L：あの

① 鈴木香子：「ラジオ心理相談の談話の構造分析」，『早稲田大学日本語教育研究』2002 年第 3 期，第 57 ~ 69 頁。

表 4　口语角互动中的大话段与中话段

<table>
<tr><th rowspan="16">第1期</th><th>大话题</th><th>中话题</th><th rowspan="16">第3期</th><th>大话题</th><th>中话段</th></tr>
<tr><td rowspan="2">Ⅰ. 化妆用品</td><td>1. 淘宝购物</td><td rowspan="4">Ⅰ. 中、日语言学习与差异</td><td>1. N1 考试准备</td></tr>
<tr><td>2. 日本化妆品</td><td>2. 日文难点</td></tr>
<tr><td rowspan="2">Ⅱ. 兴趣爱好</td><td>3. 游戏</td><td>3. HSK 六级</td></tr>
<tr><td>4. 麻将</td><td>4. 中文难点</td></tr>
<tr><td rowspan="3">Ⅲ. 日本文化</td><td>5. 浴衣</td><td rowspan="2">Ⅱ. 眼睛健康</td><td>5. 右眼充血</td></tr>
<tr><td>6. 赏樱花</td><td>6. 近视</td></tr>
<tr><td>7. 成人礼</td><td rowspan="2">Ⅲ. 日本历史</td><td>7. 上杉谦信</td></tr>
<tr><td rowspan="2">Ⅳ. 消费</td><td>8. 食堂开销</td><td>8. 战国人物</td></tr>
<tr><td>9. 月花费</td><td rowspan="3">Ⅳ. 参赛</td><td>9. 知识竞赛照片</td></tr>
<tr><td rowspan="3">Ⅴ. 休闲娱乐</td><td>10. 旅游经历</td><td>10. 大赛主持人</td></tr>
<tr><td>11. 游乐场</td><td>11. 获奖奖品</td></tr>
<tr><td>12. 偶像、综艺</td><td colspan="2" rowspan="4"></td></tr>
<tr><td>Ⅵ. 手机壳</td><td>13. 换手机壳</td></tr>
<tr><td>Ⅶ. 生活日常</td><td>14. 剪发、染发</td></tr>
<tr><td>Ⅷ. 人物绰号</td><td>15. 小名、昵称</td></tr>
</table>

03　T：はい

04　L：あの、先生の？ <教室にかけてある浴衣を指して>

05　T：うん、浴衣？ 着物？

06　L：はい、

（2）围绕互动参与者的经历

节录 2 展示了学生 S 将话题由“月花费”转向“Ⅴ. 休闲娱乐”的片段。当参与者围绕校园生活讨论时，学生 S 以感叹词“あっ、先生は”（03）引发外教的注意，在得到外教“はい”的应答之后以提问的方式询问外教是否去过山东青岛（05），从而将话题带入了关于“旅游经历”的讨论，完成了新旧话题的转换。同样的提出话题方式也发生在“Ⅱ. 兴趣爱好”“Ⅳ. 消费”“Ⅷ. 人物绰号”（第 1 期）和“Ⅳ. 参赛”（第 3 期）。

节录 2　关于旅游

01 T：留学生の寮があるでしょう。
02 みんな：うん。
03 S：あっ、先生は、
04 T：はい
05 S：青島に行きましたか
06 T：青島？

（3）基于个人喜好

根据个人喜好导入话题的次数较少，两次口语角活动中仅观察到1次。如节录3所示，学生H是个历史迷。在第3期活动中，H在“Ⅱ.眼睛健康”（第3期）话题完结时，将话题转向了日本历史（03、05）。然而，在场者并没有立刻领会学生H的日语，同伴D在一旁尝试用中文试图确认H的表达意图（07）。这也说明，当提出涉及个人喜好的话题时，参与者需要考虑在场者对该话题的熟知度。

节录3 日本历史人物
01 D：そうですね。
02 L：还有什么话题想说吗？
03 H：新潟の、
04 T：はい。
05 H：うえずき。
06 T：新潟の？ 上？ 何だろう。
07 D：你要说什么？
08 H：上杉谦信。一个武神。日本人の神。

综上所述，在闲谈式口语角互动中，参与者往往借助互动场景，互动参与者的经历。个人兴趣爱好等提出话题。这一结论与筒井对闲谈的话语分析结论相似，即参与者基于现场事物及参与者自身提出话题[①]。这也说明本文所关注的日语口语角互动在提出话题的方式上具有闲谈交际的特点。此外，通

① 此外，笔者也观察到了筒井所提及的借由“第三者”（即互动双方熟知的人物）提出话题的现象，但由于该话题未能进入大话题范畴，因此不作为此次的分析对象。

过上述有限的例子也发现，外教的权威身份与提出大话题的次数之间并无显著的相关性，相反，学生却表现出了积极推动大话题变更的姿态①。

3. 话题展开模式

（1）中日对比、推进话题

节录 4 是关于游戏的讨论。学生 S 从化妆品使用的话题上转移至 H 的兴趣。接过话题的 H 并未就个人兴趣进行延伸，而是使用“日本では”将话题引致外教较为熟悉的日本（03）。同样，在评论玩游戏人群时，外教则将日本（13）与中国（15）进行了对比，指出日本女性较少玩游戏而中国女性时常玩游戏，并将这一论断通过“よね”（15）向学生确认。学生 D 同意了外教的论断（16）。

节录 4　关于游戏

01　S：Hさんはゲームが好きです。

02　T：あー

03　H：あ、日本ではプレイステーションが盛り上がっているらしい。

04　T：あー、プレイステーション、今いくつまで出てるの？

……

13　T：えー、確かに、楽しい、やると楽しいけどね、なかなか日本だと女の子はあんまりゲームしないかもしれない、たぶん。

14　H：うん？

15　T：男の人は、まあ、まあね。みんなするだけど、中国はけっこう女の子もゲームするよね。

16　D：はい。

嶋原②在留学生与日本大学生的自然会话分析中指出，在初次见面的互

① 鉴于本文仅以大话题为研究对象，因此变更互动话题与参与者身份的关联性还有带更多的研究去发现。

② 嶋原耕一：「初対面会話における話題分布と話題への参加に関する量的分析―異なる接触経験を有する　母語話者及び非母語話者の会話を対象に」，『日本語・日本学研究』2016 年第 6 期，第 25～47 頁。

动场景中，互动双方往往基于各自的国家背景，围绕诸如“国家情况”“旅游”“语言”等展开话题。第1期口语角由于参与者双方均为首次参加，因此成员难免从中、日两国的文化及社会出发，展开话题。

但值得注意的是，Ohri① 通过批判话语分析警惕过此类互动模式。Ohri认为，本族语者时常通过无意识输出的“刻板印象”让参与对话的双方形成“我们”（我々）与“他们”（彼ら）的两方阵营，并由此正当化自己的主张。观察节录4的口语角互动也能发现，双方在话题上形成了“日本社会与中国社会”的对立，而外教通过扮演“了解日本社会的日本人”的角色下意识地向学生输出“日本女生不怎么玩游戏”的印象。

然而，互动中也出现了学生试图打破外教的中国文化刻板印象的例子，但鉴于日语能力的限制，学生S无法进行流利的观点表达（07），最终使“刻板印象”不了了之（节录5的07）。节录7的案例也佐证了Ohri在日本大学课堂里所观察到——本族语者在会话中是拥有权力的一方，非本族语者对抗本族语者的话语并非易事——的论断。

节录5　关于偶像

01　T：中国の男の子のアイドルとか、何かみんな好きそうな人とかみていると、なんか可愛らしい男の子が好きな人多くない？そうでもない？

02　D：私は、あの流じゃない。中国のアイドル###（##表示无法辨识所说内容）

03　T：可愛い、可愛い感じだよね。

04　S：嗯，嗯，都有其实。他们是多面形象怎么说？

05　L：いろいろ。

06　T：うんうん。

07　S：不，是一个人有多种形象。这个表达不知道怎么说。

综上所述，讨论各自国家的文化现象，不失为活动初期活跃口语角气氛，展开话题的好策略。但同时也必须意识到由于初级学生的日语表达受

① Ohri Richa：「母語話者による非母語話者のステレオタイプ構築—批判的談話分析の観点から」，WEB版リテラシーズ2（1），東京：くろしお出版，2006，第1~9頁。

限，无法对抗本族语者的强势话语，从而有可能强化参与者对某一方的刻板印象。

（2）信息差异，推进话题

在日语学习者与日语本族语者的互动中，本族语者往往被视为语言使用的“标准”，或是相关信息的权威拥有者①。然而，初到中国的日本外教，由于对所在地区的资讯、文化习惯、社交礼仪、规则等并不熟悉，在互动中也扮演着“信息弱势群体”的角色。而作为信息拥有者的学生则以信息差异为展开话题的切入点。

在节录6中，对于在当地赏樱花的流程，学生D和L掌握着更为翔实的信息。当学生L提及现已经到了某大学赏花季节时，学生D给出了赏花的注意事项（03）。外教对此表示了惊讶（04），学生L在一旁继续对该话题进行了补充（05）。学生作为“信息拥有者”，而日本外教更多的只是被动地接收来自学生的信息，并做出回应。

节录6　赏樱花

01　L：桜のシーズンになったって、○○大学にたくさん人が

02　T：うんうん

03　D：<u>予約する必要がある</u>

04　T：あるの？

05　L：<u>うん、予約、予約</u>

06　T：本当に？びっくり、行きたい

节录7是关于校园食堂口味的对话。对于初到中国大学的外教而言，学生掌握着更为丰富的食堂信息，知道哪个食堂的菜更好吃、更实惠。同节录6相似，互动以学生提供信息，外教接受、认同的对答结构（03－04、05－06、07－08）展开。

节录7　学校食堂

01　L：あの、枫林湾…

① 杉原由美：「留学生・日本人大学生相互学習型活動における共生の実現をめざして—相互行為に現れる非対称性と権力作用の観点から」，WEB版リテラシーズ3，東京：くろしお出版，2006年第2期，第18～27頁。

02　T：あ…たぶん…ああ、うん、わかるかも。
03　L：あの、怎么说、え…おいしくて、
04　T：うん
05　L：ちょっと高い。
06　T：あ…値段が…
07　L：西一より…ちょっと高い。
08　T：少し高いんだ。え…そうか。

综上所述，当互动涉及学生较为熟悉的校园生活、所在地资讯以及与中国相关等话题时，学生往往扮演“信息拥有者”的角色，话语表达上往往以提供信息、给予建议、发表评论等方式推进话题、维系互动。

(3) 交替分享、推进话题

在谈及个人偶像的话题时，如节录8所示，学生们积极地分享自己与偶像之间的交集。在话轮01中，学生H提出了关于日本演歌的话题，并向在场者分享自己所知道的歌手（05）。这一分享了也引起了外教的兴趣，使其也加入了分享经历的话轮交替中（08）。随后，学生L（10）、D（15）也相继加入。

节录8　偶像、综艺
01　H：えかは、ちょっとだけ知ります。
02　T：何?
03　H：えいか、えいか
04　T：えんか（演歌）、あああ
05　H：石川さゆり
06　T：ハハハ　石川さゆりのなに?
07　H：天城越え
08　T：ああ、天城越え、私もたまに歌うよ。あのう、ストレスが溜まった時。
09　H：津軽海峡
10　L：私もカラオケで、津軽海峡・冬景色、を歌う。
…
15　D：私、今年の、あのう、紅白、ネット中継で見ました。

16　T：うんうん

17　D：あの演歌の歌手、とても楽しみで

18　T：誰だろう。女の人？

19　D：いいえ、女、女の人じゃくて、あるおじさん。

口语角所分享主题，不仅限于偶像、娱乐等个人喜好。在第3期口语角互动中，学生还讨论了近来大家的身体状况（节录9）。首先，学生L向外教示意近来自己的眼睛感觉有些异常（01），随后学生D接过外教的话轮（05），也提及自己右眼不适的问题。

节录9　关于右眼充血

01　L：私の　（自分の目を指して）

02　T：ああ、ここが、こうなってる？

03　L：うんうんうん。

04　T：疲れてるんじゃない？痙攣しているっていう。目がけいれんするとか、びくびくしてる。たぶん目を使いすぎなんだよ、いっぱい。

05　D：私は最近、あの、右边怎么说？

06　みんな：みぎ

07　D：あ、右、右、右目すごく、あ、あのう、夜になったら、赤に、

08　T：赤くなる？

09　D：赤くなる。はい。

在分享型互动中，学生往往就某一既定话题，交替话轮，向在场者展现自己的经历、看法或近况等。外教则在其中扮演“支援者”的角色，帮助学生回想经历中的某些片段（节录8的12、13），抑或与学生一道共同参与其经历的建构（节录9的04），甚至也加入“分享”的行列（节录8的08）。

能够与他人分享自己的个人喜好，尤其是在第3期中还分享了个人身体状况等较为私密的话题，这意味着口语角活动参与者之间的人际关系已变

得较为亲近。岩田[①]将参与者的话轮相互交替，自发表达见解的互动形式被称为“对称的交互”（对称的なやりとり）。岩田认为在互动的某些局部有可能发生由非对称交互转向对称交互的情况，且往往伴随着成员参与身份的变化。从节录8和节录9的例子中看出，相较于“中、日对比”，“信息差异”的话题展开模式，在分享型互动中，学生与外教同为该话题的信息提供方，双方相互搭台补充信息，表现出了开放内心的意愿，这也更易于口语角中对等参与身份的形成。

结　语

本文以日语学习者、外教共同参与的闲谈式口语角为研究现场，分析了互动中参与者的话语功能特征，互动话题的提出、展开的模式。研究结果表明，在口语角中外教在发言次数上占优，且相较于学生更多地使用“提问”“确认”的话语展开话题。在提出话题方面，本文归纳出“围绕现场情境”、“围绕在场者经历”以及“基于个人喜好”3种常见的提出话题的方式，并发现这些话题多以“中日对比”、“信息差异”和“交替分享”的结构模式展开。此外，本文还发现，参与者的身份在话语功能和话题展开中的到了体现，但在大话题的提出频率上并未观察到师生身份间的显著差异。

该研究具有下列启示：第一，口语角活动的参与者应警惕在与本族语者互动过程中所形成或强化的对目标语国家（或学习者所在国家）的刻板印象；第二，作为本族语者代表的日本外教应意识到在“自由会话”下的师生话语权力的不对称性，客观认识其自身话语在口语角互动中的影响力；第三，通过设计讨论主题增加分享式互动的发生频率，调动学生参与的积极性，也有助于形成对等的参与身份。

本文也存在下列局限性：第一，鉴于客观条件的限制，未能搜集到一定规模的互动语料，这影响了研究结论的普遍性；第二，闲谈式口语角并不能代表日语口语角的全貌，因此所展现出的互动形式不具有口语角活动的典型性。但本文在众多关注课堂互动的研究中能够聚焦课堂外的语言实

① 岩田夏穂：「日本語非母語話者同士の参加の様相——留学生の自由会話の場合」，『人間文化論叢』2006年第9期，第175～187頁。

践，这在一定程度上弥补了学界对日语专业学生课外活动关注的不足，也丰富了国内互动研究的主题和场景。此外，记录和展现学生课外语言实践状况，也有助于日语教师更为全面地认识和了解在非正式状况下学生的语言使用和学习，研究今后拟继续搜集历时性的口语角互动语料，探究参与口语角活动对学习者日语口语能力发展的影响。

A Case Study on Teacher-student Interaction in Japanese Corner: Focus on the Topic and Identity

Abstract: This paper focuses on the Japanese corner activities jointly participated by Japanese learners and foreign teachers, with an emphasis on the discourse function of participants, the way of topic initiation and the mode of topic expansion. The study found that foreign teachers speak more than students, and often use questions, confirmation and other ways of speech. In the interaction, participants raised the topic by mentioning the "situation", "personal experience" and "personal preference", and expanded the topic by "comparison between China and Japan", "information gap" and "alternate sharing". The article also discusses the relationship between topic expansion and participant identity.

Keywords: Japanese Corner; Interaction; Identity; Discourse Studies

日本文学与文化

浅析山崎闇斋的“神儒妙契”思想[*]

——以“中”的阐释为中心

王杏芳[**]

【摘　要】“神儒妙契”是山崎闇斋思想中非常重要的一部分。本文以“中”为切入点，分析“中”在“妙契”中的作用以及在政治思想上的运用。闇斋认为“中”是中日两国古代“神圣之道”的契合点之一。他通过对猿田彦神的分析，确立了臣道之“中”与“敬”，再加上对“汤武革命说”及《拘幽操》的说明，进而将此“中”转化为对君主的绝对“忠”。由此揭示了闇斋既推崇万世一系的天皇，为日本后来国体思想的发展提供了思想资源；同时又在客观上为德川政权维护上下秩序提供了思想支持。这折射出了江户时代政治结构的双重性。

【关键词】山崎闇斋　神儒妙契　中　敬　忠

引　言

闇斋主张以神道为本，以儒道为润色，但反对随意调和二者的关系。实际上，主张神儒结合，并非闇斋一人的思想特色，这是江户时代前半期的时代特色。借用津田左右吉的观点：“江户时代前半期，是指所谓国学者的神道说兴起之前的时期，这一时期神道思想的特色，在于带有强烈的儒

---

* 本文系国家社科基金重大项目“日本朱子学文献的编纂与研究”（项目批准号：17ZDA012）阶段成果之一。该项目首席专家：张立文。课题负责人：林美茂。

** 王杏芳，东京大学法学政治学研究科博士研究生。

教色彩，称其为‘儒教化神道’也不过分。”[①] 又说：“垂加（指闇斋，笔者注）一方面讲日本的神道，其著作里却多用汉文，连所谓秘传或口传也是用汉文来书写的。……最主要的理由，还是因为他们是儒者，摆脱不了尊崇中国的儒者习气。”[②]确实，从“五山禅僧”中独立出来的儒学，逐渐获得了独立的发展，也带动了神道的自觉。神道借用儒学资源来发展自身的理论，形成了与儒学融合的局面。因此在江户时代出现了很多带有儒家性质的神道，除了闇斋的垂加神道之外，还有林罗山的“理当心地神道”、熊泽蕃山的“太虚神道”、度会延佳的“度会神道”、吉川惟足的“吉川神道”等。正因如此，津田左右吉将江户时代的神道称为“儒教化神道”。甚至可以说正因为神道与儒学的结合，日本的儒学呈现一种明显区别于中国的独特面貌。因此以神儒思想的研究为切入点，对于了解日本神道思想以及儒家思想的日本化是一条值得探索的研究路径。基于上述认识，本文选择以闇斋“神儒妙契”思想为视角，探讨日本江户前期儒学与神道的关系，以及由此生长出来的政治思想。

一 “神儒妙契”的提出

闇斋认为“神儒妙契”首先表现在“道”的契合上，也即中国之圣、日本之神所创造的两道之间的妙契。他对两国之道的形成和内容做了一个简单的比较和说明。闇斋说：

> 河出图、洛出书，伏羲则图作易，大禹则书叙范。伏羲之易更三圣而其说备矣，大禹之范其数不传焉。朱子探图、书之原，别四圣之易，然后易道明于天下。……倭开国之古，伊奘诺尊、伊奘册尊，奉天神卜合之教，顺阴阳之理，正彝伦之始。盖宇宙惟一理，则神圣之声，虽日出处日没处之异，然其道自有妙契者存焉，是我人所当敬以致思也。[③]（着重号为笔者所加，下文亦同）

伏羲根据河图作八卦，成为后世《周易》的来源。“大禹则书叙范”，

① 〔日〕津田左右吉：《日本的神道》，商务印书馆，2011，第144页。

② 〔日〕津田左右吉：《日本的神道》，商务印书馆，2011，第145～146页。

③ 日本古典学会编『山崎闇斎全集』第3卷，東京：ぺりかん社，1978，第236～237頁。

也即后世流传的《洪范》。伏羲八卦经过周文王演为六十四卦，又经孔子作“十翼”而“备矣”。但遗憾的是大禹《洪范》“其数不传焉”。因此，朱子探究河图洛书之本原，“别四圣之易”，才使“易道明于天下”。日本之道的形成过程与此相似，他说：“倭开国之古，伊奘诺尊、伊奘册尊，奉天神卜合之教，顺阴阳之理，正彝伦之始。”闇斋用“倭”来指代日本，实际上在日语中“倭”并没有特别的贬义之意，如一条兼良在《日本书纪纂疏》中引用《说文解字》对“倭”的解释：“顺皃。从人委声。《诗》曰：‘周道倭迟。’”对于极为推崇孔孟，但在自己的国家与孔孟之间选择国家利益的闇斋而言[①]，直接用“倭”指称日本，同样可见这一字的非贬义性使用。他说日本开国时，伊奘诺尊、伊奘册尊奉行天神“卜合之教”，“顺阴阳之理，正彝伦之始”以成日本神道之道。“阴阳”与《周易》相关，“彝伦”与下文“圣人有忧之，教以人伦”相连，因此他说“宇宙惟一理”，也即日本神道之声与中国圣人之音，虽然有来自“日出处”（东方）与“日没处”（西方）的区别，但“其道自有妙契者存焉”。

另外，他对此互相“妙契”之道的各自普及也做了一个有趣的说明。他认为《孟子·滕文公上》“人之有道也，饱食暖衣，逸居而无教，则近于禽兽；圣人有忧之，使契为司徒，教以人伦”一段话，表达的正是尧舜作为亿兆之君，循道以教育民众，三代之明王也皆是如此的意思。在引用上，可以发现闇斋赞成孟子关于人与禽兽之间区别所在的论述，即人之为人在于人有道，无教无道则近于禽兽。圣人出于对人处于无道而落入禽兽这一状况的担忧，使大道播于天下并以此教之。这里需要注意的地方是“忧”字使用的范围。孟子说：“圣人有忧之，使契为司徒，教以人伦”，闇斋则简化为“圣人有忧之，教以人伦”，也即将此句中的“圣人”，从专指“使契为司徒”的舜，扩大到所有圣人。闇斋在对圣人的描述上追随孟子使用“忧”字，也即圣人之教是出于其自身的忧患意识，当然此“忧”绝非杞人忧天之忧，亦非对欲望难以满足之忧，更不是患得患失之忧，而是出于对人类无道而恐近于禽兽之忧。此段的引用，说明他对担心人不得成其为人

① 闇斋思想以孔孟为尊，但在孔孟和国家安全两者产生矛盾时，选择的是“擒孔孟以报国恩”，这段记事见于其门人藤井懒斋（1617～1709）《闲际笔记》中：“尝问群弟子曰：‘方今彼邦以孔子为大将，孟子为副将，率骑数万来攻我邦，则吾党学孔孟之道者，为止如何？’弟子咸不能答。曰：‘小子不知所为，愿闻其说。’曰：‘不幸若逢此厄，则吾党身被坚手执锐，与之一战，擒孔孟以报国恩，此即孔孟之道也。’”

的忧患意识而产生对众人的观照的孟子的圣人观的认可，也可见闇斋笔下所描绘的圣人是具有忧患意识和以天下为己任的担当意识的存在。因此道的普及可以简述为：圣人由忧而教，一般人由受教以各成其人。在闇斋看来，这个过程同样适用于日本。日本的神代时期相当于中国的三皇之世；被认为是神话传说中的日本第一代天皇即神武天皇就相当于尧。从道的普及上来看，虽有来自不同国度和人群的区别，但其基本过程却极为类似，且其承担主体即圣人也都是在“忧”的意识下进行教导与传播的，这亦可见道之相契秉性；而两者的“相契”，表现得最为明显的不外乎“中”。

二 “神儒妙契”之“中”的重视

实际上将“中”这个问题作为神道的重要概念进行讨论，并非始于闇斋。[①] 然而闇斋对“中”的探索与其他人不同，一方面体现在他注意到“中”这一概念在历代神道家思想中的重要性，另一方面源于他对于儒家思想尤其是朱子学关于“中和”[②] 的重视。

为了阐明朱子的“中和”意思，闇斋在宽文十二年（1672）特意摘录朱子相关文献中含有“中和”等词句的句子，编撰成共30条的《中和集说》。不过，他对“中和”乃至“中”的注意可能并非始于此时，大致可以追溯到宽文九年（1669）大中臣精长向他传授《中臣祓》之时，此后闇斋对此大加钻研，并为其作注，完成了《垂加中训》一书。“中训”是指对“中”所作的训解，换言之，闇斋把神道《中臣祓》理解为关于“中”的教义。从《中和集说》和《垂加中训》这两个书名也大致可以发现，“中”是闇斋论述神儒“妙契”的关键点。他说：

> 中之本然，有善而无恶，于是乎见焉。书所谓上帝之中，传所谓天地之中，而尧舜禹相传之中是也。我国封天地之神，号天御中主尊

① 忌部正通《神代卷口诀》、吉田兼俱《日本书记神代卷抄》以及《中臣祓抄》等文本中对神道之“中”都有论述。

② “中和”一词出于《中庸》“喜怒哀乐之未发谓之中，发而皆中节谓之和。中也者，天下之大本也；和也者，天下之达道也。致中和，天地位焉、万物育焉”。对闇斋的“中和”进行分析的先行研究有：高岛元洋《山崎闇斋》，东京：ぺりかん社，1992，第366～373页；孙传玲《山崎闇斋对朱子“中和”思想的受容》，《东疆学刊》，延边大学出版社，2016年第3期；等等。

矣。伊奘诺尊伊奘册尊继神建国中柱矣。二尊之子，天照太神，光华彻六合，如大明中天，则授以天上之事。盖上下四方，唯一理而已矣。故神圣之道，不约而自符合者，妙哉矣。[①]

闇斋从神道之道与儒家之道都重视“中”的角度确立了两者间的妙合。他说：“中之本然，有善而无恶”，对“中”下了一个有善无恶的规定。此“中”是《尚书》的“上帝之中”[②]，《左传》的“天地之中”[③]，也正是尧舜禹相传之“中”[④]。不仅如此，此“中”同时也出现在日本文献中，如“天御中主尊”中之“中”。他在《会津神社志序》（1672）中将“天御中主尊”解释为：“倭封天地之神，号天御中主尊。举天以包地。御尊辞。中即天地之中。主即主宰之谓。尊至贵之称。凡上下天地之神，皆此尊之所化也。”[⑤] 天地之神是“天御中主尊”，“天”包括地，因此也是“包地”之词，所以“天御中主尊”中的“天”就是天地。“御”是尊称，因此“中”就是“天地之中”。又说“主”是指主宰。“尊”是尊贵之意。这一“天御中主尊”之“中”便是《尚书》与《左传》中之“中”，也是尧舜禹相传“允执厥中”之“中”。他说伊奘诺尊、伊奘册尊“继神建国中柱”。“国中柱”是伊奘诺尊、伊奘册尊两尊神用“天之琼矛”伸入海中搅拌，提起时矛尖滴下的水凝聚成岛，后两位神灵降临到岛上后而立起的。二神在岛上结合后，生下八大洲，还有很多岛屿和众神。在他们所生出的神中最著名的神有三位，而三位当中又属“天照大神”最为尊贵。所以闇斋又说，“二尊之子，天照太神，光华彻六合，如大明中天”，并被“授以天上之事”，让他管理“高天原”[⑥]。此外，“日神以皇孙琼琼杵尊为此国之主，称曰‘丰苇原中国’。丰苇原者，苇芽发生之盛也。中国者，当天地之中，日月照正直之顶也”[⑦]。根据《古事记》的记载，琼琼杵尊是天照大神的孙子，

① 日本古典学会编『山崎闇斎全集』第 3 卷，東京：ぺりかん社，1978，第 353 頁。

② 在《尚书》中没有找到“上帝之中”连用的表现。但据文意推测，这里大概是指“王来绍上帝，自服于土中。旦曰：‘其作大邑，其自时配皇天，毖祀于上下，其自时中乂；王厥有成命，治民今休。’”（《尚书·召诰》）

③ “民受天地之中以生。”（《左传·成公十三年》）

④ 如“人心惟危，道心惟微，惟精惟一，允执厥中”（《尚书·大禹谟》）。

⑤ 日本古典学会编『山崎闇斎全集』第 1 卷，東京：ぺりかん社，1978，第 78 頁。

⑥ 高天原是指众神居住的天上世界，与人类居住的地上丰苇原中国和地下黄泉国共同构成了日本神话的三大领域。

⑦ 日本古典学会编『山崎闇斎全集』第 1 卷，東京：ぺりかん社，1978，第 72 頁。

天照大神命令他统治丰苇原中国（即人间世界），成为“此国”之主。“丰苇原中国”之“中”的意思是因为这块地正位于“当天地之中，日月照正直之顶也”。

从《尚书》“上帝之中”，《左传》的“天地之中”，到“尧舜禹相传之中”；从“天御中主尊”经“伊奘诺尊、伊奘册尊继神建国中柱”，再到天上世界（高天原）的统治者天照太神“如大明中天”，最后再到人间世界即“丰苇原中国”的统治者琼琼杵尊。由此可见两国皆重“中”。闇斋甚至将“中”定位为：“盖上下四方，唯一理而已矣。”由此发出“故神圣之道，不约而自符合者，妙哉矣”的结论。

那么此“中”又是如何被运用到政治思想中的呢？也即闇斋是如何通过“中”阐述君臣之道？

三 “中”之君臣之道

闇斋在解释《中臣祓》时说道：“嘉闻之，中者天御主尊之中，此为君臣之德。此祓述君在上治下，臣在下奉上，而不号君臣祓者，以其德称君而表君臣合体守中之道，以号中臣祓者也。”[①] 闇斋将《中臣祓》中的“中”理解为“天御中主尊”之“中”。《中臣祓》讲述的是“君臣之德”，换言之，可以将《中臣祓》称为“君臣祓”。但问题是：为什么将“中”换为“君”，即为什么只换了“君”这个字，而没有变“臣”呢？田尻祐一郎认为，虽然在闇斋的文献中找不到明确的理由来进行回答，但正如“臣在下奉上”这句话所表现的那样，君臣关系并非相互的、契约型的关系，而是强调在下侍奉之人者为臣。由此可见，这里只换“君”而“臣”这个字不变，与这些问题不无关系。[②]

另外，闇斋还说：“中者，君臣相守之道也，故为君臣之两祖矣。”[③] 但结合上文“君在上治下，臣在下奉上”一句，可见这里虽说“中”是“君臣相守之道”“君臣之两祖”，但在君臣关系中，闇斋更为强调的仍是臣子之道。正因为如此，闇斋虽将“中”看作神儒在道之源头上契合的一个根本点，但对“中”在政治世界中的理解显然与朱子的解释大为不同。

---

① 日本古典学会编『山崎闇斎全集』第 5 卷，東京：ぺりかん社，1978，第 364 頁。

② 田尻祐一郎：『山崎闇斎の世界』，東京：ぺりかん社，2006，第 252 頁。

③ 日本古典学会编『山崎闇斎全集』第 5 卷，東京：ぺりかん社，1978，第 364 頁。

实际上，关于“中”在政治思想上的具体运用，最明显地体现在他对猿田彦神、“汤武革命”以及《拘幽操》的分析上。

（一）猿田彦神之守“中”的含义

关于猿田彦神，在《古事记》和《日本书纪》中都能找到相关记载。他在天孙降临时负责地上的迎接事宜。天孙的降临意味着神由天上来到人间，开始人间的统治，因此他和天孙之间的关系也可被认为是人间世界君臣之道的开始。

闇斋认为，猿田彦神体现了作为“日守木”的身份角色。何谓“日守木”？他说“臣奉防护君，是乃日护木也”[①]，即指臣在下侍奉、守护在上之君的意思。猿田彦神负责引导天孙体现了守护君主之道，也即实践了“守中之道”。恰如孙传玲所言：“猿田彦神奉命迎接天孙降临，为之指导路途，其中便体现了‘日守木之秘诀’，体现了‘守中之道’。”[②] 而之所以说猿田彦神守“中”，是因为他体现了“敬”，所以闇斋说：

> 盖关之天地之间，土德之翕聚而位于中也，四时由此而行焉，百物由此而生焉。此倭语土地之味，土地之务之谓。所以训敬字也。[③]

“土德之翕聚”而“位于中”，四时百物则由此而行、由此而生，闇斋认为这是日语中“土地”的意思，因此以“土”训“敬”。显然，在这里闇斋将“土”与“中”以及“敬”明确地关联在了一起。他又说，“猿田彦神得土德而为天下之先达”[④]，由此可见闇斋将猿田彦神定位于得土德之神，正如上文所说，“土德之翕聚而位于中也”，也即他体现了中，守了中。此外，土又具有“敬”的意思。换而言之，猿田彦神是有“敬”的守“中”之体现者和实践者。故而田尻祐一郎认为“中”之道也就是“敬”之道。[⑤]

---

① 日本古典学会编『山崎闇斎全集』第 4 卷，東京：ぺりかん社，1978，第 310 頁。

② 孙传玲：《山崎闇斎对朱子“中和”思想的受容》，《东疆学刊》，延边大学出版社，2016 年第 3 期。

③ 日本古典学会编『山崎闇斎全集』第 1 卷，東京：ぺりかん社，1978，第 60 ~ 61 頁。

④ 近藤啓吾校注『垂加神道』上，東京：神道大系编撰会，1984，第 41 頁。

⑤ 田尻祐一郎：『山崎闇斎の世界』，東京：ぺりかん社，2006，第 254 頁。

闇斋认为“中”与“敬”是不即不离的关系。①

闇斋正是通过对在日本的人间政治世界中第一位出场的臣子猿田彦神的分析，确立了臣道之“中”与“敬”的内在融通之义。可以说这正是闇斋理解的臣道的基本含义。那么，在已然成形且成熟的政治世界的君臣关系中，此“中”之君臣之道又是如何坚持和发展的呢？

（二）对于“汤武革命说”的立场

“汤武革命说”可以说是影响中国政治理论最为重要的一个理念。它出自《易·革·彖辞》中“天地革而四时成，汤武革命，顺乎天而应乎人”。众所周知，对此事孟子是持赞成态度的。

> 齐宣王问曰：“汤放桀，武王伐纣，有诸？”孟子对曰：“于传有之。”曰：“臣弑其君可乎？”曰：“贼仁者谓之贼，贼义者谓之残，残贼之人，谓之一夫。闻诛一夫纣矣，未闻弑君也。”（《孟子·梁惠王下》）

不难发现，孟子站在道德的角度，认为汤武革命是顺乎天应乎人，放伐革命之道是对无德之君的惩罚。此后，中国的主流思想对此革命说基本上都是持肯定态度。但是，对孔孟以及朱子推崇至极的闇斋，对“汤武革命说”却表达了不同的意见。他否定孟子的汤武放伐主张，说道：

> 嘉尝论曰，《易》曰，汤武革命顺乎天应乎人，而《论语》独谓武未尽善，而《集注》合汤言之者何耶。夫汤曰放焉，武曰伐焉，革命之权虽同而放之与伐则异矣。此所以独谓武欤。孟子答齐宣问汤武放伐曰，诛纣而不及桀，盖亦此之由也。然伊尹之放太甲也，权而尽善者也。汤放桀而得天下，则虽有放伐之异，而遂与武王同矣。此所以合汤言之。②

在此，闇斋认为，汤武革命一说在《周易》中的表述是：“汤武革命顺

① 对闇斋与朱子之“敬”的具体分析，可参考板东洋介《近世日本对“敬”的受容与展开——以中江藤树、山崎闇斋为中心》，《福州大学学报》（哲学社会科学版）2014年第2期。

② 日本古典学会编『山崎闇斎全集』第2卷，東京：ぺりかん社，1978，第283頁。

乎天应乎人。”但孔子在《论语》中只说周武王未尽善，没有谈及商汤，朱子在《集注》中却连同商汤一起评论①，原因何在？《孟子·梁惠王下》在谈论汤对桀的斗争时用的是“放”字，议论武对纣的反抗时用的则是“伐”字，虽然在使用权宜之计也即革命手段这点上两者是一致的，但“放”“伐”两者毕竟仍有不同。《论语》中孔子言周武王不谈商汤，也即只有“伐”没有讲“放”。又如齐宣王问孟子是不是有“汤放桀，武王伐纣”这件事时，孟子回答时却只说“闻诛一夫纣矣”，没有谈到桀，即“诛纣而不及桀”，也是只谈“伐”未论“放”。闇斋认为其缘由就在于“放”与“伐”的不同。此外，“放”与“伐”固然不同，但“放”本身也需区分不同情况，比如“伊尹之放太甲也，权而尽善者”。太甲继位之初，由伊尹辅政，但太甲不守成汤法典，失去为君之道，于是伊尹对其进行劝诫，但太甲并未听从，于是“伊尹曰：‘兹乃不义，习与性成。予弗狎于弗顺。营于桐宫，密迩先王其训，无俾世迷。’”（《尚书·太甲上》）伊尹把太甲放置到桐官（桐官是成汤的墓陵之地），使太甲亲近商汤的墓陵之地，朝夕哀思，最终太甲兴起善性。闇斋认为伊尹放太甲虽是权宜之计，却是“尽善者也”。因此在评判商汤和伊尹两个人的行为时虽然用的都是“放”，但“汤放桀而得天下”与“伊尹之放太甲”不同，前者为未尽善，后者为尽善。所以在闇斋看来，“汤放桀”而得天下这件事，“虽有放伐之异而遂与武王同矣”。两者在本质上是一致的，都违背了为臣之道。

此外，闇斋试图将朱子对汤武革命的态度解读为含有“微意”。先看朱子关于“汤武革命说”的原文。朱熹认为：

> 尧舜之禅授，汤武之放伐，分明有优劣不同，却要都回护教一般、少间便说不行。且如孔子谓“韶尽美矣，又尽善也；武尽美矣，未尽善也”，分明是武王不及舜。文王“三分天下有其二，以服事殷”，武王胜殷杀纣，分明是不及文王。……若以圣贤比圣贤，则自有是与不是处，须与它分个优劣。今若隐避回复不说，亦不可。又云，如“可与立，可与权”，若能“可与立”时固然好，然有不得已处，只得用权。盖用权是圣人不得已处，哪里是圣人要如此。②

① 详见下文《朱子语类》卷五十八。

② 黎靖德编，王星贤点校《朱子语类》卷五十八，中华书局，1986，第1365页。

朱子认为与尧舜之禅让相比，汤武放伐显然略逊一筹。如“孔子谓‘韶尽美矣，又尽善也；武尽美矣，未尽善也’”很明显是说“武王不及舜”；又“文王‘三分天下有其二，以服事殷’，武王胜殷杀纣”也分明是说武王“不及文王”。因为都是以圣贤进行相互比较，所以总会有是与非、优与劣之分。在朱子看来，汤武放伐虽不是上上之选，但也是不得已的权宜之计，所以他说“有不得已处，只得用权”，又说“用权是圣人不得已处，哪里是圣人要如此”，以此为周武王辩护。由此可见，朱子并不反对汤武放伐。但闇斋对此有进一步发挥，他指出：

> 朱子尝论汤武优劣而又称易安诗，则亦可以见其抑扬之微意矣。又曰周虽旧邦，其命维新，而服事殷，此文王之至德，天地之大经也。汤武革命顺天应人是古今之大权也。三代之后，汉唐宋明称之盛世。然普天王土，率土王臣，则汉高非秦民乎？唐高非隋臣哉。宋祖名族不周元之臣民乎哉？孔子谓武未尽善亦殷之臣也。夫天吏犹不免斯议，矧汉唐宋明权谋之主乎？其间汉光武之起也，其义最正而贤于汤武之扬矣。予故曰，以征伐得天下不愧于天地者，独光武耳。①

也就是说，闇斋认为，朱子虽曾多次讨论汤武优劣，似乎对汤武放伐表现出了明确的赞许之意。但朱子又称许易安（指李清照）的诗（指“‘两汉本继绍，新室如赘疣’云云。‘所以嵇中散，至死薄殷周。’中散非汤武得国，引之以比王莽。如此等语，岂女子所能”②）。在此诗中，李清照将汤武得国比之于王莽，闇斋将朱子对此诗的“如此等语，岂女子所能”理解为“称许”。因此认为朱子对汤武放伐有“微意”。随后又引文以赞扬文王固守臣德之至德，从而得出汤武革命顺天应人是古今非常重大的权宜之计的结论。但纵观历史，三代之后，虽有盛世汉唐宋明，然而汉代之普天王土、率土王臣不过是秦土秦民，汉高祖是秦民，唐高祖亦是隋臣，以宋高祖为首的南朝名族说到底也是周元之臣民。又如孔子“谓《武》，尽美矣，未尽善也”，对武王之“未尽善”等皆是站在前朝之臣的角度上立论。因此，在闇斋看来，即便如周武王等天吏也难逃此诘难，更何况是以权谋为

① 日本古典学会编『山崎闇斎全集』第2卷，東京：ぺりかん社，1978，第283頁。

② 黎靖德编，王星贤点校《朱子语类》卷五十八，中华书局，1986，第3332页。

主的汉唐宋明？至此，闇斋将从三代以后的历史，对汉唐宋明等朝代君主得天下颇有微辞，并加以否定。但独有一人，闇斋是极为欣赏和认可的，即汉光武帝。他认为在三代以下的朝代更替中只有汉光武帝的起义是“义最正而贤于汤武之扬”。所以他说“以征伐得天下而不愧于天地者，独光武耳”。其原因闇斋虽然没有言明，但读者不难理解，那是因为汉光武帝起义是光复刘姓的天下之举。总之，闇斋认为，中国历史上除了汉光武帝的武力征伐是正义的之外，其他各个朝代的武力征伐、异姓革命都是非正义且违背为臣之道的行为，都应该加以否定。

显然，在闇斋看来，不管是通过汤武放伐也好，还是经过历朝历代的革命也罢，尽管最后有幸成了一国之君，但他们各自在成君之前的身份都不过是历代前朝的臣下，从臣下的角度上来看都违反了侍奉、守护君主的基本职责，也即都违了“中”之道。因此，即便如汤武放伐，虽然源于君主无道，但作为臣下在遇到哪怕是桀纣这样的君主时，也要紧守为臣之“中”，不仅要“敬”，还要以“忠”侍君，绝不能反君乃至革君。也就是说，在这里除了“敬”之外，“忠”并且是绝对之“忠”，也进入了“中”之道的视域。这一点在他对《拘幽操》的说明中表现得更为淋漓尽致。

（三）对《拘幽操》的推崇与为臣之道

闇斋赞许文王的为臣至德，强调为人臣对于君主的绝对服从。这种思想可以通过闇斋对《拘幽操》的大力推崇得到佐证。现抄录《拘幽操》原文。

> 目窅窅兮，其凝其盲；
> 耳肃肃兮，听不闻声。
> 朝不日出兮，夜不见月与星。
> 有知无知兮，为死为生。
> 呜呼，臣罪当诛兮，天王圣明。①

这里侧重描绘了文王被纣困于羑里时的不自由状态，如“目窅窅兮，其凝其盲”，“耳肃肃兮，听不闻声”，又如“朝不日出兮，夜不见月与星”。

① 日本古典学会编『山崎闇斎全集』第4卷，東京：ぺりかん社，1978，第125頁。

但文王对造成自己困境的纣王却毫无怨恨之心，而以一句“呜呼，臣罪当诛兮，天王圣明”，将文王受拘却仍罪责自己而赞颂天王（纣）那种对君王至敬至忠的态度表现得淋漓尽致。而恰是这一句，曾受到程子和朱子的好评[①]，闇斋更是对此赞赏有加。

闇斋引用程子之语：“程子曰，韩退之作里操云，‘臣罪当诛兮，天王圣明’。道得文王心出来，此文王至德处也。”[②] 并称《拘幽操》为“天下之大经，万世之臣极”，进而援引《礼记》“天先乎地，君先乎臣”一语，以天地之先后表明君臣之序。又接着引“坤”卦之六二“敬以直内”、《大学》“在止于至善”、“为人臣，止于敬”等，强调君臣上下之序与人臣之敬。接着又援《泰誓》“予弗顺天，厥罪惟钧”。由此表示武王伐纣的行为是泰伯、文王之所讳，伯夷、叔齐之所谏，因此孔子“谓《武》，尽美矣，未尽善也”。到朱子时才“更转语说得文王心出”（《朱子语类》卷十三“学七”），如此才使得“天下之为君臣者定矣”。因而“看来臣子无说君父不是底道理，此便见得是君臣之义处”。如此一来，更加坚定了闇斋对君臣关系的认识，即“君臣大义名分是天经地义的……臣对君只能是敬，而不能放伐，更不能革命”[③]，这一步可谓走到了君臣之道的极致。

闇斋通过猿田彦神之守“中”揭示为臣之道，进而反对汤武革命说，赞赏《拘幽操》中所描述的文王至德，都是从他将“中”理解为“君臣合体守中之道”这一思想中延伸出来的。这同时也体现了他推崇万世一系的天皇的倾向。从他否定汤武，进而否定中国历史上的所有改朝换代之革命（除特例汉光武帝外）的立场中可以看出，他所认同的理想世道是不改朝不换代的，而日本万世一系的天皇便是实现这一理想政治的前提。换句话说，闇斋的理想君主是天皇，而非当时的掌权者德川将军。因为如果以当时德川将军的统治为理想政治，他就无法既否定因革命产生的朝代更替，同时又肯定镰仓政权、室町政权以及江户政权的世代变动。

---

① 黎靖德编、王星贤点校《朱子语类》卷十三：“问：‘君臣父子，同是天伦，爱君之心，终不如爱父，何也？’曰：‘离畔也只是庶民，贤人君子便不如此。’韩退之云：‘臣罪当诛兮，天王圣明！’此语，何故程子道是好？文王岂不知纣之无道，却如此说？是非欺诳众人，直是有说。须是有转语，方说得文王心出。看来臣子无说君父不是底道理，此便见得是君臣之义处。”（中华书局，1986，第 233 页）

② 日本古典学会编『山崎闇斎全集』第 4 卷，東京：ぺりかん社，1978，第 125 頁。

③ 王维先：《日本近世儒学者的汤武放伐论》，辽宁大学日本研究所《日本研究》2003 年第 1 期。

闇斋的理想君主是天皇，但同时闇斋从对臣子猿田彦神与天孙之间的关系的说明，经“汤武革命论”，到推崇《拘幽操》等，建构了一套绝对的上下秩序，实际上为德川将军与大名以及各级武士，乃至其他社会身份等级之间的主从结构的统治提供了下对上绝对服从的君臣理念。也就是说，他一方面推崇天皇的权威，为幕末的“尊皇论”，以及后期国体思想的发展提供了思想资源；另一方面又在客观上为德川政权在理论上提供了维护上下秩序的有效性保障。这种看似矛盾的理论恰好反映了江户政治结构的双重性。但不管是双重的政治结构还是以天皇为君主的政治理念，重要的仍旧是下臣子之守“中”这一构想。

结　语

综上所述，以“神儒妙契”思想为背景，通过追溯此思想的提出，我们发现了闇斋以“中”为神儒不约而符的契合点。他一方面摘录朱子的学说编纂《中和集说》；另一方面又结合《中臣祓》的“中”而作《垂加中训》，将“中”理解为“君臣之道”（正确来说应该是“臣之道”）。

神道思想之人物猿田彦神与“汤武革命论”、《拘幽操》中的君臣之道的结合，丰富了“中”的内涵。对闇斋而言，如果说猿田彦神是表现“中”之道的起点，代表了臣对君的守护，体现了臣对君的“敬”，那么对“汤武革命论”的否定以及对《拘幽操》的褒扬就是其政治思想的展开过程之一，逐步将此“中”所体现的“守护”转化为对君上的绝对服从与忠敬，缔造了君臣之间永不可僭越的坚固围墙，将臣对君的侍奉推演到绝对之境。因此可以说，来源于“神儒妙契”的以“中”为核心的君臣之道，通过注入“敬”，再加上“忠”，诠释了绝对的为臣之道的政治思想。这一“绝对”既可以成为幕末尊皇论的思想资源，同时又是德川体制中所有上下等级的君臣关系规范。

An Analysis of Yamazaki Ansai's Thought of "Unity of Shinto and Confucianism"
—Centered on the Interpretation of "Zhong"

Abstract: The "unity of Shinto and Confucianism" is a very important part of Yamazaki Ansai's thought. This article analyzes the role of "Zhong" in "Mythical Ties" and its use in political thought, using "Zhong" as an entry point. Yamazaki Ansai believes that "Zhong" was one of the conjunction points between the ancient "Sacred Shindo" of China and Japan. Through his analysis of Saruta Hikigami, he established the "Zhong" and "Respect" of the "Officials Morality", together with the explanation of the "Tangwu Revolutionary Theory" and the "Ju You Cao", transformed this "Zhong" into absolute "loyalty" to the ruler. It is thus revealed that Ansai was both an advocate of the emperor of Manseh and an intellectual resource for the development of Japan's later nationalistic ideology. At the same time, it objectively provided ideological support for Tokugawa regime to maintain the order of the upper and lower levels. This reflected the duality of the political structure of the Edo period.

Keywords: Yamazaki Ansai; Ansaiunity of Shinto and Confucianism; Zhong Respect Loyalty

中江兆民的“自由”概念*

——以《民约译解》中的翻译法为中心

常潇琳**

【摘　要】近代初期，西洋的“liberty”概念传入东方。该词在引入东方时存在翻译上的困难。面对这样的困难，日本明治时期的自由民权思想家中江兆民借用了“格义法”，巧妙地利用译语原本的意蕴在翻译中表达了自己对卢梭独特的理解。本文以《民约译解》为核心文本，着重分析了中江兆民所使用的“趣舍由己”和“自守”两种译法，意在剖析其格义意背后所隐藏的中江兆民的思维逻辑和东方式近代化的政治建构设想。

【关键词】中江兆民　社会契约论　自由　翻译法

1. 引言

18世纪中叶西学东渐，日本的国门率先被打开。随着开国和维新的运动，对西方思想文化的吸收也如火如荼地展开起来，而学习吸收西方文化的第一步就是翻译西学著作。在大量翻译西方典籍的过程中，对于许多原本在东方语言中所没有的词汇，日本的学者们使用汉字创造出许多“和制汉语”①。譬如我们今天所熟知的“社会”“国家”“民权”“自由”等都是这样的“和制汉语”。然而这些词的词义并不能直接通过汉语或者日语去理

---

* 本文系国家社科基金重大项目“日本朱子学文献的编纂与研究”（项目批准号：17ZDA012）阶段成果之一。

** 常潇琳，日本东京大学法学与政治学研究科，博士研究生。

① 指由日本人创造出来的汉语词。

解，而译语所对应的西学词汇则有其原本的文脉，这样的译语对于读者而言并不容易理解。

面对这种翻译上的难题，人们自然而然地尝试从历史经验中寻求借鉴。事实上，历史上确有成功翻译案例：印度佛教思想进入中国之初，译者往往通过“格义”的手段，使用儒家、道家等中国文化传统中固有的词对佛学思想进行传译，传译中也自然地将这些词背后的儒家、道家义理糅入其中，使得佛教词汇在原本意义的基础上扩大开来，最终形成了中国自己的佛教。

与此相应，明治时期的思想家们在翻译西方典籍时，除了使用新制造的和制汉语外，还努力尝试使用固有词汇进行翻译。这主要包括两种方式：尽量尝试以传统大和词汇进行翻译，以及使用固有汉语词汇进行翻译。前者以福泽谕吉为代表，而后者则以中江兆民为代表。

由于中江兆民所选用的固有汉语词汇常有所典出，其背后蕴藏着汉籍中所固有的思想背景，在使用这样的译语进行翻译时，中江兆民往往代入自己的思考，用东方传统的思考方法来理解和改造西方思想，也因此，这种翻译方法与“格义”法最为接近。并且，中江兆民是有意识地使用这种方法的。中江兆民本身酷爱佛学典籍，认为淬炼翻译之术，有必要精研佛教经典的翻译。① 中江兆民曾说：“日本的文字乃汉字。日本的文章乃汉文的简写，不知汉字之用法便不能写作，从事翻译如随便用一些粗俗的熟语便不堪卒读。并非没有适当的译语，不过没有汉字的素养而不知道罢了。”②

在中江兆民的代表性译作《民约译解》中，中江兆民就有意识地使用了这一翻译方法。作为卢梭《社会契约论》的译本，《民约译解》中最核心的概念就是“自由”，本文将就“liberté”一词的“格义”式译法展开分析，通过分析格义用法背后所隐含的意蕴，来阐明中江兆民对“liberté”概念的理解和改造。

① 中江兆民曾说过：“我是修习法兰西学的，要从事大量的翻译，而要真正地翻译必须熟悉中国的翻译文。要学习中国的翻译文字文体没有比佛经更好的了。因此，首先先研究一两年佛经，然后再执笔翻译法兰西学。”（石黑忠悳：『況翁閑話』，東京：博文館，1901，第50頁）

② 幸德秋水：「文士としての兆民先生」，『幸德秋水選集』第一卷，東京：世界評論社，1948，第109頁。

2. “自由”的翻译之难

如前所述，在翻译西方思想时选择合适的译语相当困难，人们不得不创造出许多新的“和制汉语”来进行表述。“社会”、“国家”和“自由”等词在中江兆民活跃的明治中期已经逐渐被固定下来。不过，相对而言，“自由”一词更加具有特殊性。

这是由于，不同于“社会”等词，“自由”作为词组已经在古汉语中存在。[①] 虽然在古代文献的少数用例中也有自在逍遥的积极正面的词义[②]，然而大多的史料典籍中多是取“威福自由”“任性自专”的负面消极词义。[③] 就近代意义上的“自由”词义而言，中国最初在“liberty”的意义上公开使用“自由”一词，是1895年严复发表的《论世变之亟》一文。[④] 然而早在幕末时期，德川幕府与西洋的文书往来中就有了“自由”的译法，正是由于该词原义的复杂性，之后的许多日本学者如福泽谕吉等人指出该词的不妥之处[⑤]，然而在中江兆民翻译出版《民约译解》（即卢梭的《社会契约论》）的19世纪七八十年代，积习成俗，“自由”作为“liberty”的翻译语还是被渐渐固定下来。[⑥]

不同于大多数的西方典籍译作，中江兆民翻译的《民约译解》一书使用流畅优美的古汉语。在翻译词汇的选择上他避免了在当时社会上已经流行和固定下来的许多“和制汉语”，如“社会”“国家”“主权者”等，而

① 在中国的文献中，“自由”一词，首见于后汉时期，赵岐的《孟子·公孙丑下》注中有：“进退自由，岂不绰绰然舒缓有余裕乎!”此外，亦见于《后汉书》“阎皇后纪”：“于是景为卫尉，耀城门校尉，晏执金吾，兄弟权要，威福自由。”

② 多出现在宗教典籍中，如《临济录》“示众篇”中“生死不染，去住自由”“被他万境回换不得自由”等。

③ 譬如东晋袁宏《后汉纪·后汉光武帝纪卷五》中有“冯异在关中久，求还京师，上不听。有人上书言冯异专制关中，威福自由，号‘咸阳王’”等。

④ 参考手代木有儿「清末における「自由」——その受容と変容」，日本中国学会报第四十集，1988。

⑤ 福泽谕吉在《西洋事情二编》卷之一的例言中对该译语进行了详细说明，参看『福沢全集1』『西洋事情二編』卷之一，東京：时事新報社，1898，第3~4页。此外，西周、加藤弘之等学者在翻译中也选择尽量避免“自由”二字。参考柳父章『翻訳語成立事情』，東京：岩波書店，1982，第178頁。

⑥ 譬如在1872年，中村正直翻译了密尔的《论自由》，并以《自由之理》之名出版，该书直接以“自由”为题名，介绍西方的自由思想。

使用了单个的汉字，如“民”“官”“君”等。然而不同于上述简单的替换，“自由”一词的使用在其书中表现出相当复杂的形态。

3.《民约译解》中的“自由”

中江兆民并没有回避使用“自由”二字。《民约译解》对“自由”二字的使用分为两种情况。一者是“威福自由”这样的古汉语中原有使用方式，并且语境中的意思也同古汉语一样是负面的。[①] 二者是在“liberty”意义上的“自由”，中江兆民多是在连用的情况下使用的，譬如“自然之权”、“天命之自由”、“人义之自由”和“心之自由”等。[②] 由此可见，中江兆民对“自由”一词的使用同样是相当谨慎的。

如同上节所析，“自由”一词在翻译中确有其困难。而使用古汉语语境的中江兆民更是要设法将原本为东方所无的“自由”引入，同时要保证其不与东方传统的思维模式发生龃龉。

事实上，笔者认为在“自由”一词的翻译上，中江兆民正是借用了这样的“格义法”，巧妙地利用译语原本的意蕴，在翻译中表达了自己对卢梭独特的理解。在《民约译解》一书中，对照“libre”或“liberté”的词义，中江兆民选用了不同的词进行翻译。对此北京大学的彭姗姗曾予以总结，即：“各自相守不相羁属”、“自主之权”、“趣舍由己不仰人处分”、“自由权”或简称“权”、“民主”、“自由”六种。彭姗姗对这些用法进行了分类，并着重讨论了“自由权”这种用法。[③]

不过，从“格义法”上来讲，笔者所关注的恰恰是一直被忽略的“趣舍由己不仰人处分”、“各自相守不相羁属”（“自守”）这样两种译法。那么，通过这样两个早在中国经典中就出现过的词，中江兆民对“自由”进行了怎样的改造，这背后又体现他如何对卢梭的自由思想进行理解的呢？

下面，我们具体地分析一下这两种译法。

---

① 如“即帝王之贵，虽威福自由”（『中江兆民全集』卷一，東京：岩波書店，2000，第75頁）。

② 除却上述作为连用词的使用情况，“自由”二字在《民约译解卷之一》中出现仅有数次，如“即帝王之贵，虽威福自由”（『中江兆民全集』卷一，第 75 頁），“不如夺其自由之为愈也”（第 87 页），“弃自由之正道也”（第 102 页）等。

③ 彭姗姗：《半部〈社会契约论〉：中江兆民对卢梭的翻译与阐释》，《中国学术》总第 28 期，2011 年 4 月。

4. “趣舍由己，不仰人处分”

该译法出自《民约译解》第一卷第一章首句，即“人生来是自由的，却无处不身带枷锁”的译语。[①] 中江的译法是：“昔在人之初生也，皆趣舍由己不仰人处分，是之谓自由之权，今也天下尽不免徽纆之困。”

中江的译法表面上看来与原义并没有什么出入，然而当我们对“趣舍”一词背后的格义进行深究，则会发现中江兆民对于“自然的自由”之理解是与卢梭根本相异的。

“趣舍”一词出自《庄子外篇·天地》最末一段：

> 百年之木，破为牺尊，青黄而文之，其断在沟中。比牺尊于沟中之断，则美恶有间矣，其于失性一也。跖与曾、史，行义有间矣，然其失性均也。且夫失性有五：一曰五色乱目，使目不明；二曰五声乱耳，使耳不聪；三曰五臭熏鼻，困惾中颡；四曰五味浊口，使口厉爽；五曰趣舍滑心，使性飞扬。此五者，皆生之害也。而杨、墨乃始离跂自以为得，非吾所谓得也。夫得者困，可以为得乎？则鸠鸮之在于笼也，亦可以为得矣。且夫趣舍声色以柴其内，皮弁鹬冠搢笏绅修以约其外。内支盈于柴栅，外重纆缴睆然在纆缴之中，而自以为得，则是罪人交臂历指而虎豹在于囊槛，亦可以为得矣！

该段中，庄子先举了大树被制作成“牺尊”和“断在沟中”，虽然命运有异，然而“于失性一也”的例子和恶人盗跖与好人曾参、史鳅虽然在行为上有不义与义的区别，然而“其失性均也”。随后，庄子列举出五种使人“失性”的障碍：五色乱目、五声乱耳、五臭熏鼻、五味浊口、趣舍滑心。趣舍与五色、五声、五臭、五味一样是对人心的一种诱惑和扰动，人常以为可以随心所欲地满足各种欲望是为“得”，然而庄子明确指出，这种“得”并非他所理解的“得”。这种“趣舍声色”的欲望恰恰是人心的枷锁，使人成为欲望的奴隶。

---

① 李平沤译版，法语原文是：“L’hommeest né libre，et partoutilest dans les fers.”

熟知深玩《庄子》的中江兆民选用这样一个词来对自然状态下的“天命之自由”进行阐释，显然大有深意。“趣舍由己”表面上强调这种天然的自由的无限性，内里包含的对这种“趣舍”的警惕直接可以指向道德的自由。事实上，卢梭提到道德的自由时写道：“只有这种自由才能使人真正成为他自己的主人，因为，单有贪欲的冲动，那是奴隶的表现，服从人们为自己所指定的法律，才能自由。”① 这与引文中庄子的思想是相通的。然而就《社会契约论》一书而言，卢梭论述的重点从来不在于“道德的自由”，在上述引文之后他紧接着说道：“不过，在这一点上，我已经讲得太多了，何况‘自由’这个词的哲学意思，在这里不属于本书的讨论范围。”② 而就文本而言，此处开篇第一句对于自然状态下自由的描述，卢梭应当是站在自然法的立场上伸张人的自然权利，而无意表达对自然状态的道德要求。

那么为什么中江兆民在此处要进行这样的改造呢？

笔者认为，这是由于中江兆民虽然需要借用卢梭的理论为自由民权而奔走，然而从理论上说他并不接受基于自然法的政治理论，同时并不推崇自然状态的自由。比如，中江做过如下表达，“视之曩者昏昏芒芒，与草木俱长，与鹿豕俱生，绝无自修，相胜不甚远乎”“我侪得出禽兽之境，而入人类之域”（第一卷第八章）等。这对于同样身受东方文化熏陶的我们来说并不难理解：上古蛮荒，人与草木禽兽聚生，圣王出才构建出人类的文明政治。

可以说，虽然中江兆民需要借用卢梭自由思想为自由民权的斗争性服务，然而从背后的思维逻辑来看，我们可以清楚地看出中江在理解卢梭时，并没有全盘接受卢梭基于自然法的思考方式，中江对于自己的逻辑体系十分清醒。在他看来，作为第一义的并非“自由”“民权”，而是“理义道德”。或许正是如此，中江在翻译时将其想法隐晦地表达在其格义的翻译法中，待读者细读深品。

此外，我们可以将中江兆民的社论《民权论》一文中对“趣舍由己”一词的用法稍做说明，以做参考对照。

《民权论》发表于《民约译解》正式发表前的明治11年8月20日出版的《奎运鸣盛录》杂志二号里。在文中，中江兆民首先使用“趣舍由己之权”来定义“民权”：“夫民权者谓趣舍由己之权。是以官设法令，则我判

①② 〔法〕卢梭：《社会契约论》，李平沤译，商务印书馆，2011，第25页。

其可否；官宣交战，则我量其资粮；官讲和平，则我缔其盟约；官征租税，则我定其员额。”在中江兆民看来，他所呼吁的“民权”就是民众得到“趣舍由己之权”，亦即人民的“自由权”，这样，中江兆民通过“趣舍由己之权”把“民权”和“自由”联系到一起，并创造出“自由权”一词。也就是说，“自由权”表现为一种权利的行使，即表现在民众参与政治的实践上。

不过，该文的论述重点却并不在于呼吁民权，而在于昌明“政教”，亦即道德教化。文章写道：“今之论者皆曰民权民权，其意以为西土各国如此其强也，教化如此其昌也，此皆其民权之所致，因欲遽效之，何其不思之甚也！夫民权出自政教，非政教出自民权也。”“盖政教体也，民权用也。政教之于民权，犹刀刃之于锐利，刀刃磨而后锐利，政教具而后民权盛隆。未闻刀刃生于锐利矣，岂有政教出于民权哉?”中江兆民明确了政教与民权的本末关系，还用到了范缜《神灭论》中刀刃与锋利的一组关系来进行类比。可见，中江兆民虽然极力地呼吁自由民权，但在他的理解中，道德教化才是根本，而自由、民权作为一种良好的政治形式，是在道德教化之本昌明后的发用。

在上述这种根本认识的基础上，中江兆民再次强调了：“虽然，民权原权也，天下之事，莫不关系焉。”在他看来，上古之世，民智未开，未得以参与政治，如同人的婴儿阶段，而“今天子明圣，宰相百僚皆一世之英杰。顷者设府县会议，将以令众庶渐习郡国事物，其如是，则自今十数年，制度益备，文艺增进，然后趣舍由己，可得而望也”。

就这篇社论而言，此处使用的“趣舍由己”所指代的“自由”是与“民权”处于同一相位的，而它们都是在“政教”昌明之后的发用，而并非第一义的根本。而要达到“趣舍由己，可得而望也”这样的结果，则需要“设府县会议”这样的设置议会等政治制度建设与“众庶渐习郡国事物”“文艺增进”这样的开发民智、启蒙民庶道德之后才能设想。换言之，中江兆民在此处所说的“趣舍由己”指的是在社会契约基础上的“社会的自由”与“道德的自由”。可以说，以卢梭的自由理论为参照系来看，此处的“趣舍由己”与《民约译解》中的使用方式（翻译“自然的自由”）是处在不同层面上的。不过，从中江兆民的思维构造来看，这两处的思维逻辑是一以贯之的，也即道德政教为根本，民权自由为发用的儒学思维模式，从这一层面也毋宁说《民权论》中的“趣舍由己”表达的是一种“从心所欲不逾矩”的道德境界。中江兆民不加区别地使用“趣舍自由”一词，或许正反映出在中江兆民的体系中他并没有为基于自然法的“自然的自由”预留单独存在的空间。

5. “自守”

对于“*liberté*”一词的翻译，在“趣舍由己”之外，《民约译解》中另外一个引起笔者注意的则是“自守”这一译法。

在论述到父子关系时，中江兆民用到“自守”“各自相守不相羁属”这样的译语，这其中颇有值得推敲的部分，而被历来研究者所忽略①。该语出自《民约译解》第二章“家族”。为了阐释方便，有必要引述原文如下。

李平沤版汉译：

> 在所有各种各样的社会中，最古老而又唯一是自然形成的社会，是家庭。孩子只有在他们需要父亲养育他们的时候，才依附他们的父亲，而一旦没有这种需要了，他们之间的自然联系便宣告解体。孩子解除了他们对父亲应有的服从，而父亲也免除了他对孩子应有的关怀，双方都同样进入了独立状态。如果他们还继续联系在一起的话，那就不再是自然的，而是自愿的，这时，家庭本身便只有靠约定来维系。
>
> 这种人人都有的自由，产生于人的天性。人的天性的首要法则是保护他自己的生存；他首先关心的，是照护好他自己。一当他到了有理智的年龄，那就只有他本人才能判断应当采用何种方法才最能维护他的存在。从这个时候起，他就成为他自己的主人了。
>
> 从以上的论述来看，我们可以说家庭是政治社会的原始模型。政治社会的首领就好比一个家庭中的父亲，人民好比家中的子女；大家生来都是平等的和自由的，每个人都只有在对自己有利的时候才转让自己的自由。全部的区别在于，在家庭中，父亲对子女的爱表现在他对子女的关心，从对子女的关心中得到乐趣；而在国家中，首领对人

① 日本学者井上厚史在「中江兆民と儒教思想——「自由権」の解釈をめぐって」（北東アジア研究（14・15），2008，第 117 ~ 140 頁）一文中注意到“自守”一词的特殊性，然而并未进行深入挖掘。

民没有这种父爱；他所关心的是如何统治人民，他以统治人民为乐。[①]

中江兆民《民约译解》译：

人之相聚为党，其类亦蕃矣，其最首起且最自然出者，莫踰于家族焉。然子之统属于父，独在婴孩不能自存之候而已，及其年长，不复须属于父，而天然之羁纽解矣。于是为父者，不必为子操作，而为子者，亦不必承受于父，而各得以自守，此自然之理也。世之为父子者，子既长，犹与父居，每事必咨禀而后行，子固欲其如是也，非由不得已也。由是言之，家族亦因约而立者矣。且父子之所以各自守不相羁属者，天命乃使尔也。盖自主之权，天之所以与人也，故为人之道，莫重于自图其生，而其当务之急，在乎为己，不在乎为人。是以人苟成长更事，凡可以便身者，皆自择而自取之，所谓自主权也，既自主矣，虽父之尊，无得而制也。

世之欲人主专断为政者，动引家族为说。曰：“有家而后有国，君犹父也，民犹子也，君之与民，本各有自主之权，无有优劣，独为相为益，而君莅乎上，民奉乎下，而邦国斯立矣。”此言殊似近理，独奈父之于子，爱念罔极，其抚摩顾复，出乎至情，益故可得也。至于君则不然，初非有爱民之心，而其处尊莅下，特欲作威福而已，岂能有益于民哉？[②]

卢梭原文中该节的宗旨是批驳格劳秀斯对君权制的维护，这种对君权制的维护常常将家庭视为政治社会的原始模型，从而可以用父亲对儿子的绝对权力来论证君主对臣民的绝对权力，卢梭批驳此观点的论证手法是从根底上否认父亲对儿子有绝对权力，从而君主的绝对权力自然被攻破。

中江兆民对此节的翻译则做了很大的改动，他并不否认父亲对儿子的绝对权力，而将论证重点转移为君权制不正当的理由在于君对臣民无爱，故而君臣关系不可以类比为父子关系。当然，这样的论证关系成立的前提是现世的君主是暴君，对于臣民是无爱的。这样的论证手法虽然在目的上

① 〔法〕卢梭：《社会契约论》，李平沤译，商务印书馆，2011，第5～6页。

② 《中江兆民全集》卷一，第77页。

同样可以达到反对暴君绝对君权的合法性，然而却没有从根基上推翻君权本身的合理性。事实上，正如前文中所引用过的，中江兆民在此段文后加上了“解”：“汉土尧舜禹文，罗马末屈奥列，佛兰西路易第九，及就中我历代圣王，皆至仁深慈，视民如伤，不啻父母于子。此所言君，特斥暴君，读者勿以辞害意可，下多此类，不一一指摘。”中江明确地指出，圣王与民庶恰如父子之亲，圣王在位是合理合法的。

简而言之，其思维过程如下。

格劳秀斯：第一，君臣关系可以类比为父子关系；第二，由于父对子有绝对权力，最终，推出君对臣有绝对权力。

卢梭：攻击第二点，切断父与子间的绝对权力。由于父子各个自由，父对子没有绝对权力，故而君对臣没有绝对权力，这是一种理论上的完全否定论证。

中江兆民：攻击第一点，切断君臣关系与父子关系之间的类比，这里则需要附加上一个前提，君是暴君，这样就做出了一个让步。这样的让步就既满足了否定现实世界暴君的君主制，但同时保留了东方父子间的伦理道德和圣王之制的合理性空间。

中江兆民之所以这样做似乎是出于对东方文化传统中重孝因素的考量。子对父的关系在卢梭那里是自然而然的“生而自由、平等的”，然而这样“凉薄”的思考方式在当时的东方社会是无法被理解的，中江兆民对此做了让步，并选择了“自守”一词进行翻译。

中江兆民所选用的“自守”一词本有两义①，一者自保、自为守卫。具有此意的“自守”一词出自《春秋穀梁传·襄公二十九年》：“古者天子封诸侯，其地足以容民，其民足以满城以自守也。”二者自坚其操守。如汉杨雄《解嘲》：“攫挐者亡，默默者存；位极者宗危，自守者身全。”笔者认为，用此两义理解中江兆民所选用的“自守”皆可通；而就整体文义琢磨中江兆民的思考方式，则“自守”的后一种解释似乎更为圆融。后文的一处改译亦可作为旁证：在接下来的一段中中江把“他最常用的推理方法是以事实来确立权利。即使他采用另外一种更为武断的方法，也不见得于暴君有利”翻译为“每因事实以为道理，可谓助桀为虐者矣”。其中“因事实以为道理”“助桀为虐”的句子，明显带有儒家传统中以道德天理为最高旨

① 前注中提及的井上厚史只注意到了其第一义。

归的思考模式。

更进一步地说，中江兆民此处将“自由”译为“自守”的改造对于整个的中江兆民自由思想构造有着重要的意义，此处的“自守”也是中江兆民从外在的“自由权”到内在的“心之自由”的过渡。

儒学系统中对“自由”的抑制有这样一种表现：以“天”“道”“天理”这样的道德规范随时观照、警醒、抑制随心所欲的自我放逸和散漫，亦即“诚意正心”的“工夫”，这里所说的“自由”则是与内心的自我修养相关的。

如江户时代日本儒学者室鸠巢（1658～1734）所言可为代表：

> 为人则不得自由，自由则不得为人。盖宋时之谚然？此虽俗语乃为最切要之言。凡士大夫持其身，见自由与不得自由，然后应一生就卜。吾观天下之人，未有举动自由而能身立名不坠者。古称从善如登，从恶如崩，安有自由而不流于恶也？（中略）一自由而为凶人之端，一不自由而为吉人之端，不可不戒，不可不惧！①

这样的一种侧重通过自我修养的“工夫”来抑制消极词义上的“自由”的做法，正与中江兆民此处所用的“自守”一词相通，而这样的“自守”则直接会引出中江兆民所阐发的“心之自由”。在《民约译解》第一卷第八章中对“心之自由”做了如下翻译：“夫为形气之所驱，不知自克修者，是亦奴隶之类耳。至于自我为法，而自我循之者，其心胸绰有余裕。”中江兆民明显将儒家修身克己之学与卢梭所讲的“道德的自由”联系起来。这样，中江兆民通过把父子之间“自由”改造为“自守”，从而将在卢梭处单纯的人与人之间相互独立的自由状态进行改造，增添了可与儒学修养论、工夫论相联系起来的丰富意蕴。

6. 结论

《社会契约论》中卢梭主要描述了从自然状态堕入文明深渊、失去“自

① 室鸠巢：『鳩巣先生文集』，『近世儒家文集集成 13』，東京：ぺりかん書房，1991，第503頁。

然的自由”的人类，如何通过社会制度的建设确保“社会的自由”，对于“道德的自由”未暇深论。然而中江兆民的“格义法”翻译使得这两种自由发生了本质性的含义改变。卢梭所推崇的拥有“自然的自由”的自然状态，在中江兆民看来无异于“禽兽之境”。而对于原本基于社会契约而得以保障的“社会的自由”，中江兆民将其翻译为“人义的自由”，通过使用儒学的“人义”一词，为其加上了儒家“圣人之治”的理想色彩。在这种理解的基础上，中江兆民对“自由”进行了“格义”式的改造。“趣舍”的译法，体现了中江兆民对自然自由的警惕和对“政教”“道德”的重视，而“自守”的译法也改变了西方单子式的自由理念，使之与儒学的修养论联系起来。

中江兆民为什么要使用如此晦涩的“格义法”呢？首先，在东方社会自由被抑制的思想环境里，想要引入西方的自由概念，中江兆民不得不试图去衔接两种思考方式的断裂，而“格义法”就充当了这一桥梁。其次，《民约译解》归根到底仍是译作，因此基于表现形式，译者不可能自由地展开自己的想法，“格义法”的含蓄性使得这一改造并不突兀。此外，在选择使用典雅的古汉语进行翻译①时，中江兆民已经预设了他的读者层，他所期待的读者层应当是受过相当程度传统汉学教育的旧武士－新知识分子阶层。或许在中江兆民看来，只有这样的精英阶层才可以轻松读出他使用的“格义法”，也只有这一知识分子阶层才能决定日本近代化的走向，“治国平天下”。

本文从中江兆民翻译的方法论入手，以“自由”概念为例，分析了中江兆民在理解和翻译西方思想时“格义法”所起到的作用。通过上述分析，我们可以看出，隐藏在中江兆民的“格义法”背后的是他儒学式的思维模式，他所期待的依然是道德制度下的“人义”国，而“趣舍自由”“自守”仅为其例而已。通过慎重地选择译语，中江兆民对卢梭的思想进行了创造性的理解和改造。东西方文化在以儒学的思维方式接受西方思想时发生了奇妙的交汇和碰撞，这也为中江兆民独特的自由观的形成奠定了基础。

---

① 关于中江兆民为什么使用古汉语进行翻译，学界已有诸说。参考柳父章「兆民はなぜ『民約訳解』を漢文で訳したか」，『国文学解釈と教材の研究』49（10），2004年9月，第21～28頁。

Nakae Chomin's Concept of "Liberty": Focusing on the Translation Method of *The Social Contract*

Abstract: In the mid-19th century, the concept of liberty was introduced to the East. How to translate this concept correctly in the native language was a great challenge for the thinkers of that time. Chomin Nakae, a renowned liberal rights thinker, consciously borrowed phrases from Chinese classics to translate Rousseau's thought and expressed his understanding of liberty and the social contract within those phrases. In this essay, I will analyze Chomin's translation of liberty in his representative translation book, especially the phrase "*Qusheyouji*" (趣舍由己) and "*Zishou*" (自守), which have not received enough attention by the scholars yet, to exploit Chomin's unique understanding of Rousseau's idea.

Keywords: Chomin Nakae; *The Social Contract*; Free; Translation Method

西田哲学中的现象学问题

——以西田对胡塞尔与海德格尔的批判为中心

赵　森*

【摘　要】本文将西田哲学作为东西方跨文化比较中的一种范式，以西田对胡塞尔、海德格尔学说的批判，对西田哲学中的现象学问题进行论述。认为西田与胡塞尔、海德格尔的学说有着类似的问题域，在强调认识的构成性原理方面与胡塞尔类似，但两者在本原性意识结构的分析上存在分歧。他与海德格尔都批判胡赛尔现象学专注于对意识对象的讨论而忽略了意向性的存在本身。他对海德格尔的评价仅基于《存在与时间》时期给出，以其方法论为批判对象，同时表现在对时间观的批评上。西田对当时现象学的批判基于他“场所”逻辑的立场，而这一立场的形成受到他禅修活动的深刻影响。他立足东方以西方熟悉的哲学语言进行言说的策略值得借鉴。

【关键词】西田几多郎　胡塞尔　海德格尔　现象学　东西方比较哲学

引　言

当我们谈论现象学时，会面对狭义和广义的两种观念，前者专指开创者胡塞尔自己的学说，而后者指在胡塞尔提出的现象学原理或宗旨下的各

* 赵森，中共四川省委党校四川行政学院哲学教研部讲师，主要研究方向为东西方哲学比较研究、京都学派研究。

种学说形成的一种思想运动，它从20世纪初延续至当代，具有广泛的影响力，不仅波及欧洲本土，也传至遥远的东亚。中国的现象学研究肇始于20世纪70年代末，从70年代末期至80年代中期是对现象学的初步介绍和对其代表人物的思想作述评的阶段；80年代后期至90年代后期是翻译现象学的经典著作，编译现象学家的选集，对现象学进行专题研究和比较研究的阶段；而21世纪以来则是翻译出版现象学家文集乃至全集，深入展开对现象学的专题研究和综合研究，把现象学与中国的文化传统作全面比较，并寻求在此基础上建立融入中国学者自己原创思想和具有中国特色的哲学理论的发展和创造阶段。①

当代学者运用比较哲学的方法来探讨现象学与东方哲学的关系时，倾向于将胡塞尔的意识现象学与佛教唯识学进行比较，或将海德格尔的存在主义现象学与禅宗、道家、儒家思想进行比较等。在这方面我国的代表学者有倪梁康、张庆熊、吴汝钧、张祥龙等。例如十多年前，倪梁康就留意到唯识学清末民初在中国的复兴与西欧现象学的意识理论和现象学运动的同步性，认为这种时代精神和哲学运动使西方哲学中认识的任务发生了根本转变，亦指出唯识学复兴理论与现象学理论的并行性、相通性和互补的可能性，并认为从特定的角度来看，20世纪初是一个对东西方意识哲学或内在哲学都有特别意义的年代②，由此引发了其对唯识学与胡塞尔现象学的比较研究。倪梁康、张庆熊、王庆节等翻译了瑞士现象学家、汉学家耿宁（Iso Kern）的论文集《心的现象》，在该书的论文《从现象学的角度看唯实三世（现在、过去、未来）》中，耿宁通过对唯识学中的逻辑困境进行分析，提出了以西方的现象学来补充东方唯识学的可能性。③ 此外，基于海德格尔曾与萧师毅一同翻译《道德经》的部分章节这个近代思想史上，中西方思想直接接触的片段性事件，20世纪中叶以来，海德格尔与东方思想的关系一直是国际学界的一个热门话题。④

然而，从中西方跨文化比较的角度，特别是西方对中国的接纳来看，

① 见张庆熊《中国现象学研究四十年——基于个人经历的回顾》，《天津社会科学》2017年第5期。

② 倪梁康：《唯识学与现象学中的“自身意识”与“自我意识”问题》，刘东编《中国学术》第十一辑，商务印书馆，2002，第62~90页。

③ 〔瑞士〕耿宁：《心的现象》，倪梁康、张庆熊、王庆节等译，商务印书馆，2012，第155~166页。

④ 金寿铁：《海德格尔与〈道德经〉》，《中国社会科学报》2015年6月15日，第2页。

更多时候学者面临的一大难题却是两种文化之间存在的断层。这种断层虽不能阻止人们在交流时完成许多有限的、不确定的“心领神会”，但当我们寻找语义的确定性，从而试图搭建两种文化间的坚固桥梁时，却发现问题在于：在中西方思想和话语体系之间很难找到确切而直接的传承。当我们绞尽脑汁去寻找将两者联系起来的蛛丝马迹时，发现它们的联结是松散的，并且往往存在中介和过渡，而将两者连接起来的“中介文化”却出于各种原因被有意无意地淡化了，其中当然有深刻的历史原因。而忽视两种文化的中间态，进行大而化之地比较造成的结果就是，那些比较研究领域具有一定难度的成果只有极少数精通全部比较对象的学者才能够正确理解。在这方面，胡塞尔现象学的中西方比较就是一个典型，当我们直接将佛教唯识学与西方现象学中的概念进行对接时，由于缺乏必要的中介，更没有直接的文化继承现象可考，因此只有那些既精通佛教文化又精通西方文化的少数国内西学家和国外汉学家（或东方学家）才能正确理解这些论述，或对其进行较为明确的判断。在这种情况下，要形成广泛而高质量的中西方学术对话恐怕是困难的，紧密联结的学术共同体也难以形成。因此我们在做跨文化领域的研究时，需不吝去搜寻和研究那些至关重要的“中介文化”，它们在特定的历史阶段较中西方的松散联结来讲，与两方的联结都更为紧密，而或许日本近代文化就是其中之一。

这里应特别留意的思想家是近代东方世界的代表性哲学家之一、日本京都学派的奠基者西田几多郎（1870～1945）。这位日本哲学的代表人物、日本近代哲学的开创者同西方现代哲学中现象学的开创者和继承、改造者胡塞尔与海德格尔的学术活动时期是相近的，同时在他们的学说中有许多值得比较与研讨之处。西田哲学与现象学的问题域高度契合，西田哲学亦具有“面向事实本身”的特质，但他所达到的许多结论与胡塞尔、早期海德格尔存在分歧，在其著作中涉及对胡塞尔和早期海德格尔的评价乃至批判。西田的批判哲学的特点之一是：其批判并非否定式的批判，而是具有积极的特点，他更重视对批判对象的再评价，即将西方思想史中各种学说重新定位和安置于自身的“场所”[①] 逻辑之中[②]。他对几乎同时代的现象学

① “场所”逻辑是西田几多郎在其中期著作《从作用者向观看者》中提出的立场，学界普遍认为，这一立场代表了其学说最核心的部分。

② 林美茂、赵森：《论西田“场所”逻辑与德国古典哲学的相关性》，《哲学研究》2017年第6期，第97～106页。

家胡塞尔、海德格尔的学说和立场的评价同样具有上述特点。此外，有西方学者推测，海德格尔关于“空”与澄明的联系，很可能受西田“无的场所”（即“绝对无的场所”）的影响。[①] 正如倪梁康所说，近代欧洲哲学的基本特质是“求自识”和“究虚理”[②]，西田哲学恰好与这种特质吻合。从这种意义上讲，将其归为近代欧洲哲学在东方的继承者和发展者并不为过。依照现象学的原理来反观西田的学说，也能自然地将其归为现象学思潮中的一员。而当代西方学者对西田哲学的接纳和研究又可以看作东方思想对西方哲学的反哺。

从跨文化比较的角度来看，西田哲学的立足点是东方的，而哲学言说方式却是西方的。不仅如此，他很早就察觉到西方思想史上一脉相承的主体性意识的局限，试图站在东方的立场上对其进行“超克”。以上阐明了西田哲学如何立足于东方思想，并汲取古希腊哲学精华诞生出“场所”逻辑，如何站在“场所”的立场上与近代和现代哲学，尤其是德国古典哲学、现象学乃至当时流行于日本的新康德主义对话与碰撞，也就基本勾勒出了西田哲学在当时对西方思想进行“超克”的基本面貌。

笔者将西田对现象学[③]的批判放置在东西方比较哲学的背景下，将西田哲学作为东西方思想对话中一种值得借鉴的范式。他的哲学研究极大地加深了东西方哲学之间的确定性联结，特别是他在哲学研究上的做法，或许可以给我们关于如何结合自身文化元素、吸收与借鉴西方哲学的探索方法，完成本国乃至东方传统思想与问题的近代化转化上许多有益的启发。那么从何种意义上认为西田哲学与现象学具有类似的问题域？他的学说在何种程度上暗合胡塞尔提出的现象学原则？他与当时现象学的理论分歧的实质是什么？这种分歧的来源又在哪里？关于这类问题，需要在两者的比较中去揭示。

---

① 金寿铁：《海德格尔与〈道德经〉》，《中国社会科学报》2015 年 6 月 15 日，第 2 页。

② 倪梁康：《唯识学与现象学中的“自身意识”与“自我意识”问题》，刘东编《中国学术》第十一辑，商务印书馆，2002，第 62 ~ 90 页。

③ 此处指广义上的现象学，即在胡塞尔确定的现象学宗旨——“面向事实（Sache）本身”下涌现的现象学思潮。广义的现象学契合四条现象学原理：1. “有多少显现就有多少存在”；2. 本原给予的直观为知识的合法来源；3. “面向事实本身”；4. 由马里翁规定的“还原越多，给予就越多”。（这四条原理见于 M. 亨利《现象学的四条原理》，王炳文译，《哲学译丛》1993 年 1 期，第 25 ~ 33 页）

一 与胡塞尔现象学的比较

西田在早期和中期[①]的学说中，多次提到布伦塔诺和胡塞尔的观点，且对意向性（能思 Noesis）和意识对象（或所思 Noema）的讨论贯穿了整个中期学说。胡塞尔关注的内时间意识，后期关注的生活世界、主体间性问题同时也是西田关心的。在从早期向中期过渡的著作《意识的问题》中，西田依据《自觉中的直观与反省》所奠定的立场来讨论意识问题。他在这本书中对冯特和布伦塔诺的心理学立场进行了反省，对从出于心理学立场，并受到心理学立场极大影响的胡塞尔学说进行了批判。一些学者认为，不同于心理学倾向，西田是从哲学的角度来看待意识问题的[②]，但此书的立场仍然是一种意志主义的立场，所讨论的问题也围绕着心理学所关心的问题展开。与胡塞尔的思想发展颇为类似，在对自身思想逻辑化、体系化的过程当中，西田也渐渐意识到：将“先验自我”作为意识的根底是远远不够的，还必须从“自我”走向“他人”，进而直面整个真实的世界，这种真实的世界往往被人们认为是外在的、超越的。我们知道，胡塞尔的处理方式是，由一种先验主体性的现象学转向一种先验主体间性的现象学，而西田的处理方式却颇为不同。

西田哲学同胡塞尔现象学一样强调意识自身的构成性原则，但西田的做法却更为彻底。在胡塞尔那里直观的明见性是通过本原（originär）的给予获得的，所谓本质研究的原则就是：

① 《善的研究》是西田早期第一部著作，但关于《善的研究》之后的西田哲学发展阶段的划分，学界却没有定论。本文依据西田哲学的三期论，将西田哲学分为早期、中期、后期三个阶段，认为早期的西田哲学初具理论形态但尚不完善，并较多依赖于西方哲学的现成理论形式。这一时期的代表作是《善的研究》（1911）和《自觉中的直观与反省》（1917）。中期的西田哲学，以 1926 年提出“场所”逻辑为标志，这时西田哲学的理论已成熟，与德国唯心主义等西方哲学体系形成了鲜明的对照。这一时期的代表作有《从作用者向观看者》（1927）、《一般者的自觉体系》（1929）和《无的自觉限定》（1932），这一时期的立场是“场所”理论。后期的西田哲学从“自我的立场”转为“世界的立场”，从“历史现实”出发，建立了“辩证法世界”的逻辑。这一时期的代表作有：《哲学的根本问题》（1932）、《哲学的根本问题续编》（1934）、《哲学论文集 第三》（1939）、《哲学论文集 第四》（1941）和《哲学论文集 第五》（1944）。

② 见西田幾多郎『西田哲学選集』第一卷，大橋良介、野家啟一编，東京：燈影舍，1998，第 30 ~ 31 頁。

每一种原初给予的直观都是认识的合法源泉，在直观中原初地（可以说是在其机体的现实中）给予我们的东西，只应按如其被给予的那样，而且也只在它在此被给予的限度之内被理解。①

但这种给予并非来自康德哲学中所谓物自体或自然主义所谓的外部世界，而是意识内部的"绝对自身被给予"（absolute Selbstgegebenheit）。这种给予实际上是一种构成性的给予，它是通过完整的意向性—意识对象（Noesis-Noema）结构来实现的，并且只有这种源自意向性结构的自身给予才是合法的认识源泉，对此胡塞尔在《现象学的观念》中的说法是：

它是一种在纯粹明证性领域中的研究，并且是本质研究，我们也曾说："他的地盘是在绝对自身被给予性中的先天。"②

同样，西田强调不以康德的"物自体"那样出离我们认识的存在者作为实在。他的表述放弃了心理主义式的描摹，而直接以认识论上的构成性原理取代了给予性原理。他认为先验自我对思维的构成作用是一切认识的源泉，从而否定了康德所谓物自体的观念，直言我们认识的来源是意识本身的结构，同时西田也注意到意向性结构对意识对象的包含性，对此西田的表述是：

物自体作为完全是认识以前、在任何意义上都不包含在我们意识中的东西，作为我们认识的界限，是不能思考的。究其原因，所谓界限是在高次的立场的自觉中才能谈的，真正对构成性思维被给予的东西是内含着构成性思维的内容的东西。③

西田注意到意向性对意识对象的包摄作用成为"场所"逻辑的关键。西

① Husserl, Ideen zu einer reinen Phänomenologie und phänomenologischen Philosophie Erstes Buch: Allgemeine Einführung in die reine Phänomenologie, S. 43 - 44, Tübingen: Max Niemeyer, 1913; 〔德〕胡塞尔：《纯粹现象学通论》，李幼蒸译，商务印书馆，1996，第 84 页。

② Husserl, Edmund Husserl gesammelte Werke Band II: Die Idee der Phänomenologie, S. 9, Leiden: Martinus Nijhoff, 1950; 〔德〕胡塞尔：《现象学的观念》，倪梁康译，夏基松、张继武校，上海译文出版社，1987，第 13 页。

③ 西田幾多郎：『西田幾多郎全集』第四卷，東京：岩波書店，1979，第 12 ~ 13 頁。

田提出“场所”逻辑的基本意义是在认识论上的，所谓场所并非物理意义上的空间，而是一种实在性的、先验性的“意识场域”（意識の野）。[①] 西田将“绝对无的场所”表述为意识的意识（意識する意識，第一个意识为动词），意指“能意识者”，而非所意识者，即它所指的是意向性（Noesis）本身而非意识对象（Noema）。从这里来看，胡塞尔研究的纯粹直觉中绝对被给予的东西仍然属于意识对象层面，这是西田批判胡塞尔的根本点所在。

> 作为知识之基础的直觉仍然是被意识的意识（意識された意識），并不是意识的意识（意識する意識）。[②]

由此，他们在对本原性意识结构的分析，以及分析的出发点和方法上存在分歧，这些分歧直接关系两者对诸如自他关系等一系列重要问题的处理。胡塞尔认为，所谓绝对被给予具有使任何问题都必然迎刃而解的那种明晰性[③]，为了获得认识上由本原的意识结构所给予的自明性，胡塞尔在《现象学的观念》中引入了“内在”（Immanenz）和“超越”（Transzendenz）这对概念，由此区分了合法有效的直观，以及需要排除的干扰。人们通常理解的那种意识体验中以个体的意识活动和感觉材料为内容的“内在”，以及与之相对的“超越”并非现象学的研究对象，需要首先被“悬置”。而相对于意识内部绝对内在被给予的纯粹直观，那种非明见的、非实在的意见或人为设定所形成的超越，也是胡塞尔要通过“现象学还原”来排除的东西。

> 将所有有关的超越都贴上排除的标记。[④]

---

① 关于“场所”的含义、先验性、实在性等问题，请参照西田中期第一主著《从作用者向观看者》（『働くものから見るものへ』）。

② 西田幾多郎：『西田幾多郎全集』第四卷，東京：岩波書店，1979，第248～249页。

③ 〔德〕胡塞尔：《现象学的观念》，倪梁康译，夏基松、张继武校，上海译文出版社，1987，第29页。

④ Husserl, Edmund Husserl gesammelte Werke Band Ⅱ: Die Idee der Phänomenologie, S. 39, Leiden: Martinus Nijhoff, 1950；〔德〕胡塞尔：《现象学的观念》，倪梁康译，夏基松、张继武校，上海译文出版社，1987，第37页。

在这些区分中，真正属于纯粹直观或绝对地被自身给予的是排除了上述干扰后剩下的、意向内在的部分。

> 纯粹的内在之物在这里首先通过现象学的还原而得到描述：我意指的是此物，不是某东西超越地意指它，而是某东西在自身之中的它，它是作为某东西被给予的。①

为了获得绝对被给予的纯粹直观，胡塞尔设定了意识内部的概念，但实际上这一概念本身也是需要被“还原”的；并且在为了获得明见的纯粹直观的“现象学还原”方法中，对所谓外部世界的处理方式是将其“悬置”，这种悬置“外在”的方法在西田哲学中未被采用。西田早期学说中提出的“纯粹经验”实际上是一个否定任何主客分别、内外隔别想法之真实性的概念，到了中期“绝对无的场所”时，他对内与外、自我与他者等问题有了更深刻的阐释，它们之间本原性的无差别性在此阶段得到凸显。当然，胡塞尔也并不承认这些差别在认识上的合法性，它们同样是要被“还原”的。但西田一开始就摒弃了胡塞尔带有心理主义残余的立场，直接从形而上学和认识论的角度来阐释。在西田看来，由于内与外的分别都来自“绝对无”的自我限定所形成的种种自我体系，因此在我们认识实在的过程中，可以直接放下这种分别而去实践一种物我合一的纯粹经验，因为我们本来就置身这样的纯粹经验之中，他在处女作《善的研究》中说：

> 不是有了个人才有经验，而是有了经验才有个人。②

在西田看来，这种主客未分、物我合一的直接经验比个人性的区别更具有根本性，由此他认为他的思想从一开始就脱离了唯我论的立场。

然而，早期西田哲学强调的是纯粹经验的意识性。在《善的研究》中，他关注的是詹姆斯、柏格森等人带有心理主义色彩的意识之流和绵延（西田：纯粹持续）的思想。而到了早期第二主著《自觉中的直观与反省》时，

---

① Husserl：Edmund Husserl gesammelte Werke Band Ⅱ：Die Idee der Phänomenologie，S. 45，Leiden：Martinus Nijhoff，1950；〔德〕胡塞尔：《现象学的观念》，倪梁康译，夏基松、张继武校，上海译文出版社，1987 年，第 41 页。

② 西田幾多郎：『西田幾多郎全集』第一卷，東京：岩波書店，1979，第 4 頁。

通过以新康德主义所关注的事实和价值的讨论为切入点，吸收费希特的本原行动（Tathandlung，西田：事行）概念，进而到达绝对自由意志的高峰，从而可以说在此阶段，西田哲学走向的是一种意志主义。可以清楚地发现，在中期的《从作用者向观看者》之前，西田都还持有这种意志主义倾向。在《从作用者向观看者》之前，西田发表了论文集《艺术与道德》，在该书的序言中，西田写道：

> 我认为“认识对象的世界”的底部是“意志对象的世界”，虽然上述两种世界（按：指“道德的世界”与“艺术的世界”）都是作为意志对象的世界而产生，但是其间有着类似康德在“经验的类推”中所说的“被给予物”与“被构成物”之间的区别。我在“意志我”的直观与反省的关系当中，来探求艺术的直观与道德的意志的内在关系。①

此处的“意志我”在早期一些场合被他称为“真的自我”。在此阶段，西田哲学将“真的自我”放置于意识根底，这一“真的自我”类似于由笛卡尔开创、康德奠基、费希特等人发展，而后被胡塞尔推向极致的“先验自我”这样的东西，可以说早期西田哲学类似于一种先验的主体性哲学。因而，如同对胡塞尔早期的先验主体性哲学的质疑那般，此时的西田哲学也不免受到落于“唯我论”和“唯心主义”窠臼的责难。

而在中期著作《无的自觉限定》中，他有明显的打破内外之隔的意图。在探讨自他关系的代表作《我与汝》（私と汝）② 中，他谈到对“我与汝”之关系的种种指责都是由认为内界与外界相对立，个人绝对性地、在自我自身中有着固有的内界这种想法所产生的。从这样严格意义上的个人的自我意识出发，无外乎陷入唯我论之中。因此他通过一系列论述说明：“我与汝”同样是由一般者所限定的，这种限定正是西田所强调的“无限定者的限定”“场所的限定”“无的限定”，在此之中，限定“汝”之物亦是限定“我”之物。在这方面，虽然西田接受了人们对主体间性问题解决的常用思路，同样认为通过心理学上的“移情”（西田：感情移入）的方法，“我”知晓“汝”的个人性存在，“汝”亦知晓“我”的个人性存

① 西田幾多郎：『西田幾多郎全集』第三卷，東京：岩波書店，1979，第239頁。

② 西田幾多郎：『西田幾多郎全集』第六卷，東京：岩波書店，1979，第321～428頁。

在。但他并不满足单纯从移情的角度来解决这个问题，而试图从哲学的角度给予更为合理的、逻辑化的解释，这便是从“一般者的自我限定”出发。也就是说，西田哲学中，所谓自他隔别既非坚固不变的现实，也不能用虚妄不实的幻觉来搪塞，而是我们可以把握的东西，因为他们全部来自“绝对无”的自我限定，西田所谓的“绝对无”并非任何内在或外在的超越者，而是毫无内外之别的本真存在，它既含摄自我，同样含摄他者和种种意识体系，因此我们认识他者的根据就来自自他意识共同的根底，即“绝对无的场所”。

由此，胡塞尔现象学在西田哲学中被安放于一个合理的位置。正如台湾学者黄文宏在论文《从西田哲学来看现象学的“超越”问题》中，通过西田哲学来思考现象学的局限所得出的结论：不预设另一个世界，专注于现实经验来谈本体界或超越界，大概是现象学与东方哲学一个共通的地方。西田将胡塞尔的纯粹现象学归于“知性睿智的自我”的立场，而这个批判与海德格对胡塞尔的批判是站在相同的立场之上的。西田的哲学是一种典型的“无底”（Ungrund）的思考方式，不以自我或任何存在为根底，而伴随着这种无底的思考而来的，是对笛卡儿所开启的主体主义的批评。[①]

上述观点与上田闲照对西田哲学“无元论”的定位是一致的[②]，体现了西田哲学与现象学思潮中的一元论哲学的区别。胡塞尔哲学与康德哲学在西田的“场所”逻辑中所处的位置实际上是相同的，即它们同处于“知性睿智的自我”的立场。西田将“睿智的一般者”看作“睿智的自我”，并将其分成知、情、意三个阶段，这三个阶段的睿智的自我所观看到的自身的内容分别是真、美、善的理型。他并非以“睿智的自我”为最后的一般者，这是因为睿智的自我虽然超越了意识的自我，但仍然有着超越的能思与超越的所思的对立，因此以知的直观为其限定的一般者，并不是真正地包含最后存有者的一般者。[③]

西田的弟子高山岩男也曾提到这一点，对此他说：“自觉的一般者仍然无非是有的一般者。因此睿智的一般者即睿智的世界中所看到的东西，只是无而观看己自身者所看到的内容。这种睿智的自我观看自己的内容即No-

① 黄文宏：《从西田哲学来看现象学的“超越”问题》，《台大文史哲学报》2016年第84期。
② 参见上田閑照『西田幾多郎を読む』，東京：岩波書店，1991，第362～370頁。
③ 西田幾多郎：『西田幾多郎全集』第五卷，東京：岩波書店，1979，第123～185頁。

ema 不外乎所谓理型。睿智的世界就是理型的世界。"① 显然，知性睿智的自我并非西田的终极立场，它与作为能知（Noesis）的"绝对无的场所"之间毕竟还有着巨大的鸿沟。这或许可以解释胡塞尔现象学在"求自识"过程中所遭遇的困境。

二 对早期海德格尔的批判

西田与海德格尔对胡塞尔学说的批判有一点是共通的，即认为胡塞尔现象学专注于对意识对象的讨论（观看）而忽略了意向性本身。海德格尔认为胡塞尔忽略了意向性的存在问题，进而在他的著作中专论存在，认为现象学只有作为存在论才能彻底化其身。② 而西田也将胡塞尔的学说定位于"知性睿智的立场"。在西田看来任何意识对象都不是"真实在"，而只有包含一切对象的"绝对无的场所"，作为一种"意识的意识"（意識する意識）才是真正的实在，从某种意义上说，西田以"场所"为其哲学的重点和制高点，便是以意向性本身为探索的重点。与对胡塞尔哲学的大量探讨相比，西田对海德格尔的评论显得屈指可数，根据一些西方学者的研究，西田对海德格尔的评价是负面的。③ 尽管如此，他们存在论上的观点，以及在人文意义上的时间阐释还是具有相当可比性的。

西田对早期海德格尔的批评主要是以其方法论为对象，同时表现在对海德格尔时间观的批评上。海德格尔的《存在与时间》刊行于 1927 年，而西田自身哲学在此时到达了"无的场所"的立场（《从作用者向观看者》后编），虽然从这点出发并不能确定两者的直接关系，但根据一些日本学者的研究我们至少可以知道，西田在这之前就已经通过在弗莱堡留学的弟子了解到了海德格尔的思想，并及时阅读了《存在与时间》，恐怕也了解到海德格尔同时期的其他著作。有记载的、西田最初提到海德格尔之处是在 1924

① 高山岩男：『西田哲学』，東京：岩波書店，1935，第 110 頁。

② 参见黄文宏《从西田哲学来看现象学的"超越"问题》，《台大文史哲学报》2016 年第 84 期，第 143～172 页；宋继杰《海德格尔的现象学观念——〈存在与时间〉"导论"的再审察》，《江苏社会科学》2011 年第 1 期。

③ 参见 Elmar Weinmayr，Thinking in Transition：Nishida Kitaro and Martin Heidegger，Philosophy East & West，Volume 55，2005；Curtis A. Rigsby：Nishida's Negative Assessment of Heidegger，Nishida on Heidegger，Springer Science + Business Media B. V.，Published online：29 January，2010。

年与田边元的书信中[①]。西田的论文和手稿中言及海德格尔之处还是以《存在与时间》为主，并以海德格尔的方法论解释学的现象学立场为批判对象。如果说西田与海德格尔的思想有什么相近之处，那要到海德格尔的思想转向之后了。然而并没有任何证据表明，西田接触过转向之后的海德格尔的著作，因此西田的批评对象只能是早期海德格尔的学说。

西田在哲学论文集中提到海德格尔的地方散见于1932年出版的《无的自觉限定》以后的论文中。从这些评论可以看出，西田对海德格尔当时学说的不满之处在于，他认为海德格尔以解释学的现象学方法讨论的存在局限在主观意识层面，并非具体的“真实在”；另外，海德格尔的时间是单纯面向未来、面向可能性的时间，缺少过去和现在的向度。西田在另一些场合将这种只有未来向度的时间观称为“生物学发展的想法的残滓”[②]，因此单纯朝向未来的领会不是完全的“自觉”。正如他在论文《我的绝对无的自觉限定》中评价的那样：

> 虽然可以认为海德格尔所谓的领会（按：Verstehen[③]，西田：了解，下同）是一种行为的限定，但它是失去自觉的行为，所谓领会的世界无非仅仅是没有现在的、可能性时间的世界。[④]
>
> 海德格尔的存在（按：sein）并非事实性的看见己自身，所谓领会是不完全的自觉，所谓解释（按：Auslegung，西田：言表）是失去自我的东西的作用。真正的自我不仅仅是领会自己，还必须通过作用来事实性地认识己自身。[⑤]

对此，日本学者大桥良介认为，“不完全的自觉”是西田的海德格尔批判的根本（骨子）。这一批判建立在“绝对无的自觉限定”的立场上。海德格尔的“存在”并不是西田立场上的“事实”本身。海德格尔的存在和领悟（大桥良介：了解）是“不完全的自觉”的理由在于领悟沦为主观意识

① 西田幾多郎：『西田幾多郎全集』第十九卷，東京：岩波書店，1979，第582頁书信2470。
② 西田幾多郎：『西田幾多郎全集』第七卷，東京：岩波書店，1979，第235頁。
③ Heidegger, Sein und Zeit, S. 148, Tübingen: Max Niemeyer, 1967；〔德〕海德格尔：《存在与时间》，陈嘉映、王庆节译，熊伟校，三联书店，1987，第181页。
④ 西田幾多郎：『西田幾多郎全集』第六卷，東京：岩波書店，1979，第165頁。
⑤ 西田幾多郎：『西田幾多郎全集』第六卷，東京：岩波書店，第168頁。

的残滓，在这种情况下无论如何达不到“无而观看自身”，事实性的存在化为领会的对象而不能作为事实本身赤裸裸地现前。因此虽然可以承认海德格尔超越了胡塞尔的内在意识立场而站在更为具体的立场上，但他所说的领会无论如何都难免从抽象的东西出发来看具体的东西。①

沟口宏平的研究也提到西田对早期海德格尔的批判是辛辣的。海德格尔的严密思考确有值得敬佩之处，他的解释学的现象学或者说基础的存在论的立场本身是胡塞尔现象学所欠缺的东西。通过海德格尔的分析所揭示的人类的存在结构，无非将胡塞尔的意向性在 Noesis 方向上进行了更深的纯化，在其范围内并不具备具体的内容，也就是说它止于一种缺乏真正的客观世界的抽象的自我或自觉，这是西田批判的根本所在。这一时期西田自身的哲学已经发展到“绝对无”的自觉的自我限定的立场，他用“绝对无”来指称事实本身或被称为“历史的实在”的根本现实，进而把握超越主观—客观的对立的场所本身的自限定作用，这一作用在之后作为辩证法而具体化。因此从西田的视角出发，海德格尔所尝试的将实存作为本质的现实存在的现象学分析还是局限在意识的主观层面。海德格尔哲学中实存形成的本质契机的“领会”也还是从抽象的自我的立场出发来看具体的作用。②

大桥和沟口的分析所指出的问题是相似的，他们揭示了西田在《无的自觉限定》中将早期海德格尔的领会看作一种“失去自觉的行为”“不完全的自觉”的根本原因。同时上述海德格尔学说中方法论上的不完善也表现在他的时间阐释上。西田敏锐洞见到海德格尔这种面向将来的“此在”之生存结构的解析并不能更深层地、令人信服地解答实在和人生的问题③，这其中也包含了两者共同关心的生死问题。

在对胡塞尔和海德格尔的批判中，西田始终是以“绝对无的场所的自我限定”为根基来思考问题的，因此，人之生死问题在西田看来亦属于场所的“自我限定”。在他看来，海德格尔面向未来、面向死亡的“领会”背

① 大橋良介：「西田哲学とハイデッガー」，『西田哲学：沒後 50 年記念文集』，上田閑照編，東京：創文社，1995，第 240 ~ 244 頁。

② 溝口宏平：「西田哲学とハイデガー哲学」，『西田哲学を学ぶひとのために』，大峯顕編，東京：世界理想社，1996，第 60 頁。

③ 参见 Curtis A. Rigsby，Nishida's Negative Assessment of Heidegger，Nishida on Heidegger，Springer Science + Business Media B. V. ，Published online：29 January 2010。

后缺少了完全的“自觉”这种包含过去、现在、未来的“场所”，因此它是一种“不完全的自觉”。并且在西田哲学中，真正的自我限定不仅是个人对己自身的自我限定，还包括个人与环境、个人与他者之间辩证法地相互限定。真实的世界正是我们在其中出生、活动和死亡的具体的实在界，我们的自我从来都无法脱离周遭的环境而独存，我们想要去认识的那个真实的世界从来都是与我们的自我不可分割的，因此西田哲学中并没有关于“沉沦”或“领会”的讨论。在对待生死的态度上，西田哲学展现的是一种平淡的姿态。

另外，早期海德格尔的学说尚没有深入展开明确的主体间性思考，而此时西田已经发展出了他关于主体间性的论述，在哲学建构上，这种主体间性仍然是基于“绝对无的场所”的自我限定而被赋予合理性的，它是通过自我否定成为“一即多、多即一”的。

> 不是像有机统一那种意味，而是“一”通过绝对的自我否定而成为“多”，“多”通过绝对地否定己自身而成为“一”。[1]

它的形态是“非连续的连续”。在后期“辩证法的世界”的立场下，西田认为真实的世界正是这种限定下的“辩证法的世界”，在此之中“自－他”、“生－死”以及“物－物”关系都是“辩证法的否定”之“非连续的连续”。后期西田的着眼点主要在于“历史的真实世界”，因此其研究围绕着“真实世界的逻辑结构”这个话题展开，他晚年甚至将自己的学说定位为“彻底的实证主义”[2]。

正如前面的分析，西田对海德格尔的评价只是基于《存在与时间》时期。事实上，抛开上述早已由他自己洞见到的差异性外，两人的学说有着相似性。首先，西田自早期《善的研究》开始就试图解答“人生问题”，在海德格尔那里便是人之存在的问题。中期“场所”逻辑提出后，“人生问题”在西田哲学中以逻辑化的形态展开，特别是后期对“现实世界”的辩证法式的阐述中，他亦尝试给出人之生存与现实世界之真实结构，因此在问题域上可以说两人是接近的。另外，早期海德格尔的时间观与西田的时

① 西田幾多郎：『西田幾多郎全集』第七卷，東京：岩波書店，1979，第255～256頁。

② 参见小坂国継『西田哲学と宗教』，東京：大東出版社，1994，第103頁。

间观具有至关重要的相似性，这就是他们都将人格性与时间性直接结合在了一起。西田将时间性的“永远的现在”与人格性的“自我”直接同一，而在《存在与时间》中，海德格尔将作为人之生存结构的“此在”的本真状态与朝向将来的时间性直接同一。不管怎样，他们的时间阐释都完全脱离了传统意义上的时间观，他们共同否定了那种以过去、现在、未来的时间之流为形式的自然主义时间观、以超越性的上帝为主体的神学时间观，总的来说就是那些与人之生存无关的传统时间观，西田和海德格尔都认为，时间概念存在的意义和事实是在结合人之生存的基础上产生的。[①] 遗憾的是，西田的论述囿于德国古典哲学式的文风，无法完全呈现出他自己意知的那种主客未分、物我合一的纯粹经验境界（只能说在其反省的根底中蕴藏了这种经验），这无疑是西田哲学的局限所在。在突破古典哲学语言的局限这点上，西田的尝试程度反而不如海德格尔。

结论：一种立足东方谈西方的策略

如果总结西田对现象学批判的实质，首先应当注意到西方思想史上的两大节点：一是作为中间环节的笛卡尔的“我思故我在”；二是作为其终极批判对象的亚里士多德的主语逻辑。对笛卡尔以来的二元论的反省可以说是西田哲学和现象学共同包含的因素。具体来讲，正如黄文宏总结的那样，胡塞尔彻底化了笛卡儿的“我思”，认为笛卡儿的“我思”只是思维的出发点，而没有注意到我思的构成性。胡塞尔意向性的构成研究，彻底化了笛卡儿所没有开展的部分，不论是意向性还是意识对象都是在“能思—所思”中的自我构成。但胡塞尔虽然也致力于他者的构成研究，然而由他者构成到相互主体性的构成，这个思维程序仍然是从自我出发的思考方式。从西田哲学来看，这样所构成的他者并不是真正的绝对的他者，而是自我的扩张。[②] 比起海德格尔的早期思想，西田更重视胡塞尔的学说。西田同胡塞尔一样强调认识的构成性原理，而批判康德哲学中的给予性原理，而西田与胡塞尔现象学的分歧又可以追溯到他对自亚里士多德以来的主语逻辑的深

---

① 赵淼：《时间的场所化与媒介性——西田几多郎的时间阐释》，《河北民族师范大学学报》2017 年第 2 期。

② 参见黄文宏《从西田哲学来看现象学的“超越”问题》，《台大文史哲学报》2016 年第 84 期，第 143 ~ 172 页。

刻反省。①

其次，西田对现象学的批判都是基于他的“场所”逻辑而提出的，而“场所”观念的重要来源之一是西田的参禅经验。西田哲学的思想来源主要有三个方面：一是德川时期的宋学传统对明治时期知识分子潜移默化的影响；二是明治维新以来对西学的吸收，以及开放、革新的时代精神对明治人精神生活的巨大冲击；三是西田人生中遭受的苦难和他对佛法的学习以及精进的禅修实践。② 有趣的是，这些来源中极少有日本自身“国学”的痕迹，反而是以日本化的中国思想和西方思想为主，其中本文提到的西田思想上制高点的“绝对无的场所”与佛教尤其是禅宗有着密切关系。虽然讨论的是西方哲学的话题，但西田思想的根基并不在西方，而在宋儒学中的心学与佛教中的禅宗两方面。其中宋学的熏陶是在幼年时期，而《善的研究》成书前十余年时间，他都在进行着刻苦的禅修，在禅修过程中有不少关于“无”的经验。

西田在坐禅中至少尝试过两种不同的方法。一是曹洞宗“默照禅”的方法。日本曹洞宗创始人道元禅师继承并发挥天童如净的理念，提倡“只管打坐”“身心脱落”③。如“现成公案”中所言：“所谓学佛道者，即学自己也。学自己者，即忘自己也。忘自己者，为万法所证也。为万法所证者，即令自己之身心及他人之身心脱落也。若有悟迹休歇。即令休歇之悟迹长长流出。”④ 道元强调的“修证一如”“行佛”等否定任何二元对待的修行理念，与西田所持的无二元对立的直接经验的想法无不吻合。按照道元禅法参禅时，其境界不仅可以被理解为一种无差别的直接经验，也可以被理解为包容任何差别的合一的场所。二是临济宗参禅公案的修法。在西田的《日记》中散见关于参“无字公案”的记载。比如明治三十二年（1899）四月记有：“无字公案的片刻也不应打失。”⑤ 据一些学者研究，西田是通过坐禅与参禅相辅的方法而见性的，从具体性地坐禅到参禅，再从参禅到坐

① 参见林美茂、赵淼《论西田“场所”逻辑与德国古典哲学的相关性》，《哲学研究》2017年第6期。

② 赵淼：《西田哲学之思想渊源考略》，刁榴主编《日本哲学与思想研究》第二辑，社会科学文献出版社，2016，第257～268页。

③ 参见魏长海《道元对禅门四句教的修正与发展》，林美茂、郭连友编《日本哲学与思想研究》第一辑，中央编译出版社，2015，第194～201页。

④〔日〕道元：《正法眼藏》，何燕生译，宗教文化出版社，2003，第21页。

⑤ 小坂国継：『西田哲学と宗教』，東京：大東出版社，1994，第22頁。

禅，如此反复。通览西田的日记，可以见到打坐、参禅（独参）的反复交替。[①] 至于西田究竟是否“见性”，笔者不敢轻下论断，但他在长期的参禅过程中，体会到与其思想中“反省”、“直观”及“绝对无”等概念极其类似的直接经验，这些体验可以说决定了西田哲学的基本形态。因此，西田思想的根底是东方的，这几乎是研究者的共识。

最后，将西田哲学作为一种东西方思想对话之范式的理由在于，西田在学术上没有将他根植于东方文化的“自我”轻易暴露，而是始终站在西方语境中循循善诱地引导读者思考。他并没有用自说自话的方式来宣告他东方式的立场，他在哲学言说时似乎有意无意地将这种立场隐藏了起来，反而全情地投入他的对话者之中。他在表述自身思想时，绝大多数时候将其置于西方哲学的语境下，在概念的建构和论证过程中，始终试图揭示西方学界所熟识的那些概念的本来面目。因此，当代西方学者在接受西田哲学时显得比较容易，即使与东方思想接触较少者，也能通过概念上的推理进入西田哲学的语境，从而领会到与西方传统颇为不同的旨趣。正因如此，对西田哲学的研讨不但在日本国内，也在西方学界得以顺利展开[②]。事实上，当代许多西方的东亚文化学者的研究可以说是从日本研究入手的，反过来看，这也源于日本近代以来长期与西方的深入接触，以及近代以来对欧洲文化的全面吸收。西田哲学的这种策略，即本国乃至东方思想的现代化转化过程中所选择的建构方法，以及母体文化、思想通过吸收西方文化、思想、方法从而走向世界的路径，值得我们参考、借鉴与反思。

The Phenomenological Contents in Nishida's Works —Around Nishida's Critiques of Husserl and Heidegger

Abstract: This paper regards Japanese philosopher Nishida Kitaro's philosophical works as a paradigm in the field of cross-cultural comparative study between the East and the West. Based on Nishida's critiques of Husserl and Heidegger's theories, it discusses the phenomenological contents in Nishida's works. These three

---

① 上田閑照：『西田幾多郎を読む』，東京：岩波書店，1991，第 194 ~ 195 頁。

② 部分相关成果参见 Rolf Elberfel, Kitarō Nishida in der Philosophie des 20. Jahrhunderts, Freiburg: Karl Alber, 2013。

philosophers' theories had similar domains, and Nishida had the similar attitude with Husserl in emphasizing the constitutive principles of cognition. But they held differences in the analysis of the original consciousness structure. Both Nishida and Heidegger criticized Husserl's phenomenology as focusing on the discussion of intentional objects but ignoring the existing of intentionality itself. His critiques of Heidegger were based only on the period of "Being and Time", with its methodology and idea of time as objects. Nishida's critiques of phenomenology at that time were based on his Place Logic whose formation is deeply influenced by Nishida's meditation activities. His strategy of basing on the East way of thinking but using West way of philosophical expression is worth learning.

Keywords: Nishida Kitaro; Husserl; Heidegger; Phenomenology; Comparative Philosophy between the East and West

甲午中日战争中中日两国出兵朝鲜的决策过程研究

李　颖*

【摘　要】甲午战争爆发的契机，是清政府和日本分别向朝鲜派出了军队。本文通过实证研究，认为日本出兵朝鲜，并非为了维持在朝鲜的势力均衡而进行的“对抗出兵”，而是在积极诱导清政府出兵的同时，实施了先于清政府的“先行出兵”的侵略行径。本文同时还指出，日本先行出兵的决策是日本内阁全体通过的自上而下的政府决议的结果。而清政府出兵朝鲜的决策过程，是北洋大臣李鸿章派出了援朝部队后，自下而上汇报的过程。其个人的判断起到了至关重要的作用。

【关键词】出兵朝鲜　先行出兵　李鸿章　陆奥宗光

引　言

甲午中日战争的契机和开端是中日两国出兵朝鲜。清政府的出兵的法理依据是“属邦保护旧例”。日本则声称是依照《中日天津条约》第三款的清日朝鲜出兵时相互通知的条款，以及《济物浦条约》的保护在外公使馆的协定。

有关中日两国朝鲜出兵的先行研究，中国的学者一致认为，清政府是应朝鲜政府的请求派出的援军，是正义之师；而日本是执行了大陆侵略的扩张路线。比如，王信忠指出，日本的出兵是征韩论以来的必然结果。[①] 戚

* 李颖，天津商业大学外国语学院讲师，日本新潟大学博士在读，研究方向为日本近代史。

① 王信忠：《中日甲午战争之外交背景》，清华大学出版，1937，第5页。

其章指出，清政府出兵朝鲜是为维护宗藩关系，日本则是挑发战争、蓄谋侵略①。马勇等研究者也多次指出了日本政府内长期存在侵略朝鲜、中国的“大陆政策”。② 而在日本的先行研究中，以中塚明为代表，明确地指了日本的朝鲜出兵就是为了挑起战争。③ 而藤村道生则认为，日本出兵的最初阶段是为了维持在朝鲜境内“权力平均”，结果军部牵制政府，导致了清日开战。④ 桧山幸夫认为，包括朝鲜出兵在内，中日两国在甲午战争中的军事对抗都是临场应对的结果，并没有任何计划性。⑤ 冈本隆司指出清政府出兵朝鲜，完全是袁世凯的阴谋，目的是加强对朝鲜的支配。⑥ 而高桥秀直则认为，日本政府内部存在强硬派和协调派的矛盾。在开战之前，以伊藤博文为首的协调派主张与清政府合作并占据政府多数派，因此日本出兵朝鲜时，并没有开战意图。⑦

以上的先行研究，侧重论述了中日两国出兵的性质和背景。本文在此基础上，着重分析中日两国政府出兵的决策过程，从诱因、责任者、决策机制、决策和实施的时间点等角度出发，还原历史，以期推进甲午中日战争相关领域的研究。

一　清朝出兵朝鲜的决策过程

1894 年 5 月初，朝鲜发生数千人规模的东学党农民起义，农民军袭击全罗道各地官厅，声势极速扩大。朝鲜政府于 5 月 7 日任命召讨使洪启薰带领精兵 800 名前往全罗道，会同当地的政府军平叛。然而反抗之火越燃越烈，召讨军招架无力。5 月 16 日，朝鲜政府内实权派闵泳骏等人开始向国王提出向清政府求援，但遭到了朝臣的反对。⑧ 到了 5 月 31 日全州陷落，为解燃眉之急，向清政府求援。当时袁世凯任职“驻扎总理朝鲜交涉通商事

---

① 戚其章：《甲午战争史》，上海人民出版社，1990，第 2 页。
② 孙克复、关捷：《甲午中日海战史》，黑龙江人民出版社，1981，第 48 ~ 50 页。
③ 中塚明：《日清战争的研究》，东京：青木书店，1968，第 11 页。
④ 藤村道生：《日清战争》，东京：岩波书店，1973，第 65 页。
⑤ 桧山幸夫：《日清战争——秘藏写真中的真实历史》，东京：讲谈社，1997，第 24 ~ 26 页。
⑥ 冈本隆司：《世界中的日清韩关系史》，东京：讲谈社，2008，第 146 页。
⑦ 高桥秀直：『日清战争的道路』，東京：创元社，1995 ，第 514 页。
⑧ 日本外务省：《日本外交文书》27 卷 2 册 498 条，东京：日本国际联合协会出版，1953，第 153 页。

宜”，代表清政府管理在朝事务。但他担心各国特别是日本的态度，因此没有马上承诺。而恰巧此时，日本公使馆书记生郑永邦[①]受代理公使杉村濬的指派，前来会见袁世凯，于是双方发生了如下交谈：

郑：匪久扰，大损商务，诸多可虑。韩人必不能了，愈久愈难办，贵政府何不速代韩戡？

袁：韩廷亦有此请，我政府冀其习战自强，尚未核准。

袁：以乙酉约我如派兵，应由何处知照？

郑：由总署、北洋均可，我政府必无他意。[②]

郑永邦表示担心东学党猖獗有损商务，越久越麻烦，劝清政府代为剿匪。袁世凯回答朝鲜也有请兵，但清政府希望朝鲜自主平叛，不希望多加干涉内政，但是又话锋一转，问对方如果清政府派兵的话，按照《天津条约》要求，应该如何向日本开具派兵的外交照会。郑永邦立即回答，由总理衙门或北洋大臣办理都可以，履行手续而已，日本政府并没有其他意思。

袁世凯本来对承诺出兵比较犹豫，但是听到日方“必无他意”的话语之后，当即向上司李鸿章发送了请兵电报。而另一方的日本公使馆，代理公使杉村濬在听取郑永邦的报告后，也立即向日本外务省发了急电，其内容则只有短短的“全州昨日被贼军占领，据袁世凯所言朝鲜政府已经向其请求援兵”一句。[③]

2日后的6月3日，代理公使杉村濬亲自拜访了袁世凯，两者对话如下：

杉村：盼华速代勘、华允否？

凯：韩惜民命。冀抚散，及兵幸胜。姑未文请，不便逐戮。韩民如请，自可允。

杉村：倘请迟，匪至公州，汉城甚危。拟先调兵来防护，华何

① 郑永邦（1862～1916）日本公使馆书记官，长崎生人。为郑成功子孙，明朝灭亡后，流亡日本。父郑永宁、兄郑永昌也为日本外务省官员。

② 顾廷龙、戴逸：《李鸿章全集》第24册，光绪二十年四月二十八日酉刻寄译署，第41页，安徽教育出版社，2008。

③ 日本外务省：《日本外交文书》27卷2册498条，东京：日本国际联合协会出版，1953，第155页。

办法？

凯：或调兵护，或从商民赴仁川，待匪近再定。

杉村：韩送文请告知，以慰盼念。倘久不平，殊可虑。[①]

主要内容是杉村称匪乱已至公州、汉城危在旦夕，劝清方先调兵防护。袁世凯回答朝鲜国王还没有正式发送请兵文书。如果请兵的话，可以考虑调兵防护或带领商民退往仁川等办法。杉村听闻后，说若朝鲜发文请兵的话请务必告知，并再次表示了忧心如焚。会谈后，袁世凯及时向李鸿章汇报。电文还强调了杉村和自己有私交，其话语重在商民，因此日本此次恐无他意。

而就在同一天，李鸿章也接受了驻天津日本领事荒川已次的拜访，语意与杉村相同。李鸿章认为，对方为外交高官，其谈话内容应该代表日本政府的立场。[②] 然而，会谈后的第二天即 6 月 4 日，杉村却向日本外务省发出了“日本尽早出兵”的申请。[③] 同时荒川也向日本汇报了和李鸿章的谈话内容全文[④]，其中完全没有提及“必无他意”。也就是说，这句重要话语，在清政府的史料中多次被强调，成为影响清政府决策的重要因素，而在日本的史料中则完全没有记载。

李鸿章在 6 月 3 日的当天，还收到了朝鲜政府的正式出兵请愿书。于是就向直隶提督叶志超发出了出征命令，并通报了总理衙门，电文内容如下。

鸿章已饬丁汝昌派海军济远、扬威二舰赴仁川、汉城护商。并调直隶提督叶志超率同太原镇总兵聂士成选派淮军练劲旅一千五百名，配齐军装，分坐招商轮先后进发。一面电驻日本汪使知照日外部以符前约，请代奏。[⑤]

---

① 顾廷龙、戴逸：《李鸿章全集》第 24 册，光绪二十年五月初一日巳刻寄译署，安徽教育出版社，2008，第 45 页。

② 顾廷龙、戴逸：《李鸿章全集》第 24 册，光绪二十年五月初一日巳刻寄译署，安徽教育出版社，2008，第 45 页。

③ 日本外务省：《日本外交文书》27 卷 2 册 504 条，东京：日本国际联合协会出版，1953，第 158 页。

④ 日本外务省：《日本外交文书》27 卷 2 册 506 条，东京：日本国际联合协会出版，1953，第 158 ~ 160 页。

⑤ 顾廷龙、戴逸：《李鸿章全集》第 24 册，光绪二十年五月初一日辰刻寄译署，安徽教育出版社，2008，第 44 页。

内容是李鸿章调兵遣将，派精锐部队 1500 名前往朝鲜，并且电告驻日公使汪凤藻按照约定知会日本外交部门。总理衙门收到电报后，立即上报朝廷。很快在第二天，谕旨通过总理衙门下发，圣旨内容表示对李鸿章的派兵举动非常支持，并且希望多多添调，以慰藩邦臣服之意。

> 顷总署来电，本日奉旨，李鸿章电奏已悉。此次朝鲜乱匪聚党甚众，中朝派兵助剿，地势、敌情均非素习，必须谋出万全，务操必胜之势，不可意存轻视，稍涉疏虞。派出兵练千五百名是否足敷剿办？如须厚集兵力，即著酌量添调，克期续发，以期一鼓荡平，用慰绥靖藩服致意，钦此。[①]

综上所述，李鸿章是在调兵遣将之后，以事后报告的形式通报了总理衙门。总理衙门并没有回复意见而是直接上报朝廷。而皇帝的谕旨也是以同意李鸿章的做法为前提，只是提出了有关派兵人数多少的意见。可见清朝的权力中枢，在有关朝鲜出兵的问题上，赋予了李鸿章很大的决定权，并且表现出积极支持的态度。

日本的一些研究中指出，当时像袁世凯一样的清廷少壮派，都希望利用平叛的机会，增强清政府对朝鲜的实际控制。然而事实上，直到 6 月 3 日，袁世凯依然对请兵表现出犹豫的态度。因为自 1874 年日本出兵台湾以来，经过 1879 年的琉球合并、1882 年的朝鲜壬午军乱、1884 年的甲申政变等事件，以李鸿章为首的一批清政府官员认识到了日本的潜在威胁。后来通过 1885 年与日本缔结《天津条约》，才暂时缓和了紧张关系。这次李鸿章在确认了日本的态度之后，认为清政府在出兵的前途上没有重大障碍，才下定了决心。然而在这个过程中，他们对日方官员的话语就完全没有产生过质疑吗？笔者认为并非如此，而是基于如下理由，他们忽视了对方的真实意图。

首先，是基于对自国军事实力的自信。当时的北洋海军，是北洋大臣李鸿章一手创建的号称东亚第一的近代海军队伍。清海军每 3 年进行一次联合演习。[②] 在此之前，清朝刚刚举办了一场声势浩大的联合军演。在列国的

---

① 顾廷龙、戴逸：《李鸿章全集》第 24 册，光绪二十年五月初二日未刻寄山海关叶军门，安徽教育出版社，2008，第 45 页。

② 《清会典》（光绪朝）卷 99，中书华局，1991，第 907 页。

观摩中，不仅北洋舰队的主力舰展示了威力，福建、广东的南洋水师的精锐也参加了演习。清军的将领认为，以自己的军事实力，不仅朝鲜小小的叛乱，就算事态扩大也能够在一定程度上得到控制。

其次，对日本的国内形势和日本军事实力的误判。日本外务大臣陆奥宗光在其笔记《蹇蹇录》中写道，清朝的一线外交人员对外交形势有“谬见”。[①] 袁世凯、汪凤藻等驻外官员对日本的近代内阁制度并不十分了解。李鸿章根据他们报告，认为日本国内政局混乱，并没有向他国派兵的余力。就算日本出兵，也不过以保护公使馆的名义派出百余名兵力而已。[②] 根据在壬午、甲申二度朝鲜事变的经验，日本也都是以保护公使馆的名义向朝鲜派出了军队，但都是不到千人的规模，也都没有发展到严重的事态。所以李鸿章认为这次也可以凭借清军的迅速反应镇压叛乱，不给日本以出兵的借口，然后再以外交手段平息出兵争议。

最后，希望通过此次出兵，维护中韩间的属国保护关系，在列国面前再次明确东亚的传统秩序。李鸿章等清朝官僚认为作为朝鲜的“上国”，清政府对朝鲜除了经济上的援助外，还有军事上的保护责任，所谓“事大字小”，这也是当时中韩两国的共同认识。在壬午军乱和甲申政变之时，朝鲜也是基于这种关系请求中国援助的。李鸿章认为“如不允，他国人必有乐为之者，将置华于何地，自为必不可却之举”。[③] 如果不答应朝鲜的请兵，必由他国取代，那样将会使中华颜面扫地，所以无法推诿。

这里还有一个疑问。如果“必无他意”的会谈内容确实存在的话，对方又意欲何为呢？代理公使杉村濬按照外相陆奥宗光的话说，是“在朝鲜任职数年，通晓其国情”[④] 的人物，曾多次劝阻朝鲜国王镇压内乱时不要借助外兵。如果按照他自己的意见，应该劝袁世凯慎重出兵才对，反而“盼华速代勘”，于理不通。可见其态度的变化不是个人之好恶，而是职能之所在。驻天津领事荒川在同一天（6 月 3 日）也表示“必无他意”，可以推测二人都有任务加身。而且这个“必无他意”的表明时间是 1894 年 6 月 3 日，

---

① 陸奥宗光著，中塚明校注『蹇蹇録』，東京：岩波书店，1983，第 28 頁。

② 顾廷龙、戴逸：《李鸿章全集》第 24 册，光绪二十年五月初一日酉刻寄译署，安徽教育出版社，2008，第 41 页。

③ 顾廷龙、戴逸：《李鸿章全集》第 24 册，光绪二十年五月初一日酉刻寄译署，安徽教育出版社，2008，第 41 页。

④ 陸奥宗光著，中塚明校注『蹇蹇録』，東京：岩波书店，1983，第 23 頁。

而在 6 月 2 日，日本出兵朝鲜的内阁议案已经通过了。故而可以推断，6 月 3 日的外交会谈绝不是偶然为之，因为在清政府没有出兵的情况下日本单独出兵，就会造成重大的国际影响，使自身陷于被动。如此焦虑不安，焉能不催而促之呢？

二　日本出兵朝鲜的决策过程

关于日本出兵朝鲜的决定，在朝鲜风云告急的 5 月下旬，已经在主要政府首脑间达成了共识。5 月 21 日外相陆奥宗光给首相伊藤博文的信中就提及“派遣军舰的必要”。① 5 月 31 日井上毅与伊藤的书信中，也是谈论出兵的内容及形式，仿佛出兵大事已定。② 根据《蹇蹇录》的记述，6 月 2 日杉村代理公使“据袁世凯所言朝鲜政府已经向其请求援兵”③ 的电文到达后，陆奥宗光随即提交阁议，他提出要“维持对朝鲜的权力平均”，伊藤也力陈出兵的必要，阁僚纷纷赞成，议案顺利通过。其中内容有：

> 依照《天津条约》第三款之明文规定，出兵之前应具行文知照。……朝鲜政府已经向清国请求支援，清国答应否未得其详……，我应先以保护公使馆及国民为要，把握先机迅速作出兵准备。④

日本依据《天津条约》的第三款出兵，然而这款只是约定了中日出兵要出具行文知照，并非约定共同出兵；并且在未知清政府应否的情况下，依然决定先做出兵的准备。可见日本的阁议决定，不是抗衡清政府的对抗出兵，而是日本独立的即时先行出兵。阁议定案后伊藤请出了军方参谋总长有栖川宫亲王和参谋次长川上操六临席，共议论出兵方案。之后“依据形式恭请天皇圣裁，裁可后执行”⑤，同日天皇发下敕谕，“为保护寄留我国

---

① 伊藤博文文书研究会檜山幸夫主编『伊藤博文文书』外交 7 卷 120，東京：塙书房，1979，第 292 頁。

② 高桥秀直：『日清战争的道路』，東京：東京创元社，1995，第 317 頁。

③ 日本外务省：《日本外交文书》27 卷 2 册 500 条，东京：日本国际联合协会出版，1953，第 155 页。

④ 日本国立公文书馆：《公文别录》，文书编号 2A. 1. 165，https://www. jacar. go. jp/jacarbl-fsjwar-j/smart/about/p002. html.

⑤ 陸奥宗光著，中塚明校注『蹇蹇録』，東京：岩波书店，1983，第 24 ~ 25 頁。

国民”而出兵。

综上所述，日本出兵朝鲜的决策，是由陆奥外相提案，通过阁议后，上奏天皇裁决，然后得以实现的。而且从提案到谕旨发下，没有听到反对的声音，一切尽在一日之内顺利达成。那么这个决策的过程中，天皇、政府、军队哪一方是决策核心呢?

明治政府成立初期，虽然打着天皇为国家元首、陆海军统帅的旗号，但是就如陆奥所言，奏请天皇实际上是走走形式。军方虽然早在1880年就由川上操六的智囊小川又次完成了《对清征讨策》的战略构想，但毕竟是军部内部的计划，不能马上上升为国策，所以不能认为是军方牵制了政府。有关这个问题，可以从学者佐佐木雄一的分析中找到答案。“在日本的内阁成立期，内阁大臣由首相推荐，对外政策通常由首相与外相承担。日常的外交业务由外相、外务省处理，重要事项提交内阁讨论。阁议时由外相提案、以阁议决定的方式成文。”[①] 照此说法，6月2日的朝鲜出兵的决策是由首相伊藤和外相陆奥主导的说法，就顺理成章了。

日本确定出兵的方针之后，先按决议编成混成旅，并且人数为8000名之众。6月3日由军方作出兵动员和输送计划，6月5日在参谋本部内设立了战时大本营。同日，大鸟圭介公使以带兵归任的形式，带领海军陆战队488人和巡查20人乘坐巡洋舰八重山由横须贺港出发，完成了第一次出兵。6月6日，瞄准清军从山海关出兵时机，步兵第十一联队第一大队1024人从宇品港出发。[②] 6月7日，陆奥外相接见清政府驻日公使汪凤藻，收到清方的行文知照后，直接对其中“派兵援助乃我朝保护属邦旧例”[③] 提出抗议，然后在不谈及人数及路径的情况下告知对方日本也已经出兵。也就是说，日本在行文知照之前已是万事俱备，并且一直隐藏到了6月7日。[④]

三　李鸿章的外交决定权

反观上述清政府的电报的流程，有关外交大事，袁世凯、汪凤藻等外

① 佐々木雄一:『帝国日本的外交1894－1922』，東京：東京大学出版会，2017，第9頁。

② 参谋本部编『日清战史』1卷，東京：東京印刷株式会社，1904，第106～107頁。

③ 日本外务省《日本外交文书》27卷2册518条，日本国际联合协会出版，1953，第167～168頁。

④ 陸奥宗光著，中塚明校注『蹇蹇録』，東京：岩波书店，1983，第32頁。

交官的汇报部门不是总理衙门，而是北洋大臣李鸿章。李鸿章收到情报后，转送总理衙门，再由总理衙门代为上奏朝廷。皇帝的谕旨也是经过总理衙门发下的。但这个路径是否可以理解为公文书的层层上传下达呢？

这要先解释清末的两个外交部门，即总理衙门和北洋大臣。总理衙门是在第二次鸦片战争之后，依照《天津条约》，为了对应英、法、美、俄4国公使的外交事务，才于1861年在北京设立了“总理各国事务衙门”（总署、译署），同时在北方新开港的通商口岸设立“三口通商大臣”（天津、牛庄、登州），加上南方原有的“五口通商大臣”（广州、厦门、上海、宁波、福州），以中间和两翼的形态，相互补充，共同管理外交事务。[①] 1870年，五口通商大臣和三口通商大臣又改称为“南、北洋通商大臣”，北洋大臣由直隶总督李鸿章兼任。从职务职能上讲，总理衙门和北洋大臣并非上下级关系，而是合作关系，李鸿章具有单独向皇帝上奏折的权限。但是根据《大清会典》章程，“凡大事则奏陈请旨，急事用电奏，由总理衙门代陈”。[②] 也就是说凡重大外交事件，必须上奏朝廷，听候皇帝的圣裁。紧急事务用电报上奏，这些电文汇总到总理衙门，由其代转。总理衙门又称总署、译署。除电报外，负责抄录和保管所有外交文书。北洋大臣地处天津，有紧急的军事和外交交涉，都要经过电报上奏。那么换言之，非大事急事的情况，北洋大臣是否可以在其权限之内处理呢？我们可以再次翻看6月3日李鸿章发给总理衙门“鸿章已饬丁汝昌派海军济远、扬威二舰赴仁川、汉城护商。……请代奏”的电文，可见李鸿章在皇帝的谕旨下发之前，已经完成了海陆军的调遣。丁汝昌为北洋海军提督，叶志超为直隶提督，聂士成为山西太原总兵，3人分别担任清国军队要职，但都听从北洋大臣李鸿章的调遣。作为援助朝鲜的外交大事，按照规定请总理衙门代为通报，但是有关派遣军队的细节，比如人数、装备、进军线路，都是李鸿章自己调配后，将结果上奏朝廷。总理衙门收到电报后，只是起到了转达作用。而从反馈的谕旨内容看，“李鸿章电奏已悉……”，知晓了李鸿章的奏请，但对其先行处理的行为，则毫无责备之言。可见，北洋大臣李鸿章除掌握外交大权外，还拥有海防的重权，且可以“先斩后奏”。李鸿章拥有巨大的权力的背景，是封建君主专制制度发展到清末时期，中央对地方的直接控制减弱，

① 徐中约：《中国进入国际大家庭1858～1880年间的外交》，商务印书馆，2018，第165～184页。

② 《清会典》（光绪朝）卷100，中华书局，1991，第910页。

形成了中央要倚靠地方的“督抚重权”[①] 现象，地方督抚对辖区中的政治、经济、军事、外交的各个方面，拥有相对独立的处理权。而直隶总督李鸿章作为督抚第一人，又兼有北洋大臣的身份，更是手握重权。特别是出兵朝鲜的外交大事，基本依照李鸿章的判断行事。有关李鸿章的权限，根据1882年签订的《中朝商民水陆贸易章程》[②] 可知，他已经获得了与朝鲜国王同等的外交地位。

结　语

综上所述，1894年的旧历甲午年，朝鲜爆发东学党农民起义，清朝应朝鲜政府平定内乱的要求派出了支援部队。而日本也拼凑借口乘机向朝鲜派出了军队，且人数是清军的数倍。本文通过实证研究，认为日本出兵朝鲜的过程，是在积极诱导清政府出兵的同时，实施了先于清政府的“先行出兵”的侵略行径。同时还指出，日本的出兵决策是日本内阁全体通过的自上而下的政府全体决议的结果，并非受军部等个别部门的牵制。而清政府出兵的决策过程是掌管北洋军务和朝鲜外交事务的北洋大臣李鸿章直接派出支援部队后，又以事后报告的形式自下而上地汇报的结果。因此在有关出兵朝鲜的重大决策过程中，李鸿章的判断起到了至关重要的作用。

The Decision-making Process of the Japanese and Qing Government in Terms of Dispatching Troops to Korea

Abstract: The Qing Government and Japan sending troops to Korea was the catalyst for the Sino-Japanese war. Through empirical research, this paper argues that Japan's military deployment was not a counterattack against the Qing dynasty to maintain the balance of power in Korea, but a dispatch of troops ahead of the Qing government while inducing it to do the same actively. In addition, the article also points out that Japan's military deployment to Korea was a cabinet resolution. While

① 李细珠《地方督抚与清末新政——晚清权力格局再研究》，社会科学文献出版社，2018，第247～251页。

② 《中朝商民水陆贸易章程》第一条规定了“如遇重大事件，则详请北洋大臣咨照朝鲜国王转札其政府筹办。……办事不合，则由北洋大臣与朝鲜国王彼此知会”等内容。

in the Qing government Li Hong Zhang, the minister of Beiyang government of the Qing dynasty, had the final say in the decision-making process of dispatching troops to Korea.

Keywords: Dispatching Troops to Korea; A Dispatch of Troops Ahead; Li Hongzhang; Mutsu Munemitsu

康有为明治维新观新探

——以其对“人心”的思考为视角

党蓓蓓*

【摘　要】 以往康有为研究中，在考察《日本变政考》时研究者往往重点关注康有为的政治体制变革构想，忽略了他对“人心”的思考。本文将着眼于“人心”一词，主要以《日本变政考》为中心，围绕“天皇”“公议”“人才”重点考察康有为所观察到的明治政府重视“人心”的三个方面，以此来探讨康有为对明治维新的理解以及他的改革思想中强调“人心”的一面，希望以此为康有为的明治维新观研究增添一个新的视角。

【关键词】 康有为　明治维新　人心　日本变政考

引　言

日本近代著名启蒙思想家福泽谕吉曾说，一个国家要想开化进步得按照改变人心、改变社会制度，再引进器物这三个步骤一步一个脚印地走。若是颠倒了这一顺序，那么看起来事情的进展似乎容易一些，但是途中会突遭困境，陷入停滞不前的境况。① 日本近百年来的近代化变革的路径，就是按照上述福泽谕吉所描述的路线一步一个脚印走过来的。

---

* 党蓓蓓，女，汉族，北京外国语大学日本学研究中心博士研究生，研究方向为日本思想文化。

① 原文为：“汲取欧洲文明，必须先其难者而后其易者，首先变革人心，然后改革政令，最后达到有形物质。按照这个顺序做，虽然有困难，但是没有真正的障碍，可以顺利到达目的。”（〔日〕福泽谕吉：《文明论概略》，北京编译社译，商务印书馆，1992，第 14 页。）

日本在“黑船事件”后，被迫打开了封锁的国门，人心思变，力求追赶西方，通过明治维新，社会的政治制度、风俗习惯等发生了翻天覆地的变化。随后在明治政府的主导下，大力推进近代化，进行“器物”革命，最终实现了“富国强兵”，成为与欧美齐肩的近代化的强国。

而反观清朝，先是轰轰烈烈进行了为期30余年的洋务运动，即“器物革命”，虽然表面上推进了中国军事力量的近代化，但由于没有触动根本的政治制度，在甲午年间与东瀛日本一战中以惨败宣告了“器物”革命的失败，冲击了中国广泛的阶层，让众多知识分子对中国的近代化产生了反思。而康有为在甲午战后，迫切认识到应该从更为深层的社会制度方面去学习西方，同时他敏锐地捕捉到了甲午战后所激发出的民心、民意，并将此作为问题意识，投射到对明治维新中日本是如何变革“人心”的观察中，并在《日本变政考》以及诸次上书中表达了他的上述思考。

本文希望通过着眼于其中的“人心”一词，试图从这一新的角度来探讨康有为对明治维新的理解以及改革思想的一个侧面，并希望能够打破以往康有为研究中，尤其对《日本变政考》考察中所体现出的对康有为政治体制的变革构想研究的偏重，从更加全面的视角来探讨康有为对明治维新的思考。①

一 何谓“人心”

“人心”一词，频频出现在康有为的论稿及上书中。② 不仅是康有为，活跃在晚清历史舞台上的知识分子、士大夫们也以不同的形式频繁使用。

① 《日本变政考》是考察康有为明治维新论的重要著作。围绕《日本变政考》，国内外的学者从史料考证、文本分析等角度进行了较多的研究。最具代表性的有村田雄二郎的《康有为的日本研究及其特征——〈日本变政考〉、〈日本书目志〉的愚见》这篇论文，对《日本变政考》《日本书目志》两本书的执笔动机、影响及关联性进行了考察。村田认为康有为的《日本变政考》以《明治政史》为基础，根据中国变法的实际要求，对明治维新的史实进行了一定程度的改造和捏造。在康有为的一本未出版的重要著作《日本变政考》的评价中，王晓秋将《日本变政考》定位为模仿明治维新的康有为改制思想的代表作，并进一步阐明了康有为模仿明治维新的原因。针对康有为的民众观的先行研究主要有汪注《康有为愚民思想流变》《浅析康有为的民权思想》等。而从“人心”这一角度来考察康有为的《日本变政考》的，本文是第一个尝试。

② “人心”在康有为的文章中被频繁提及，且表述方式多样。例如有“于人心之无所激励”的表述，还有“先罪己以励人心，次明趾心激士气”，“政体可正，人心可激”及“正人心”、“义动人心”、“定人心”、“得人心”等说法。

此外，在明治维新前后，志士、政治家、思想家等也频繁使用“人心”一词。由此可见，“人心”乃中日两国共同关心的问题之一。

选择“人心”这一着眼点，既可以避免偏重于精英阶层所主导的政治过程（即从上到下的改革途径），又可以将康有为是如何开启民智，动员民众参与维新变法的过程（即从下到上的改革途径）这两条改革路线同时纳入考察范围。而且，“人心”的着眼点还可以从社会、文化、政治等全方位且立体的角度对康有为的明治维新的理解以及从中汲取的改革思想进行分析和考察。

对于“人心”这一抽象的概念，在晚清时代的文献中，常见到“人心高涨”“人心疲惫”等描写人心高低的表现。另外，像“人心”的“向背”或“离散”这样表示人心的趋向性的用法也较多。“人心”在具备自然成长性的同时，也具备由上至下的指导性。虽说“人心”的抽象性使验证起来是一件非常困难的工作，但正如孟子所说的“得人心得天下”一样，儒家一直重视“人心”这一问题。故“人心”所表现出来的最根本的问题是如何看待“民众”的问题。为了获得“人心”，如何通晓“民情”，并以此为基础“养民”“爱民”等收揽民心的问题是各个时代的执政者、士大夫们关心之所在。

康有为在总结众多变法国家的经验时就指出“先其变法者，尚依然故我，皆目的未定，人心不一之故也”①，将“人心”是否一致提上了左右变法成败的至关重要的高度。“臣熟考当今之先务，在上下协同，人心一和，辨宇内之形势，一变国体，立鸿业之基，以定天下之方向”②，可见，康有为不仅重视人心之向背，更将如何凝聚人心视作变法首要之事，希望统合民心，上下一心，变法图强。此乃康有为强调“人心”的第一层意思。

再者，康有为对晚清“人心疲惫”，“人心守旧拘泥者多”等中国人长期以来缺乏活力、固守成规的状态扼腕痛惜，并将其归结于“老学之故”，言道“今人心之坏，全是老学”③。由于人们普遍接受老子道家思想，被主静、顺从的价值观所支配，在这样封闭的传统中国社会环境里，循规蹈矩、

① 康有为：《日本变政考》，姜义华、张荣华编校，见《康有为全集》（第四集），中国人民大学出版社，2007，第137页。

② 康有为：《日本变政考》，《康有为全集》（第四集），第110页。

③ 康有为：《万木草堂口说》，姜义华、张荣华编校，见《康有为全集》（第二集），中国人民大学出版社，2007，第178页。

守旧不知变通的人左右逢源，而活力的变法进取者却难以生存。故康有为强调“人心”的变革的第二层意思在于以此激发人们破除成规、不断进取变法的士气，从而营造利于变法的思想环境。从康有为的角度来看，幕府末期的“志士”们正是在“尊王攘夷”的旗帜下，迅速集结，志气高涨，实现了倒幕。维新政府成立后，更是在明治天皇的带领下，上下一心积极投身建设新兴的明治国家，才取得了如此辉煌的成绩。

二 明治维新中收揽“人心”的措施——“天皇”的妙用

福泽谕吉在《帝室论》中详细地论述了帝室的作用，即天皇的作用。福泽谕吉认为帝室的作用是通过收揽民心而体现出来的，还在“缓和国民政治论之轧轹、制海陆军人之精神而使知其所向、赏孝子节妇有功者以笃全国之德风、示尚文重士之例使得我日本学问之独立、救艺术于未废之际以增进文明之富”[①] 等方面发挥着其巨大的作用。总而言之，所谓的“帝室”承担着建设“国家精神道德凝聚力”的任务，成为收揽人心的一种存在。

对这种将统合民心的核心以及维持日本“国体”所需的重要的力量寄希望于“天皇”的想法，康有为与福泽谕吉这两位中日两国近代著名的思想家有着异曲同工的想法。

《日本变政考》的开篇中，康有为首先描述了明治天皇的祭天活动，高度评价了明治天皇的祭天发布誓文的举措。“臣有为谨案：日主睦仁即位申誓，为维新自强之大基。”在康有为看来，明治天皇的发愤之心使得“百官动色，誓死相从”，“而成今日富强之大业也”。[②] 一改以往认为明治维新的成功依赖于幕末“志士”们的行动和思想的看法，将明治维新的胜利归功于明治天皇的“雷厉风行”，欲激起光绪的“欲治之心”。“臣有为谨案：日本维新之功，成于睦仁能以明诏激励忠义。孝明天皇优礼处士，召见慰抚，以得人心。”[③] 这种转变从一个侧面说明了康有为通过研究明治日本，看到了作为精神性权威象征的天皇在凝聚民心方面的作用，并欲将此运用到自己的变法活动中去。

① 〔日〕庆应义塾编《福泽谕吉全集》（第五卷），岩波书店，1959，第257页。

② 康有为：《日本变政考》，《康有为全集》（第四集），第106页。

③ 康有为：《日本变政考》，《康有为全集》（第四集），第123页。

另外，上述对明治天皇功绩的描述与康有为内心对光绪皇帝的期望重合在一起，希望光绪皇帝也能奋发图强，“其欲与一国才贤同心发愤，下之以感民庶，上之以共天位。人主有若是之举动，天下安有不感奋兴起者乎”[①]。希望通过天子的带头作用，从而唤起天下有识之士的奋起，在明君的带领下，中国必能如日本一样“人人愿效图报”，“甘效死命以殉国开新”[②]，达到中国遂强的目的。

接下来，将围绕康有为对天皇所主导的行幸、天览、会见等“仪式”的介绍，来考察康有为对于明治政权从精神层面构建天皇权威以统合民心的思考。

在德川时代，一般的民众对于天皇的存在感是非常薄弱的。明治时期以前，日本民众对于天皇的认知，与其说是国家共同体政治的象征性的存在，还不如说是非政治性的，植根于民间信仰的天皇信仰。民众希望通过信仰天皇，来获得更多的现世利益的存在。[③] 具体对于一般民众来说，天皇是可以帮助人们除去灾难和厄运的，与其他神佛具有同样效用的存在。

新政府的当权者们为了在国民生活中树立天皇的核心地位，构建至高无上的天皇权威，从精神层面和制度层面做出了巨大的努力。1889 年颁布的《大日本帝国宪法》宣告了制度层面建构天皇权威工作的基本完成；而精神层面的建构则不仅通过言语和教育等手段来对国民进行教育和灌输，例如军人敕谕的颁布，还通过创建诸多围绕天皇的仪式来在民众中树立天皇的精神性权威的存在，从而达到凝聚民心的目的。明治政府的领导者们之所以将巨大的热情投入对国家仪式的创造、再生事业中，是因为他们试图通过操纵这一仪式，树立拥有唯一合法性的统治者，从此打破日本长期以来固化的身份制以及地域之间的隔阂，达到统合民心的目的。

明治政府这片苦心，康有为通过在《日本变政考》中对天皇巡幸的描述和追踪，记述了从深宫中走出来的“天皇”，通过出席各种仪式，在统合民心方面所起到的作用：

---

① 康有为：《日本变政考》，《康有为全集》（第四集），第 106 页。

② 康有为：《日本变政考》，《康有为全集》（第四集），第 142 页。

③ T. Fujitani：『天皇のページェント 近代日本の歴史民族誌から』，米山 Risar 译，NHK 出版社，1994，第 134 页。

二十日，天皇幸天保山，阅海军操练。[①]

是月，奈良县四条隆平请下赐天皇照影，使人民瞻望。听之，寻颁赐各府、县。此示亲尊之意也。此义令人有亲上之意，我宜行之。[②]

开元老院，天皇亲临，行开院仪。八月二十五日，天皇临幸上野公园，召府民八十以上，赐金币。人民感泣。[③]

《日本变政考》中，如上述引用那样，大量介绍了天皇积极参与到外交、教育、政治等国家生活各个方面，与民众融为一体的明治天皇形象。与至今为止身居深宫中的君主像形成了鲜明的对比。通过对明治天皇积极参与国家政治生活的描写，康有为提出了自己心目中理想的“君主形象”，即君主与人民之间没有隔阂，君民一体一心的形象。如果把《日本变政考》的第一读者设想为光绪皇帝的话，那么我们可以以此窥见康有为希望光绪皇帝以明治天皇为范本，改变至尊王权的状况，构筑新的“君主像”的意志。

康有为通过塑造出明治天皇的英明睿智且亲民的形象，以此建议光绪皇帝也如明治天皇一样“乾坤独断”，实施变法维新。但在主张“君权”变法的同时，康有为也警惕到不能过度尊重君权。自古以来的君主独尊，导致了下层意见无法传达到上层、严重的“闭塞”局面。而日本在改善这一君民隔绝方面也同样给予了康有为很好的启示。[④] 结合此时期康有为在政治体制改革方面主张实施君主立宪制来思考的话，不难看出，康有为对这一制度的理解是以皇帝为中心，让少数贤明、有能力的大臣以及议员参与国家事务，并通过疏通下层知识分子参与国事的上升通道，实现君民一体、上下一心，从而弥补封建制度下“君权独断”所导致的“君民隔绝”的弊病，最终实现国家强盛。

综上所述，天皇的存在与日本近代化的成功紧密相连，康有为以此为

① 康有为：《日本变政考》，《康有为全集》（第四集），第112页。

② 康有为：《日本变政考》，《康有为全集》（第四集），第136页。

③ 康有为：《日本变政考》，《康有为全集》（第四集），第154页。

④ 康有为在1886年所作的《康子内外篇·阖辟篇》中就指出：“日本明治皇之变西法也，并其无关政事之衣冠正朔而亦变之，所以示民有所重也，所以示泰西有所亲也，以开塞之术行之也。”赞扬了明治天皇积极学习西方的精神以及日本天皇所实施的“开塞之术”。这里所谓的“开塞之术”便是打破体制尊格，实现君民一体之术。见康有为《康子内外篇》，《康有为全集》（第一集），中国人民大学出版社，2007，第98页。

“镜”，折射出中国君主制所存在的问题，描绘了理想型君主所应有的状态，并注意到了君主在构建近代国家中所起到的统合民心的作用。但不得不说的是，康有为对明治维新就是通过明治天皇和少数几位有为大臣的努力而取得的成功，这一解读是一种对天皇作用的误读。正是康有为的这种，认为只要一方面利用皇帝的权威，另一方面通过改革中央集权政府官僚体系，自上而下通过皇帝发布谕旨，地方政府督办的形式就能使维新变法走向成功的想法，导致了其领导的维新变法运动的失败。

三　明治维新中激励“人心”的措施——公议

作为明治国家的建国理念而被广泛熟知的《五条誓文》，是明治天皇于1868年3月，率领公卿、诸侯、文武百官在天地神祇前举行誓祭典礼后，宣布的新政府的施政方针。尤其是第一条“广兴会议，万事决于公论”正式开启了近代日本的民主化进程。而所谓“公论”就是指广泛听取人们的意见，基于正确的意见实施统治。其思想源于幕末的“公议”思想。

从幕末时期开始，“公议”是象征新时代的词语之一，其表现方式多种多样，有如“公议”“公论”“众议”“舆论”等多种说法。在康有为的授意下，其长女康同薇所编纂的《日本变法由游侠义愤考》中，康同薇对幕末政局的描绘中便频频提及“公议”一词。传统的儒家政治思想之中，对于疏通上下隔阂，从而获取民众支持的方式，认为主要通过自上而下的庞大的官僚机构即可。而作为晚清时期资产阶级改良思想的先驱者顾炎武、黄宗羲等人早在17世纪八九十年代就提出了通过分散君主权力以及扩大士绅阶层的政治话语权来疏通上下阖闭的方法。这可以视为中国“公议舆论”的思想源流。

顾炎武在《日知录》中明确提出了“分权”理论，主张将集中于天子手中的权力逐级逐层分下去，并建议地方应该建立一套完备的组织机构和法律条文。这种“分权”理论也就意味着扩大臣民参与政治的程度。明末的黄宗羲在《明夷待访录》中，则主张一方面通过抬高相权，将集中于君主一身的权力分散和下放；另一方面，使学校成为民众正式表达民意的渠道，并让乡绅取代胥吏，从而扩大乡绅参与政治的程度，使其更广泛地参与基层事务的管理，从而达到下通民情，使民意上达的目的。

在晚清，权力中枢逐渐被李鸿章等在镇压太平天国运动中不断发展壮大的地方督抚所掌控，而像康有为这样的一介平民书生，即使有光绪皇帝的偏袒，权力中枢对他们来说也是无缘的。因此，“公议”这一口号对于试图急速实施变法的康有为来说，仿佛是打开了一条通往上层的路线，到达至高权力的快速通道，是一句非常有吸引力的宣传标语。

“公议”这个理念，是对德川时期在官吏的选拔和任用方面实施的世袭门阀制度的重大挑战。在明治政府中，将“公议”最初落实到制度上的政策是 1868 年 1 月制定的三职七科中的“贡士”“征士”的规定。关于此事，在《日本变政考》中，康有为做了详细的介绍：“征士起自草茅，乃与公卿、诸侯平等任大政。日本维新能举庶政，全赖此法，惟才是用，不能定员也。”①从公议所设立的曲折经历来看，可以了解到这项制度的展开和实施并非一帆风顺，而是经历三职七科、三职八局、政体书、太政官职制等一系列的变化，而且，康有为把上述的试行错误全部一一记录在《日本变政考》中②，可见康有为对此关注之深切。

从康有为的角度看，新制度的引进在破坏中央和地方旧势力方面发挥了巨大的效力，尤其是“贡士”“征士”的制度在身份制社会的日本是破天荒的新制度，它使人心焕然一新，对活跃政务产生了积极的作用。“此外凡有欲论时务者，皆可以建言。则凡有应兴应革之事，莫不上达矣。此法之所以能变也。”③“公议”可以打破上下隔阂，使君主能察知民情，想民众之所想，急民众之所急，“日本变法之有成，全在广集众议，博采舆论”。④“公议”正是日本维新变法得以施展开来的前提所在。

而康有为在戊戌维新期间所提出的开设制度局这一建议，正是对明治维新“公议”政策研究的基础上，对日本经验的效仿。这可以从康有为呈递给光绪皇帝的《日本变政考》中康有为对于日本开设制度局的按语就可以知晓。

臣有为谨按：日本所以能骤强之故，或以为由于练兵也，由于开

① 康有为：《日本变政考》，《康有为全集》（第四集），第 107 页。

② “臣有为谨案：明治初年，既革幕府政权，复去世职家吏，特立征士、贡士之职，申公议舆论之誓。盖破陈资格勋藩之旧，采用草茅才俊之言，此事最难。日本维新之始，乃能行之。”［康有为：《日本变政考》，《康有为全集》（第四集），第 107 页。］

③ 康有为：《日本变政考》，《康有为全集》（第四集），第 128 页。

④ 康有为：《日本变政考》，《康有为全集》（第四集），第 127 页。

> 矿也，由于讲商务也，由于兴工艺也，由于广学校也，由于联外交也。固也，然皆非其本也。其本维何？曰：开制度局，重修会典，大改律例而已。①

而“参政”正是康有为创设制度局的出发点。只有开设制度局，才能使光绪皇帝所吸纳的人才有施展自己才华的地方。这里所谓的人才，指的是以康梁为代表的维新派人士以及朝中具有变法倾向的王公大臣这两部分人。可见，制度局正是为了让这部分势力参与国事，跻身权力机构的核心。

四　明治维新中汇聚“人心”的措施——人才

通过对明治政府积极提高国民文化程度，积聚下层民众“人心”所作出的努力的观察，康有为看到了开民智和培养优秀人才在汇聚人心，建设近代化国家上的巨大影响。且康有为有感于世风日下、人心不古的晚清，认为开启民智、重视教化有利于社会安定，凝聚人心，故也十分重视文教方面的改革。

在《日本变政考》中，康有为说道：“其民智愈开者，则其国势愈强，英、美诸国是矣。民智之始何基乎？基于学校；民智之成何验乎？验于议会。”② 可见，康有为将开民智视作国家强盛的基础。而兴办学校就是最好的开民智的途径。“日本之骤强，由兴学之极盛。其道有学制，有书器，有译书，有游学，有学会，五者皆以智其民者也。五者缺一不可。”③ 在戊戌变法期间，康有为对日本“普及教育”的手段进行了全方位的模仿和引进，上书朝廷积极筹办京师大学堂以及发布高等、中等、初等各级学堂和各种专门学堂等一系列的教育改革举措，急切地希望中国也能兴学培育更多的人才，使中国走向富强。

除了培养人才，人才的选拔对于渴望进入统治者阶层的、广泛的知识分子来说，同样具有非常大的吸引力。而且对于新兴政府来说，能聚集多少有才能的人参与政治统治中来，关系变法和推行新政的成败。

康有为认为，中国之所以积弱不振，其重要原因在于人才匮乏。选拔

① 康有为：《日本变政考》，《康有为全集》（第四集），第137页。
② 康有为：《日本变政考》，《康有为全集》（第四集），第137页。
③ 康有为：《日本变政考》，《康有为全集》（第四集），第169页。

优秀人才参与国事，也是康有为通过日本经验学习到的另一项笼络广大知识分子“人心”的手段。在康有为的变法构想中，提出了“不拘一格降人才”的选材原则。康有为主张“凡有高才，不次拔擢”①。在录用人才方面提出了要避免历来“以资格治天下”的局面，要不问资格和出身，唯才是用这一用人原则。封建官场在人才选用方面的最大弊病在于凭借资历选拔人才，排挤压制着年轻有识之士的提拔。康有为指出此弊端，要求改革腐朽的官僚选拔体制，要求参与政权。② 这无疑是对明治维新中明治天皇破格任用诸多中下层志士的羡慕与模仿，而且这一举措如能付诸实践，必会激发更多有志之士积极投身变法运动，挽救民族危亡。

对于人才选拔的标准，康有为经历了从“妙选仁贤”到“通才”这样一个不断深化的过程。在 1888 年《上清帝第一书》中，康有为就上书建议光绪帝“妙选仁贤，及深通治术之士，与论治道，讲求变法之宜，而次第行之”。③ 此时选材的标准是“贤仁”之士，即传统的道学评价体系的选材标准，而维新变法时期，康有为则提出了要选学贯东西的“通才”这一新的选材标准。“故维新之始，先开局编书，妙选通才领之，并听其以书局自随。所以优待儒臣，广求新学，至矣。”④ 而所谓“通才”则是指既精通中国传统知识文化，又懂得新学，思想开放之人。从“仁贤”（即仁又贤）这一传统的选贤标准，到既懂传统又精通西学这一标准的变化，可见依靠怎样的人才实施变法，也是康有为随着对国外变法经验的总结的加深，一步一步认清的。

结语——康有为的民众观

本文围绕“天皇”“公议”“人才”这三个角度主要以《日本变政考》为文本，分析了康有为对明治日本所做出的一系列变革“人心”举措的思考，并考察了康有为是如何将上述思考运用到其改革方案中的。本文所选取的这三个变革“人心”的举措稍侧重于从上到下的指导性，但限于篇幅，不能将康有为采取的其他凝聚民心的措施一一列出进行分析。正如前所述，

① 康有为：《上清帝第三书》，《康有为全集》（第二集），第 68 页。

② 王凡：《康有为人才思想论略》，《社会科学辑刊》2002 年第 3 期。

③ 康有为：《康子内外篇》，《康有为全集》（第一集），第 108 页。

④ 康有为：《日本变政考》，姜义华、张荣华编校，见《康有为全集》（第四集），第 122 页。

对“人心”关注的背后，折射出来最为根本的是如何看待“民众”的问题。

早期的康有为一直受传统的儒学熏陶，奉行的是传统士大夫的愚民思想。在康有为早期1886年所撰写的《康子内外篇·阖辟篇》中，康有为就说道：“民不可使知，故圣人之为治，常有苦心不能语天下之隐焉。”[①] 认为“民”是愚昧之人，不用让他们知道行动的原因，只要让他们听从驱使即可。在《康子内外篇·爱恶篇》中，康有为甚至将乱民的可惧程度抬高到了夷狄之上[②]，“惧夷狄而不及乱民也”[③]，如“民可静不可动，奸佞生心，则有内讧之祸”[④] 中所表达的那样，其防民之心溢于言表。

随后由于甲午战争后大量的东、西洋知识的涌入，19世纪后半期清末的士大夫们的民众意识发生了较为显著的变化。尤其是康有为在目睹学人对西学如饥似渴地不断摄入后，通过与西洋国政的现状的对比，重新对民众之中所蕴含的力量以及“人心”的重要性做出了新的认知。

康有为肯定了中国民众所具有的勤劳与智慧的优良品质，“其民聪而秀，其土腴而厚，盖大地万国未有能比者也”[⑤]，但由于以往的统治阶层措施失当，“兵不识字，士不知兵，商无学，农无术，则民智弱；人相偷安，士无侠气，则民心弱”[⑥]，在强邻环伺下，中国危如累卵。鉴于中国面临此存亡之秋，康有为振臂呼吁：“惟有合群以救之，惟有激耻以振之，惟有厉愤气以张之。我四万万人，知身之不保，移其营私之心，以营一大公；知家之不存，移其保家之心，以保一大国。”[⑦] 可见，康有为看到了民众中所蕴含的巨大力量，要把拯救国家民族危机的重任放到“四万万”民众身上，号召民众奋起救国。因此，康有为在《上清帝第二书》中便将养民、济民等政策纳入其构想的社会变革的体系之中；并随着对日本明治维新研究的深入，了解到明治维新不仅在官制、法律方面进行了变革，更在涉及民事方面做了诸多工作，指出：“然国政之立，皆以为民，民政不举，等于具文而已。”[⑧] 然而，正如康有为在总结明治维新经验时所云：“自古有国者，莫不

---

① 康有为：《康子内外篇》，《康有为全集》（第一集），第97页。
② 汪注：《康有为愚民思想流变》，《当代教育理论与实践》2009年第5期。
③ 康有为：《康子内外篇》，《康有为全集》（第一集），第100页。
④ 康有为：《攻日策》，《康有为全集》（第二集），第13页。
⑤ 康有为：《京师强学会序》，《康有为全集》（第二集），第89页。
⑥ 康有为：《上清帝第二书》，《康有为全集》（第二集），第33页。
⑦ 康有为：《保国会序》，《康有为全集》（第四集），第52页。
⑧ 康有为：《上清帝第六书》，《康有为全集》（第四集），第19页。

思所以聚其民。列国竞立之世，得民尤急。凡日夜经营，政教并施，皆所以使民相亲相爱，合手足以捍头目，则内讧可息，外患可防。”① 要“政教并施”才能更快更好地汇聚民心，尤其在国家存亡迫在眉睫之际，较之于关心民生、提高民众生活水平，康有为认为更重要的是“教民”，提高民众的教化层度，才是适合国情且最为根本的救亡之路。为此，康有为积极将精力投入“开发民智”的工作中。提倡孔教，让民心有所归；翻译日本书籍并派游学，让民众通世界之识；推行基础教育，提升一般民众的认知；这些都是康有为围绕汇聚民心，使民众团结一心、一致对外所做出的一系列努力。

从洋务派将制船造炮作为强国的途径，康有为看到了民众乃国家强盛的重要力量，并把民心、民智与国家民族的救亡运动联系起来。康有为的这一民众观具有其一定的进步性，但不可否认的是康有为仍然受到传统儒家道德观念和民本思想的影响，并未将民众看作政治的主体，仍然认为君主受命于天，“抚民”“养民”乃上天给予君王的职责。即使重视“人心”，实施维新变法，以此强国御敌，也只是从维系统治的角度出发的。② 所以，以康有为为代表的维新派，是不可能认识到广大民众所具有的反抗压迫、追求自由进步的一面，这也在某种程度上局限了其对民众力量的根本性把握。经历重重挫折失败后，康有为仍然不放弃将皇帝作为实现变法的依靠，故步自封，注定了其失败的命运。

A New Perspective on Kang Youwei's Understanding of Meiji Restoration
—Focusing on His Thinking on "Renxin"

Absrtact: This article focused on the key word "Renxin", referring to *A Study of the Institutional Reforms in Japan*, where Kang Youwei observed the three approaches used by Meiji Government to win people's support in Japan: Emperor, Talents and Public Deliberation. Unlike previous studies, focusing more on Kang Youwei's idea of political system reform, especially in the Japanese Political Exami-

① 康有为：《日本变政考》，姜义华、张荣华编校，《康有为全集》（第四集），第 206 页。

② 张艳丽：《戊戌维新派的民众观》，《兰州学刊》2005 年第 3 期。

nation, such a concept of "Renxin" provided us with another way to discuss Kang Youwei's understanding of Meiji Restoration and his reform thinking, as well as his perception of the public.

Keywords: Kang Youwei; Meiji Restoration; Renxin; *A Study of the Institutional Reforms in Japan*

福泽谕吉“文明”观对西方理论的选择性接受

代乌日瀚*

【摘　要】 福泽谕吉是日本近代杰出的启蒙思想家。《文明论概略》（1875）主要体现了他的“文明”观，对明治时期的日本具有巨大影响。福泽谕吉的“文明”观受19世纪西方理论的影响非常大，尤其是基佐的《欧洲文明史》。考察两人的文本可发现，福泽谕吉并非全盘接受基佐观点，而是基于日本的现实对其进行一定程度的改造，这是一种选择性接受。这种选择性，尤为突出地体现在他对马修·阿诺德之“文化”的忽视中。福泽谕吉对西方理论的这种“筛选”，体现了其立足现实、善学勤勉的思想特点，也从一个侧面体现了一民族对外来文化的选择和接受的复杂性。

【关键词】 福泽谕吉　“文明”观　《文明论概略》　《欧洲文明史》　《文化与无政府状态》

引　言

福泽谕吉（1834～1901）是日本近代杰出的启蒙思想家。他20岁以前修汉学，之后在长崎和大阪学习兰学①，1859年去江户（东京的旧称）后转学英学。在明治维新之前的1860年、1862年和1867年，他访问过欧美3次，将其在欧美的所见所闻写成了《西洋事情》。福泽谕吉的活动主要有两

* 代乌日瀚，北京语言大学中华文化研究院2018级硕士研究生。

① “兰学”是18世纪到19世纪，经荷兰传入日本的学术、文化、技术的总称。

个方面：教育和著述活动。[①] 福泽谕吉一生所著颇丰，其中尤以论述教育的《劝学篇》（1872～1878）和体现其“文明”观的《文明论概略》（1875）影响最大。本文将以《文明论概略》为视点，讨论福泽谕吉从西方接受的主要的理论影响，并以马修·阿诺德的文化理论为例，分析福泽谕吉对西方理论的选择性接受，以深化对福泽谕吉思想特点的认识。

一　所谓“文明”

福泽谕吉在《文明论概略》的开篇即写道：“‘文明论’是探讨人类精神发展的理论。其目的不在于讨论个人的精神发展，而是讨论广大群众的总的精神发展。所以，文明论也可称为群众精神发展论。”[②] 又说：“文明就是指人的安乐和精神的进步……归根结底，文明可以说是人类智德的进步。”[③] 这是福泽谕吉对“文明论”和“文明”下的定义。

其实，“文明”一词在中国古已有之，最早见于《易经·文言》：“见龙在田，天下文明。”在这里，“文明”含有文采光明、文德辉耀的意义。[④] 而现代汉语中的“文明”一词是从日语汉字词汇中借用的，近代日本人将英文 civilization 翻译为“文明”，并把出自《书经》《易经》的“文明”与顾恺之《定命论》中的“开化”一词组成了“文明开化”这一新词。[⑤] 这表明，福泽谕吉所用的“文明”一词，汉字虽来自中国古典文献，但其内涵却不同于中国古代的“文明”，可以说是“旧瓶新酒”。关于英文中的 civilization，雷蒙·威廉斯在《关键词：文化与社会的词汇》中对 civilization 一词的内涵和演变做了详细的考察，认为到了 18 世纪末期，尤其是 19 世纪，civilization 成为普遍通用的词。[⑥] 那“新酒”之“新”，一方面在于“文明”一词之内涵的更新；另一方面更在于日本学习对象的变“新”——

① 参见〔日〕加藤周一《日本文学史序说》（下），叶渭渠、唐月梅译，外语教学与研究出版社，2011，第 264～266 页。

② 〔日〕福泽谕吉：《文明论概略》，北京编译社译，商务印书馆，1992，第 1 页。

③ 〔日〕福泽谕吉：《文明论概略》，第 33 页。

④ 马世之：《中外文明起源问题对比研究》，《中原文物》1992 年第 3 期。

⑤ 转引自董炳月《鲁迅留日时期的文明观——以〈文化偏至论〉为中心》，《鲁迅研究月刊》2012 年第 9 期。

⑥ 详见〔英〕雷蒙·威廉斯《关键词：文化与社会的词汇》，刘建基译，生活·读书·新知三联书店，2005，第 46～50 页。

从飞鸟、奈良时代便一直追随中国文化的日本，到了明治时期将目光转向了西方。

二 福泽谕吉对基佐的"文明"观的吸收和改造

那么，福泽谕吉所说的"文明"一词的内涵是什么呢？他在《文明论概略》的《序言》中写道："拙著中引用了西洋各种著述……至于摘译其大意，或参考各种书籍拮取其精神藉以阐明我个人见解的，都没有逐一注明其出处。这正如消化食物一样，食物虽然是身外的东西，但已经摄取消化之后，就变成我体内的东西了。"[①]

《文明论概略》用简洁、通俗的语言，向大众宣传、普及了作者自身感受到的新文化。能用如此平易近人的文字进行普及，显然正如福泽谕吉所说，他已将那些西方理论消化成了自己的东西。当我们细读文本，福泽谕吉拮取的西方精神确实随处可见。这些西方精神中，法国基佐（François Pierre Guillaume Guizot）的《欧洲文明史》[②] 和英国巴克尔（Henry Thomas Buckle）的《英国文明史》[③] 是福泽谕吉"文明"观的主要来源，这已是学界公认的观点。至于受谁的影响较大，学界并无定论，例如，石川祯浩认为受巴克尔的影响更大；小泽荣一认为受基佐的影响更深。[④] 笔者更倾向于小泽荣一的观点，理由如下：首先，综观《文明论概略》，巴克尔的名字被提到1次，基佐的名字被提到3次。其次，根据陈凤川所著《〈文明论概略〉研究》的附录，福泽谕吉在《文明论概略》中对巴克尔《英国文明史》的引述有25处，对基佐《欧洲文明史》的引述有37处。[⑤] 例如，《文明论概略》第三章中，福泽谕吉为说明"文明"的存在而举了4个例子；

---

① 〔日〕福泽谕吉：《文明论概略·序言》，第4页。

② 弗朗索瓦·皮埃尔·吉尧姆·基佐（1787～1874），法国著名的政治家和历史学家。《欧洲文明史》是作者根据1828年在巴黎大学授课时的讲义加工而成，共14讲。

③ 亨利·托马斯·巴克尔（1821～1862），英国历史学家，《英国文明史》第一卷出版于1857年，第二卷出版于1861年。

④ 参见石川祯浩《梁启超与文明的视点》，狭间直树编《梁启超·明治日本·西方—日本京都大学人文科学研究所共同研究报告》，第97页。小沢栄一：『〈文明論之概略〉とギゾーの文明史』，『日本歴史』第144号（1960年6月号），第27～37页。转引自刘文明《欧洲"文明"观念向日本、中国的传播及其本土化述评——以基佐、福泽谕吉和梁启超为中心》，《历史研究》2011年第3期。

⑤ 陈凤川：《〈文明论概略〉研究》，辽宁教育出版社，2012，第332～345页。

而基佐在《欧洲文明史》中也提出了4种假设来辨别“文明”。[①] 对比两人的文本可发现，福泽谕吉几乎是对基佐的文本进行了编译，用福泽谕吉自己的话来说，就是将基佐的理论消化成了自己的东西。

福泽谕吉在哪些方面吸收了基佐的“文明”观呢？基佐说：“文明依据两个条件而存在，它本身表现为两种现象：一个是社会活动的发展和个人活动的发展；另一个是社会的进步和人性的进步。”[②] 又说：“文明的两个要素——社会发展与道德发展——是密切联结在一起的。”[③] 可见，在基佐看来，“文明”的基本内涵包括社会和个体的进步，物质与精神的发展。而社会发展和人的道德的发展是“文明”不可或缺的两个要素。“进步”和“发展”是其关键词。而福泽谕吉把“文明”分为“外在文明”和“内在文明”：前者指衣食住行和政令法律等能够耳闻目见的事物；后者指人民的“风气”或一国的“人情风俗”。[④] 之后，他又从狭义和广义两方面论述了“文明”的含义：“若按狭义来说，就是单纯地以人力增加人类的物质需要或增多衣食住的外表装饰。若按广义解释，那就不仅在于追求衣食住的享受，而且要励志修德，把人类提高到高尚的境界。”[⑤] 由此可见，福泽谕吉的“文明”观也是着眼于物质和精神两方面，并且更注重精神方面。另外，基佐的“进步”和“发展”观也被福泽谕吉所接受。《文明论概略》全书的基调就是呼吁日本向“文明”更加“进步”的西方学习，他说：“在今天这个时代，是应该前进呢，还是应该后退？是进而追求文明呢，还是退而回到野蛮？问题只在‘进退’二字。”[⑥] 可以说，福泽谕吉在书中对基佐的观点的引述，都围绕着“文明”的二要素和“进步”“发展”观。

虽然福泽谕吉的“文明”观主要受到了基佐的影响，但他并不是直接“移植”，而是对基佐的观点进行了改造，使其更适合日本的现实情况。福泽谕吉的遣词造句、所举的例子以及某些理论观点，都明确地显示出了这一点。主要表现在以下几个方面。

---

① 参阅〔日〕福泽谕吉《文明论概略》，第31～32页。〔法〕基佐《文明》，收于〔美〕罗伯特·哈钦斯、〔美〕莫蒂默·艾德勒主编《西方名著入门5人与社会》，商务印书馆、美国不列颠百科全书公司，1995，第353～354页。对比两处文本，可以发现非常明显的关联。

② 〔法〕基佐：《文明》，《西方名著入门5人与社会》，第357页。

③ 〔法〕基佐：《文明》，《西方名著入门5人与社会》，第359页。

④ 详见〔日〕福泽谕吉《文明论概略》，第12～13页。

⑤ 〔日〕福泽谕吉：《文明论概略》，第30页。

⑥ 〔日〕福泽谕吉：《文明论概略》，第8页。

第一，《文明论概略》主要的作用是向日本大众宣传西方文明，因此，其中的词句简洁、通畅，又常有俗语出现，便于一般民众阅读和理解，这也是此书畅销的重要原因之一。另外，虽然很多观点是直接引述了基佐的理论，但是，所举的例子大部分是日本或中国的历史故事，并且时时对历史或现实进行评论。行文上的这种本土化改造，无疑让日本民众更容易接受那些来自西方的新观念。之所以进行如此改造，是因为彼时的日本明治维新（始于 1868 年）开始还不到 10 年，民众对西方还较为陌生，比起西方，对中国的历史文化更为了解和亲近，而日本的文化传统也还未向西方“低头”。正因为如此，只有将新理论和“旧话语”结合在一起，才能更有效地使民众接纳它。

第二，基佐虽然提出“文明”有两个要素，但是并没有特别强调某一方面。与此相比，福泽谕吉则是更强调“智德”，即智慧和道德。《文明论概略》共十章，他用四章的篇幅来论述“智德”。福泽谕吉认为，我们可以把智德兼备的人称为文明人，一国的文明，则是全国人民智德的反映，因此“一个国家的治乱兴衰，也是和国民的智德有关联的”[①]。福泽谕吉对精神文明的重视程度可见一斑。“智德”之中，道德的方面值得一提，福泽谕吉主张的“道德”并不是基督教的道德伦理，而是明显带有儒家伦理色彩的道德观。在此仅举一例：福泽谕吉用“修身”与“慎独”来说明“道德是存在于人们内心的东西”，认为真正的“无欲、正直”是“不顾世人的褒贬，威武不能屈，贫贱不能移，坚贞不拔地存在于内心的东西”。[②]“修身”和“慎独”出自《礼记·大学》，是儒家的重要概念。“所谓修身在正其心者，身有所忿懥，则不得其正，有所恐惧，则不得其正，有所好乐，则不得其正，有所忧患，则不得其正。”[③]“修身”就是要端正自己的“心”，不被繁杂的情欲所动，也就是“无欲”。《大学》又云：“所谓诚其意者，毋自欺也，如恶恶臭，如好好色，此之谓自谦，故君子必慎其独也！”[④]可知，“慎独”就是不欺骗自己，即使一人独处，也应谨慎自己的品行，也就是“正直”地面对世人和自身。如此看来，福泽谕吉不仅用儒家思想的概念解释道德，而且他的论述表明其对“修身”和“慎独”概念的把握相当准确。

---

① 详见〔日〕福泽谕吉《文明论概略》，第 42～49 页。

② 〔日〕福泽谕吉：《文明论概略》，第 78～79 页。

③ （宋）朱熹：《四书章句集注》，中华书局，2011，第 9 页。

④ 《四书章句集注》，第 8 页。

此外，他对“克己复礼”的论述也符合儒家思想，笔者不再展开论述。福泽谕吉虽然对儒家多有批判（这在其论述学问教育的著作《劝学篇》中更加明显），但其道德观中的儒家思想的痕迹非常明显，这也显示了他和儒家思想的微妙关系：或许，儒家思想是他想摆脱却根植于其内心的东西。总之，汉学和西方学问的双重影响构成了福泽谕吉非常重视“智德”的“文明”观，尤其是其“德”之一面。

第三，基佐的《欧洲文明史》不仅带有欧洲中心色彩，还带有浓厚的法国中心色彩。“基佐的文明史，是以历史来诠释现实，反映的是基佐个人甚至当时法国知识分子对欧洲社会的认知。”① 反观福泽谕吉，虽然主张“文明开化”、向西方学习，但他对西方各国的现状并不是全部满意，他说：“现在称西洋各国为文明国家，这不过是目前这个时代说的，如果认真加以分析，它们缺陷还非常多……西洋各国有朝向文明方面发展的趋势，而决不可认为目前已经尽善尽美……文明的发展是无止境的，不应满足于目前的西洋文明。”② 虽然这种认知是基于直线的“进步”观，但不可否认的是，福泽谕吉向西方学习是第一步，其最终目的是超越西方。在福泽谕吉看来，欧洲并不是完美的“文明”之所在，欧洲的主要宗教基督教也只是使人有道德的方式之一，与神儒佛并没有本质上的区别，单论“智德”之“德”，日本也并不逊于欧洲……从这些观点来看，福泽谕吉并不认为欧洲对世界有绝对的优越性，这点区别于基佐。

第四，在《欧洲文明史》《文明》一章的开篇处，基佐写道：“我们法国人在研究欧洲文明中处于有利地位……法国一直是欧洲文明的中心、欧洲文明的焦点……每当法国看到自己在文明事业中被别的国家所超过时，她就焕发出青春的活力，并怀着新的激情向前迈进。”③ 可见，基佐是站在一个“领头羊”的立场去回顾法国和欧洲历史，进而从历史中总结“文明”的。他对“文明”的论述，可以说是一个自认在“文明”事业中取得了领先成就的人在回顾自己的辉煌。而对于福泽谕吉来说，“文明”不是经验总结的结果，而是实现国家独立的手段，他的重心不在历史，而在于未来日本的独立。关于独立，福泽谕吉这样说：“所谓独立，是指应该有独立的实

---

① 刘文明：《欧洲“文明”观念向日本、中国的传播及其本土化述评——以基佐、福泽谕吉和梁启超为中心》，《历史研究》2011 年第 3 期。

② 〔日〕福泽谕吉：《文明论概略》，第 10～11 页。

③ 〔法〕基佐：《文明》，《西方名著入门 5 人与社会》，第 348～349 页。

力，并不是指偶然独立的外表而言，我们日本在外国人来到以前的所谓独立，不是真正具备实力的独立，只是没和外国人接触因而偶然具有独立的形式而已。"① 他的这一观点完全是从日本的现实出发而言的。福泽谕吉生活的19世纪下半叶，正是欧洲国家获得世界性霸权的鼎盛时期，欧洲殖民者和种族主义者构建起了一套"文明"话语，以"文明者"自居，自上而下俯视着"野蛮"或"半开化"的地区。在这种世界格局下，福泽谕吉这样的有识之士，不免要为日本的国家安全所担忧，所以他认为"如果全国人民没有真正的独立思想，文明也不能对日本起什么作用，那么，就不能称为日本的文明……所谓国家的独立，所谓国家的文明，是指一国的人民团结一致保卫国家独立，维护国家权力和尊严而言"②。可见，福泽谕吉是把"文明"和"独立"联系在了一起，并且把国家的独立和个人的独立联系在了一起。这是他为明治政府指出的强国之路，也让他的"文明"观染上了国家主义的色彩。

对外来文化理论的这种选择和改造，并不是福泽谕吉的独创。从《古事记》、《日本书纪》到《万叶集》，再到日本禅宗、绘画，其中都有古代日本对中国文学文化的某种抛弃和选择的因素，有些是民族传统的无意识的选择，有些是关键人物的有意选择，但都是对外来文化的改造。对近代日本来说，福泽谕吉就是"关键人物"之一，他通过对日本现实的观察和思考，有意识地对西方理论进行改造，使西方理论和文化在日本广泛传播，进而促进了两种文化更深入的交流。

三 福泽谕吉和马修·阿诺德："文明"和"文化"

综上所述，福泽谕吉的"文明"观是从强烈的民族危机意识出发的，从"文明"和"落后"的二元对立观出发，主张以"文明"的西方为楷模去改革日本国民性和整个日本社会。加藤周一认为，福泽谕吉心中的楷模、那个理想社会主要是19世纪中叶的英美中产阶级社会。③ 19世纪的西方，并非只有基佐这种直线的"进步"理论，还有马修·阿诺德（Matthew Arnold，1822～1888）这种不着眼于"进步"和"发展"的"文化"理论。

① 〔日〕福泽谕吉：《文明论概略》，第191页。

② 〔日〕福泽谕吉：《文明论概略》，第186页。

③ 《日本文学史序说》（下），第271页。

当英国的马修·阿诺德批判着进步被等同于机器和金钱，呼吁着“美好与光明”的时候，在远东的日本，福泽谕吉却把那个社会当作日本学习的楷模。要知道，马修·阿诺德的《文化与无政府状态》（1869）和福泽谕吉的《文明论概略》（1875）出版时间相差不远。

对于被福泽谕吉赞赏和向往的英国，马修·阿诺德的观点却有很大不同。维多利亚时代的英国国力强盛，科技革命和工业革命大大地解放了生产力，物质水平大步提升，人们的文化生活也丰富多彩。在福泽谕吉的眼中，这一时期的英国，必然是“独立”且“文明”的国家。然而，他却看不到维多利亚时代的焦虑和怀疑。而身处维多利亚时期的阿诺德却看到人们对积累财富的目的失去了判断，进步被等同于机器和金钱；并且人们将宗教信仰、政治自由等本身视为目的，他们的自由像机器一般僵化而具有排他性。这种机械文明和工具崇拜只是过度地发展了人性的一个方面，英国人仅有“活力和干劲”而忘了还有更高的理想境界，没有以全民的更高的理智和判断力的名义，对个体的放任自由加以控制的概念，后果就是导致无政府状态和社会分崩离析的危险。[①] 针对这种情况，阿诺德认为，英国社会需要“文化”来对其进行救赎。

如果说“文明”是福泽谕吉的关键词，那么，“文化”就是马修·阿诺德的关键词。“文明”和“文化”，从提出的目的到其内涵，都有很大的不同。福泽谕吉的“文明”观是为了日本真正达到独立，阿诺德的“文化”理论则是为了拯救英国的精神危机。阿诺德认为，“文化”是由“求真的科学热情”与“求善的道德和社会热情”这两大人类本性共同作用下的追求完善的过程。文化既致力于获取知识，又重视采取行动，它是源于对“完美”的追求，这种完美是在和谐基础上的完美，它追求的目标是人性各个方面和社会各个部分的全面协调发展。[②] 因此，阿诺德眼中的文化，其实是一种对待世界的态度和人的思维方式。福泽谕吉虽然提倡发展“智德”，但认为当前的日本更缺乏的是“智”，这虽然也属于精神文明范畴，但他呼吁的智慧是实用的智慧，是能够服务于社会发展的智慧，即发

① 关于维多利亚时代的特点，详见张宁《文化主义与意识形态幻想——马修·阿诺德诗评和文化批评》，武汉大学出版社，2014。

② 关于马修·阿诺德“文化”的含义，参见〔英〕马修·阿诺德《文化与无政府状态》（修订译本），韩敏中译，生活·读书·新知三联书店，2012，第6~35页。

展“实学”[①]的智慧，具有鲜明的功利目的。相比福泽谕吉的实用主义精神，阿诺德却是看重心灵层面。福泽谕吉思考着如何让西方理论服务于日本的现实，如何通过教育增加实用人才；阿诺德思考的却是如何用以往的精神遗产去抵抗英国人过剩的实用精神和经验主义。

两人看到的社会现实不同，要解决的问题不同，因此，寻求出路的方向也就不同：福泽谕吉走向了现代西方，马修·阿诺德选择了古希腊。为了给日本寻求出路，福泽谕吉批判了来自东方的儒家传统，对日本的“国家神道”也多有批判，主张“实学”，接受了来自西方的进步发展观。在他这里，东方的“古”败给了西方的“今”。而马修·阿诺德却在人类以往的精神遗产中搜寻着解决现实问题的良方。总之，两人的理念形成了鲜明的对比。

面对同一个西方，同时代的两人何以产生这种几乎南辕北辙的思想呢？究其原因，仍与两人所处的社会现实有关。日本必须在西方列强的包围下维护本国的尊严与权力，因此，首要的任务就是发展，人民和国家的实力共同发展，唯有如此，才能谈及其他。反观英国等西方国家，国力和科技迅速发展的同时，精神危机却也作为副产品而出现，物质生活富足的人们自然有余裕去思考这一问题。正因为面对的问题不同，马修·阿诺德的这种“崇古”的思想观念并没有被福泽谕吉接受。

结　语

福泽谕吉作为明治日本的启蒙思想家，用通俗易懂的语言将自己吸收的西方理论传达给了日本大众，对日本甚至中国都产生了巨大的影响。对于 19 世纪的西方理论，福泽谕吉并不是全盘接受，而是根据日本的现实需要，选择了他自己认为最适用于日本现状的理论观点，并且不遗余力地努力实现它。这一选择和接受的过程，一方面透露了福泽谕吉的思想特点：立足现实，善学勤勉；另一方面也从一个侧面显示了日本对外来文化的选择和接受的复杂性：有抛弃，有选择，也有改造。这些特点并不仅限于近

① “实学”是福泽谕吉常用的术语，指“接近世间一般日用的”学问，对于福泽谕吉来说，心学、神学、理学等“无形的学问”是不切实际的学问；而天文、地理、物理、化学等“有形的学问”则属于实学。详见〔日〕福泽谕吉《劝学篇》，群力译，商务印书馆，1958，第 2 ~ 8 页。

代日本对西方的接受，古代日本对中国文学文化的接受也有这一复杂的过程。这也并不只是日本文化的特点，民族文化的传统性和排他性是普遍存在的，于是也构成了对异民族文化的接受的复杂性。

The Selective Acceptance of Western Theory by Fukuzawa Yukichi's "Civilization" View

Abstract: Fukuzawa Yukichi (1834 –1901) is an enlightenment thinker in modern Japan. *The Summary of Civilization* (1875) mainly reflects his view of "civilization" and has a great influence on Japan. His concept of "civilization" is greatly influenced by Western theories, but there is no lack of unique thinking. Based on the reality of Japan, Fukuzawa Yukichi selectively accepts Western theories. His "screening" of Western theories reflects his ideological characteristics of being based on reality, being good at learning and diligent, and also reflecting the complexity of the acceptance of foreign culture.

Keywords: Fukuzawa Yukichi; "Civilization" View; *The Summary of Civilization*; *The History of Civilization in Europe*; *Culture and Anarchy*

书评

洞视日本社会的历史之眼

——李卓教授《日本社会史论》读后

清华大学历史系教授　刘晓峰

不久前，写在日本支援武汉的物资上的“山川异域，风月同天”成了话题。短短八个字，不仅成功表达了来自彼岸扶桑的善意，而且把今天的善意帮助和中日之间跨越千年的文化交流连接到了一起，并意外地唤起了很多人对于中日关系深层的再思考。几行文字，带来巨大的社会影响，这一现象引起了我对于历史研究的思考。

从来醉心于历史宏大叙事的学者们，他们的研究经常倾尽全力去抓历史一个又一个必然环节。在他们那里，历史叙述成为一系列鲜明的逻辑链条的必然展开。这样的历史阐释体系，当然是最有存在合理性的。因为从人类认识事物的角度来说，发现因果关系一直是我们理解和认识世界最重要的逻辑工具。但是历史还有很多偶然性和复杂性。一如在日本从事汉语教学工作的日本人，在寄给中国的支援物质上写了“山川异域，风月同天”这几个字，带来了偌大意外影响一样，看似很小的细节变化，有时却会牵动巨大社会变动。有时候，离政治核心很远的某种社会心理，也会影响整个社会的行进方向。历史上影响群体和社会变化的因素太多，太复杂，这决定了一个国家、一个族群的历史叙事，绝不能仅仅满足于建立简单化的因果链。这种复杂性就是社会史研究的出发点。

2019 年 8 月出版的《日本社会史论》（江苏人民出版社）就是这样一本处理日本社会内部复杂关系的著作。《日本社会史论》是李卓教授 40 多年研究的结集，也是中国日本社会史研究第一流成果。我很愿意在这里和大家分享我阅读这本论文集的经验体会，因为即便是我这样长期从事日本史教学与研究的同行，阅读这本论文集也同样觉得收获颇多。在李卓教授看来，“任何一个人都不是一个纯粹的自然人，而是社会的人。所以会因为血缘关系、婚姻关系、家族关系、地缘关系、业缘关系、等级关系、阶级关系等各种关系形成相互联系的集团，进而构成特定的社会”。所以“通过社会史的考察，可以清楚地了解特定社会、特定时期的社会现状及社会发展与进步的过程”。[①] 作者序中的这段话提纲挈领，宛如一条红线，贯穿了整部著作。

从内容上看，这部著作是作者多年研究的集成。作者从发表过的 120 余篇论文中精心选取出 35 篇论文的主要观点结构成了这部著作，并在每章最后，细心地对论文最初发表的情况做了认真的交代。按理说这样一本跨度有 30 年的论文集成，难免有主题散漫之嫌。但认真阅读后却意外发现，在作者精心的编排和组织下，这居然真的是上下贯通、浑然一体的完整著作。35 篇论文有机地构成日本古代社会结构、近代日本社会生活变化、家的制度和家的传统、家的伦理在近代社会的活用与恶用、日本国民性和中日传统社会对比等六个板块。每个板块中，围绕各个主题，作者精选了多篇论文，从不同方面次第展开。以作者笔下的明治维新为例。我们通常看到的明治维新的历史，大多把注意力集中于大的历史事件或历史人物。但本书着力的地方却是天皇权威的树立、武士的结局、发型观念的演进、时间制度的变化、人口以及女子教育等。在每一篇的具体展开中，作者又非常注重历史细节的挖掘和重现，倾力于借助细节反映明治维新时期日本人社会生活各个层面的历史变化。因为是从细节入笔，所以社会大变动中社会关系变化经常被细微地刻画出来。每个部分都有血有肉，并且与主题密切呼应。从结构上看，35 篇论文紧紧地围绕在日本社会变迁这一总主题之下，围绕血缘、婚姻、家族、地缘、业缘、等级、阶级等多种关系，对日本社会进行的考察。整本书读起来仿佛在看一幅巨型油画。六块自有轮廓、层次分明的油彩整体组合成一个整体，构成一部匠心独运的社会史画面。集腋成裘，浑然天成。事实上，全书如此端然的整体性显然并不仅仅是编辑之功。在这整体性后面体现出的，是一位研究者在研究方法上的自觉。我们看到的这本书的整体性，是作者几十年如一日沿着学术逻辑展开研究的结果，是作者对于日本社会中具体的历史关系展开有意识的研究所拥有持续性特征。

《日本社会史论》是一部反映李卓教授多年研究积累的著作，书中关于

① 李卓：《日本社会史论》，江苏人民出版社，2019，第 1 页。

日本有一系列自己独创性的认识和判断。最有代表性的首先要说“回归论”。李卓教授在书中提出了四个重要的史学论断。第一，大和时代是日本社会的原点；第二，大化改新日本大量吸收了中华制度文明后，全面回归本来的社会秩序；第三，日本从平安时代就开始“脱亚”“脱华”的过程；第四，日本的近代化是缺乏社会改革的近代化。我们不妨将这四个论断合在一起，用“回归论”来概括。作者认为，日本社会的发展有着与中国截然不同的进程。大和时代氏族组织和国家政权权力交错的共生局面是其原型，大化改新后历史发生了变化，原型一时因为接受中国传来的制度而被打破，但很快就开始向旧有传统回归，平安时代的“脱亚”“脱华”，就是这个回归的另一面。在这个框架中，从平安时代开始的整个日本史，被理解为权力回归于平安律令贵族和权力回归于镰仓以后的军事贵族。社会结构与传统也重新归于与大和时代相近的基本状态。源自大和时代的社会结构与传统，即便在时代发生剧烈变化的明治时代也仍旧发挥了巨大的影响，这种传统的顽固性导致的直接结果，就是日本的近代化是缺乏社会改革的近代化。而这在作者看来是后来日本帝国崩溃的重要内因。

需要指出的是，上述这些论断并非放言空论，而是出于作者对日本社会进行独特的分析，是建立在对于日本社会内部诸种关系深入研究之上的。特别是作者对于日本的“家”的研究，为这些论断提供了重要的研究基础。作者认为日本家族制度从“家”变化为“家庭”跨越了三个时代，历经千年。本书第三章、第四章以家制度与家伦理为核心展开，是全书最为精华的部分。站在与儒化的家比较的立场，作者对日本古代的家制度做了认真的分析，提出日本的“家”是以家业为中心的共同体，它重祭祀、轻血缘，重纵向延续、轻横向关系，重团体、轻个人的特点。在这样的家制度中，家系、家名被重视，家族祖先祭祀被重视；可是和中国相比，最重要的血缘关系却非常混乱，辈分意识欠缺，养子承家以保证家系传承的现象很常见。这和由血缘定亲疏、以长幼别秩序的古代中国家族制度实际上是有本质区别的。从对家族制度的考察入手，作者的论述从古代一直贯通到今天，论述了从家族财产继承的长子继承制度和重家业轻血缘，着力以品德、能力选择家业继承者，对继承者加以严格教育和锤炼的过程。日本家族何以解脱“富不过三代”的魔咒，日本的家族企业何以得到壮大发展，根本皆在于此。家、家族制度一直是李卓教授注重的研究领域。围绕家与家族制度，她先后出版过《中日家族制度比较研究》《家族制度与日本的近代化》

《日本家训研究》等著作。在她承担的国家社科重点项目成果《“儒教国家”日本的实像——社会史视野的文化考察》一书中，对家族制度的考察也是非常重要的论题。对于日本家与家族制度的研究，成为她一系列重要命题的核心支撑。

一本书如果时时可以让读者眼前一亮，那么这一定是非常愉悦的阅读经验，而《日本社会史论》一书，就有很多这样非常精辟也非常有洞察力的见解。我一直认为，真正研治历史者必有过人的历史之眼，因为历史之眼能穿透人类漫长的历史，看清历史史实与本质，足以指点评价人物，发人所未发，道人所未道。有历史之眼的学者才算得上一流学者。但是，研究世界史的学者想获得历史之眼却并非易事。因为你与研究对象之间有着从语言到生活习惯到各种深层文化的差异，这足以构成巨大的障碍。尽管如此，老一辈学者齐世荣先生仍旧认为，中国人研究外国史，一定要有独立见解。因为单从材料上说，外国学者可能比我们掌握的多，但身在庐山未必就全部看得准。他主张研究外国史，必须懂得中国史。因为历史有共性也有特性，能从共性中看到特性，从共性中看到特性，才可能成为一流学者。[①] 李卓教授以社会史角度切入日本研究，既能入乎其内，深入日本历史文献中大量占有第一手原始资料，又能出乎其外，站在中国学者的立场，从比较文化的视野来认识和分析问题。本书第五章“日本国民性研究”有关日本的孝道与忠孝伦理的讨论就是如此。从《日本书纪》表彰孝行的纪事到明治天皇“东幸”大举奖励孝子贤妇，日本看上去似乎是一个和中国一样的儒教国家，“忠”与“孝”也一直是日本社会存在的重要的思想观念。但日本的“孝”和中国是不同的。在中国，对于血缘和伦理的重视，来自古老的生命法则，同时也是支撑天人关系的伦理框架。而日本更重视的是家，家的传承过程中，血缘和伦理的分量和中国明显不同。日本人更重视家与业合，业与人合，只要家的形式传承存在就够了。对于日本人，理解秀吉改姓平，家康改姓源，就和我们中国人理解中国历史上五行轮转与帝国属性关系一样，是不同国家文化历史逻辑的自然展开。李卓教授指出，日本人既生活在与中国式的“孝”相同的世界内，又生活在中国式的“孝”之外。孝不同，忠亦不同。同样写着忠孝，固然是因为还有相同的内容；但日本人在忠孝之间更强调忠孝一致，忠大于孝。这是理解日本人说“父子一世，夫妇二世，主从三

① 张世林编《家学与师承——著名学者谈治学门径》，广西师范大学出版社，2007，第147页。

世”的基础。由此出发，日本人对于恩与孝的关系、诚与忠的关系都有自己的解释。李卓教授对于日本人的忠孝思想本质特征提取如此精当，论述的逻辑层次如此分明，都与有中国作为参照系这一学术基础直接相关。

《日本社会史论》提出了一个巨大的历史新框架，为我们思考整个日本历史提供了一种新的可能性，实际上也提出了一系列新问题。比如，如果以大和时代为原点，把平安时代算作日本开始“脱亚”“脱华”的过程，并把此后的历史都看成回归，那么大化改新被日本大量吸收的中华制度文明是否有意义？如果有，那么意义何在？作者在此又提出了“贵族传统造成日本人人格的两重性”这样一个大命题。围绕中国文化的影响她写道：

> 拜中国文化所赐，公家贵族从奈良时代起就逐渐养成了重教育、重教养的传统，贵族及其子弟要掌握知识和文化，更强调出言进退、行为举止、衣着打扮等方面都必须符合贵族的礼仪和规范。经过数百年的陶冶，形成以知性、高雅为特征的贵族教养。进入幕府时代，公家贵族远离政治与权力核心，受到幕府的压制，而且大多数生活贫困潦倒，在这种情况下，不少公卿家庭依靠世传家业补贴家用，如冷泉家的和歌，大炊御门家的书道，四条家的料理，园家和植松家的插花，西园寺家的琵琶等等，各家分别成为各领域的“宗家”，一方面在传道授业中获取一些收入以维持生活，一方面使公家贵族始终保持着学问及文化上的优势，在传承传统文化方面功不可没。

作者认为，这样的公家贵族传统，与讲究尚武与忠诚的武家贵族传统共生于日本社会之中，构成了日本国民性的两重性。这一看法在本书第五章围绕日本人的双重性格的讨论中也有相应展开，足见这是作者非常重视的观点。我认为李卓教授这一观点是非常富有启发意义的，显示了一个历史学家深刻的洞察力。从经济上讲，天皇与公家贵族在镰仓以后日子越来越难过。发展到江户时代天皇的禁里御料只有 3 万石，与将军天领 800 万石、加贺藩百万石根本没有办法比较。那么这个贵族集团的存在意义何在？李卓教授的上述论断给了我们一个非常好的回答。

一直到江户时代，中国在日本常常被以“唐”相称，我认为这并不是偶然。从历史上看，孤悬东海之上的日本，与欧亚大陆之间一直存在影响和被影响的关系。因此对于日本，大陆文化的传入是一个从绳文弥生开始到近现代都存在的持续过程。但是，只有隋唐时期才是日本最大规模引入中国文化的时期，其强度与广度都是空前绝后的。遣隋使、遣唐使的派遣、大量文化典籍与文物的输入在这一时期，日本假名文字的形成、大陆律令制度的采用、日本文化最核心的思想和历史以及文学都铸魂于此时期。将大唐的文化吸纳进自己的世界并一点点消化扬弃，将日本文化发展提升到一个空前的高度。周一良先生曾经专门撰著《从中秋节看中日文化交流》一文，讨论为何中秋节没有传入日本，他的结论就是中秋节在唐代还没有“成为国家和社会公认的节日”[①]，待中秋节成长为大节时，日本已经不再大规模引进中国文化。隋唐以后的日本人吸纳中国文化，无论从规模还是从深度都是与隋唐文化的影响无法比拟的。史学领域研究隋唐文化影响日本者，中国、日本都不乏人。但能够指出日本吸收中国隋唐文化，其影响涉及日本的民族性，则是令人耳目一新的结论。换一个角度思考，这对于我们研治中日文化交流史都是非常富有启发性的。

中国人习惯地认为古代日本学习中国儒家思想，学会了中国古代思想与文化。但这只能算是看到了问题的表层。进一步能看到真正的日本史自己特有的变化，能够找到其内部的规律，看到相同也看到差异，我们就进入了另一个深入的层面。而当我们慢慢能够看到不同原理的相互作用，看到不同的历史逻辑在自己的发展中缠绕、扭曲、变化，相互影响、相互作用，最后发展出我们看到的历史本相时，我们才终于进入了历史研究之中。当这些历史逻辑组合进我们今天的世界，我们就有了观看日本历史之眼，有了理解一个文化的历史资源。当我们成功地利用这只历史之眼观察清楚现实，在其中找到一系列变化的本质，我们就已经接近了一个历史的终极目标——我们会看到未来的世界究竟会如何变化，尽管我们为此需要加入新的变量、纳入许多新的知识，但请相信历史之眼带来的强大的透视力，相信这种透视的可靠性。因为人就是人，人永远没有办法彻底隔断过去，走进未来；恰恰相反，昨天的人的历史构成今天的人的生活，今天的人的生活，注定成就了人的明天。在一本历史著作中能看到这样的历史之眼是非常难得的。而一个学者拥有这样历史之眼，我想是非常幸福的。

最后请允许笔者作为一位读者略抒感怀。这份感怀起自阅读《日本社会史论·后记》的瞬间。李卓教授这一代学者是改革开放恢复高考后进入

① 周一良：《中日文化关系史论》，江西人民出版社，1990，第45页。

南开大学走上日本研究这条道路的。在南开从事34年教学与研究工作后，作为对母校南开百年的献礼，也作为对自己教学生涯的总结，她把一生所研究精华浓缩到这本著作中。可以说，这一本优秀著作的背后，是一个学者奋斗的半生。这本著作放在当代中国日本研究领域看，称得上个性鲜明、独树一帜。

学术研究是一个充满悲剧色彩的职业。马克斯·韦伯在《以学术为业》中比较过科学和艺术实践之间注定存在的深刻差异。科学工作要受进步过程的约束，而在艺术领域，这个意义上的进步是不存在的。真正“完美的”艺术品是绝对无法超越，也绝对不会过时的。但“一个人的研究无论怎么说，必定是极其不完美的。……我们每一位科学家都知道，一个人所取得的成就，在10年、20年或50年内就会过时。这就是科学的命运，当然，也是科学工作的真正意义所在。这种情况在其他所有的文化领域一般都是如此，但科学服从并投身于这种意义，却有着独特的含义。每一次科学的‘完成’都意味着新的问题，科学请求被人超越，请求相形见绌。任何希望投身于科学的人，都必须面对这一事实”①。青年时代阅读这段话，认识到受到时代和进步的限制，某种意义上，我们最优秀的研究工作都只是科学研究过程中的一个环节。但马齿渐长，长时期在学术研究领域工作，我对这段话的理解又进了一层。我认识到实际上一代学者有一代学者的责任和使命。能够真正履行自己的使命、尽到自己责任的学者，就是那个时代最优秀的代表，他们的工作因为和人类的文明相关，因此与人类文明同样具有持久的意义。具体展开说，就是尽管所有的研究，其命运如韦伯所说有一天都会成为过去式，但那些在关键的地方开拓出道路和方向的研究，一直会给后来者指引和启发。像本书这样揭示出日本社会诸多重要特征、拥有一系列真知灼见的优秀著作，是真正有流传价值的。作为日本社会研究的重要开拓者，李卓教授走过的研究道路，一定会成为这一领域重要的路标，这些研究成果会一直给后来的研究者们提供框架上的参考。阅读这本《日本社会史论》，我仿佛就是在阅读成长于改革开放后这一时代的学者提交给学界的一份优秀答卷。在人口寿命延长的今天，退休常常被看成第二个学术黄金期的开始。站在这样高的学术视野之上，今后李卓教授会给我们创造出怎样新的研究局面呢？止笔之际，我心中对此怀着无限期待。

① 〔德〕马克斯·韦伯：《学术与政治》，冯克利译，商务印书馆，2016，第28页。

合则两利，斗则俱伤

——评傅高义新著《中国和日本：1500 年的交流史》

姚怡然*

（北京外国语大学 日本学研究中心，北京 100089）

美国著名的东亚问题研究专家傅高义先生多年来围绕中日两国及中日关系开展研究，多次深入中日两国进行社会调查，是东亚问题研究领域少数精通中文及日文的美国学者。较之中日两国学者的研究视角，他常以"局外人"自居，试图从一种客观的视角看待中日关系及东亚地区。这一独特的第三方视角引起了中日两国学界的持续关注。傅高义先生曾出版《日本第一》《邓小平时代》等重要学术著作，在日本及中国均引起了极大轰动和反响。2019 年 7 月，哈佛大学出版社出版了傅高义的新作 *China and Japan: Facing History*，同年中译本《中国和日本：1500 年的交流史》① 及日译本『日中関係史——1500 年の交流から読むアジアの未来』② 也相继问世。

傅高义从七八年前就开始计划写作本书。当时中日关系一度紧张，在中日两国学者就一些重要问题暂时难以达成一致之时，傅高义作为美国学者，希望能够从第三方视角，力争不偏不倚地记述两国交往的历史，并试图通过客观地还原两国长达 1500 年③的交流史，为促进中日两国相互理解、改善中日关系尽一己之力，这也正是傅高义在该书前言中讲述的写作动机

* 姚怡然，北京外国语大学日本学研究中心日语语言文学专业日本文化方向博士研究生。

① 〔美〕傅高义：《中国和日本：1500 年的交流史》，毛升译；香港中文大学出版社编辑部译校，香港中文大学出版社，2019。

② エズラ・F・ヴォーゲル著，益尾知佐子訳，『日中関係史——1500 年の交流から読むアジアの未来』［M］，東京：日本経済新聞出版社，2019。

③ 这里是指傅高义新著聚焦留有文字记录的中日交流史，从公元 6 ~7 世纪至今，长达 1500 年。

和初衷。

为力求客观公平，该书参考了大量英文、中文、日文文献资料。1500年中日交流史相关的文献浩如烟海，傅高义前后花费了7年时间，大量吸收西方学者、中国学者、日本学者的相关学术成果，且全书12章之中的2个章节分别与两位西方学者[①]共同撰写，可以说该书也体现了作者之外学界的不同观点。

怀揣希望中日友好的美好愿景，傅高义眼中的中日交流史是一部中日两国相互学习、借鉴的历史。以此为线索，傅高义按照时代发展的顺序梳理了从7世纪至今的中日交流史，在详略安排上，用大量篇幅聚焦了1500年漫长历史长河中的三个重要时期。

第一阶段为600年至838年，这是日本积极向中国学习的时期。7世纪推古天皇和圣德太子多次向中国派遣遣隋使、遣唐使学习佛教以及政治制度等中国文化，形成了中日朝贡体系。日本将中国作为文明的范本积极汲取中国的知识和文化，这为形成日本文化打下了基础。从中国传到日本的语言文字、佛教、儒学、文学、音乐、建筑等文化要素共同构成了日本文化的基本要素。这些文化要素广泛传播至日本本州、四国、九州各地，使如今中日两国人民享有一部分共通的汉字，两国的佛教徒享有互通的信仰及相似的仪式，提升了两国人民的亲近感。傅高义指出，中日两国文化在诸多领域存在重合互通，这也构成了双方相互理解的基础。

第二阶段为1895年至1937年，这是中国第一次向日本学习时期。1895年中日甲午战争的影响在于中日关系发生历史性转变，维持千年的朝贡体系开始动摇。为理解东亚的现代格局乃至展望中日关系的未来，傅高义着重对这一阶段中日交流史进行了详细论述，并用三个章节分别从三个方面描绘了20世纪上半叶的风云变幻。

该书第5章指出，19世纪末20世纪初中国制订一系列计划且带有明确目的地学习日本在科学技术、产业、教育制度等方面的经验，中日两国间的“师生”地位发生了逆转。值得注意的是，这一时期中日交流的频率及交流人数剧增。实际上，从6世纪到17世纪来华的日本人并不多[②]，与此相对，20世纪初访问日本的中国官僚达数百人，以教习或顾问的身份在华

① 学者 PaulaS. Harrell，学者、实业家 RichardDyck。

② 尤其在日本禁止海外渡航后的数百年间，渡航来华人数基本为零。

工作的日本人也多达数百人，赴日留学的中国留学生更是多达数千人，中国掀起了一股向日本学习的热潮。近年来中日学界对于近代中国留学史（特别是近代中国留日史）持续关注。19 世纪末至 20 世纪上半叶，中国留学生作为全球留学运动的一个个案，已经成为影响近代中国变革的一支重要力量，他们反映了中国走向世界的历史进程以及中国人对世界认识的逐步深入。① 实际上，从甲午中日战争后到民国成立前晚清第一批留日学生通过日本间接吸收西洋文明，他们在日本接触了大量输入那里的欧洲知识以及现代的民族主义观念。② 而近代的民族国家观念，也正是通过这一批留学生译介到中国的。③ 因此这一时期的中日文化交流也是中国与世界文化交流的一个窗口。

此外，20 世纪上半叶日本殖民主义盛行。作者第 6 章关注日本对台湾和伪满洲国的殖民统治，并指出日本设立的台湾拓殖株式会社和南满洲铁道株式会社在殖民统治中发挥了关键作用。傅高义在这一章中描绘了殖民地广大人民饱受苦难的历史事实以及日本殖民统治时期对中国台湾、东三省的资源和经济掠夺。此外，傅高义还关注教育领域，指出台湾、伪满洲国的小学课程全部为日语授课，日本的殖民教育试图将中国学生培养成为认同日本历史文化的日本臣民。上述多个方面共同组成了殖民时期的社会图景。

然而，近年来日本学界部分学者提出“满洲开发论”“殖民地近代化论”等观点，认为日本的殖民统治为殖民地引进了近代科技，推动了公共基础设施建设，促进了当地经济的发展，提高了当地居民的生活水平。上述观点引起了中日学界众多学者的回应和批判。傅高义在本书第 6 章中也提供了批判的依据。傅高义指出，不论是在政府还是在企业就职，日本人都会获得更高的薪水，其生活水平远高于殖民地本地居民。殖民时期台湾的主要企业大多在日本人名下，他们往往占据了公司高管的多数席位。在行使政府职能的“国策会社”——南满洲铁道株式会社也不例外，在能力相

---

① 李雪涛：《留学史研究范式的评价与反思——以〈近代中国人留日精神史〉为中心的讨论》《探索与争鸣》2019 年第 4 期。

② 李雪涛：《留学史研究范式的评价与反思——以〈近代中国人留日精神史〉为中心的讨论》《探索与争鸣》2019 年第 4 期。

③ 李雪涛：《留学史研究范式的评价与反思——以〈近代中国人留日精神史〉为中心的讨论》《探索与争鸣》2019 年第 4 期。

当、从业年限相当的情况下，日本员工比中国员工地位更高、工作环境更好、工资更高。作者还指出，当时伪满洲国的工厂与矿山所需的大量繁重体力劳动是靠中国华北地区以及东北地区青壮年男子完成的。对于“满洲开发论”“殖民地近代化论”等观点，傅高义在书中虽未使用批判性字眼，但他从多个层面详细阐述的历史事实表明了他的批判态度。从傅高义罗列的诸多历史事实，我们可以明确得知，伪满洲国成为所谓的“世界唯一的工业化殖民地”，实际上是建立在中国人民的痛苦之上的。台湾在殖民时期取得的所谓“成果”也大多为当时的在台日本人所享受。所谓“满洲开发论”“殖民地近代化论”等论调是根本站不住脚的。

此外，傅高义在重笔浓彩地描写中国人民“反满抗日”的历史潮流之余，不忘着眼于中国普通民众与当时居住在台湾或伪满洲国的大量日本普通民众存在个人层面上的友好交流，这一视角也体现出傅高义的良苦用心。每当谈起这段充满侵略与压迫的沉重历史，当时中日两国普通民众间的友谊或许显得微不足道，但这群“小人物”留下的历史印记同样具有深刻意义，等待更多的学者去发现、挖掘。傅高义在这里为我们提供了一个新的视角，它背后的问题意识体现了作者期盼中日两国走上和平友好之路的良好愿景。

20 世纪上半叶是一个政治混乱、硝烟四起的战乱时期。对于“七七”事变的爆发，作者在第 7 章中指出其并非日本制定的长期周密的计划，而是日本军部及政界指挥者的失策造成的，而其中最大的失算就是轻视了中国人民基于爱国主义的强大凝聚力。关于中日哪方先开的枪这个颇具争议的问题，傅高义在第 8 章中指出不论在事发当时还是当今中日学界都存在意见分歧，始终没有定论。正如该书日译本的译者益尾知佐子在译者后记中所言，傅高义在阐述日本侵华战争的开端时强调历史的偶然性，这与中国学界将其定性为日本少数军国主义者策动的一场阴谋这一主流观点存在差异。实际上，自“七七”事变爆发后至今，中日学界对于七七事变的认识始终不一致。战时日本政府、媒体、民众，当今日本右翼分子、日本保守学者、日本进步学者等都各持己见，说法不一。① 在承认日本侵华战争性质和战争责任这一前提下，中日两国学者进行过多次学术交流和共同研究，试图缩

① 关于战时以及当今中日双方对七七事变的认识、论争可参考徐志民《日本对七七事变的认识及中日论争》，《军事历史研究》，2017 年第 3 期。

小中日历史认识的差距，以扩大共识，最终虽然就日本侵华战争性质和大部分史实达成了共识，但在一些具体历史事件的认识上尚存分歧。[①] 对于七七事变的爆发，目前中日学界都有学者提出其具有“必然性与偶然性并存的特征”[②]。可以看到通过中日学界的共同努力，关于七七事变认识的差距已有所缩小，未来还需要双方进行进一步的深入研究。

学界普遍认为七七事变是中国全民族抗战的开端。傅高义指出，中国人民的顽强抵抗被日本军部及政界的指挥者利用，以此煽动日本民众“参军爱国”的情绪，日本国内愈演愈烈的国家主义最终使日本滑向发动战争的深渊，在给中国乃至亚洲带来沉重灾难的同时也成为自己的掘墓人。傅高义通过上述三个侧面的详细阐述描绘了 20 世纪上半叶中日关系的真实图景，体现出作者对战争的反思，对和平友好的希冀。

第三阶段为 1972 年至 1992 年，这是中国第二次向日本学习时期。傅高义不惜笔墨重点讲述了 1972 年中日邦交正常化前后中日两国领导人做出的共同努力，令人感叹中日友好关系的来之不易。此外，1978 年中国改革开放后日本全面支援中国的现代化建设，尤其在经济方面给予了大力援助。这部分内容傅高义在另一部重要著作《邓小平时代》中也有详细阐述：“在邓小平时代的鼎盛期，日本在为中国的工业和基础建设提供援助方面所发挥的作用，超过了其他任何一个国家。”[③] 此外，同时期中日两国的宗教团体及文化团体在佛教、书法、围棋、音乐等领域频繁开展的文化交流也为中日经济合作带来了新的契机。作者意在呼吁这段冰释前嫌的历史值得更多的关注。

作为美国学者，傅高义在写作上保持客观立场，这使该书更具有不同寻常的价值和意义。对于当今的中日关系，傅高义在书中坦率地指出长期横亘于中日两国间的历史问题，如日本政界领导人参拜靖国神社，日本拒不承认南京大屠杀惨案，日本的历史教科书未能正确记述侵华战争等问题。傅高义认为，中日两国都必须正视历史：一方面，日本应反省战争，在任的日本领导人应停止参拜靖国神社，日本媒体应向国民详细讲述日本侵略给中国人民带来的苦难，历史教科书应明确采用“侵略”一词并对侵华战争做详细阐述。实际上，傅高义列举的靖国神社问题、殖民地问题以及历

① 徐志民：《日本对七七事变的认识及中日论争》，《军事历史研究》2017 年第 3 期。

② 徐志民：《日本对七七事变的认识及中日论争》，《军事历史研究》2017 年第 3 期。

③ 〔美〕傅高义：《邓小平时代》，冯克利译，三联书店，2013，第 306 页。

史教科书问题都是众多日本领导人或日本学者讳莫如深的问题，这与傅高义在本书中的立场与态度形成了鲜明对比。近年来，上述问题成为影响中日关系的敏感问题，靖国神社更是一度被称为观察中日关系的“晴雨表”。傅高义显然意识到了日本解决这些问题的必要性和紧迫性，并在书中坦诚地表达了他对日本为中日友好大局做出改变的期待。

另一方面，傅高义认为中国应多宣传 1895 年至 1937 年以及 1978 年后向日本学习的历史，同时应向中国人民详细说明日本自 1978 年以来的长期对华援助。作为中日两国共同的朋友，傅高义的这一建议无疑是出于对中日友好的希冀。正如该书中译本的译者毛升总结的那样，中日之间缺少的是一句“对不起”和一句“谢谢你”。

实际上，中国近年来已经加大了上述方面的宣传力度。以 2019 年 12 月在京召开的“回顾中日经济技术合作 40 周年研讨会”为例，笔者有幸作为学生出席了该会议，深感震撼。该会议面向中国从事日本研究的研究人员和学生，邀请多位专家学者从林业、工业、环保、医疗、人文交流等领域介绍了日本自 1980 年以来对华 ODA（政府开发援助）取得的成果，回顾了 40 年来日本在人才、技术和资金等方面对中国给予的大力帮助和支持。会议重点介绍的宝钢、中日友好医院、黄土高原、北京日本学研究中心乃至 SARS、汶川大地震等都见证了中日两国的友谊，令人动容。除了举办类似的研讨会，中国近年来还出版了大量相关书籍，如《日本政府开发援助》[①]、《日本政府开发援助与中日关系》[②]、《日本对华 ODA 的战略思维及其对中日关系的影响》[③]、《日本对华无偿援助实录》[④]、《互利与双赢：日本对上海 ODA 研究》[⑤]、《中日技术合作的背后——我所了解的日本 JICA 人》[⑥]、《八岛继男的中国情》[⑦] 等。此外，相关新闻报道更是数不胜数。由此可见，近年来中日关系之所以得以改善并开始向好发展，应该说与中国在宣传中日友好合作方面付出的努力是分不开的。上述实践证明，傅高义提出的改善中日关系的建议和方法是行之有效的。

---

① 金熙德：《日本政府开发援助》，社会科学文献出版社，2000。

② 林晓光：《日本政府开发援助与中日关系》，世界知识出版社，2003。

③ 王坤：《日本对华 ODA 的战略思维及其对中日关系的影响》，中国社会科学出版社，2005。

④ 周冬霖：《日本对华无偿援助实录》，社会科学文献出版社，2005。

⑤ 蔡亮：《互利与双赢 日本对上海 ODA 研究》，合肥工业大学出版社，2010。

⑥ 周冬霖：《中日技术合作的背后——我所了解的日本 JICA 人》，天津教育出版社，2010。

⑦ 周冬霖编《八岛继男的中国情》，中国言实出版社，2017。

除了研究视角和参考文献富有新意，本书的研究方法也与传统意义的史学著述有所不同。作为社会学家，傅高义在撰写历史时不仅关注重要的历史事件、历史现象，还注重考察中日两国各自的社会结构及两国关系结构，更重视各个时代各国的社会结构给对外关系带来的影响。如果说历史学家更注重历史过程及细节，那么傅高义在本书中则更重视历史事件带来的影响及意义，这一点也令读者耳目一新。

此外，在该书中处处可感受到傅高义的善意及温情。例如该书在宏大叙事之外，也将视线投向被湮没在近代历史中的、饱受苦难的团体及个人，记述被历史忽略、遗忘的群体，留下宝贵的历史记录，无不体现着作者的人道主义关怀。

不论从写作目的、选材还是叙事角度、截取的历史侧面，都可看出傅高义对中日关系的定位是放眼于亚洲乃至世界的。中日友好不仅符合中日两国的共同利益，更有利于世界的和平与发展。中日两国作为“永远的邻居”，首先是相互学习、取长补短的关系，这正是傅高义在此书中想要表达的核心思想。

《日本学研究》征稿说明

1.《日本学研究》是由“北京日本学研究中心”与“教育部区域和国别研究基地北京外国语大学日本研究中心”共同主办的综合性日本学研究学术刊物（半年刊，国内外发行），宗旨为反映我国日本学研究以及区域和国别研究相关专家学者的最新观点与研究学术成果，促进中国日本学研究的进一步发展。

2. 本刊常设栏目有：特别约稿、日本语言与教育、日本文学与文化、日本社会与经济、国别和区域、热点问题、海外日本学、书评等。

3. 来稿要求和注意事项。

（1）上半年刊投稿截稿日期为3月31日，下半年刊为8月31日。

（2）来稿要重点突出，条理分明，论据充分，资料翔实、可靠，图表清晰，文字简练，用中文书写（请按照国务院公布的《简化字总表》书写，如果使用特殊文字和造字，请在打印稿件中使用比原稿稍大的字体，并另附样字）。除特约稿件外，每篇稿件字数（包括图、表）应控制在8000字至10000字。

（3）来稿必须包括（按顺序）：题目（中英文）、作者姓名、中文和英文内容摘要（约200字）、关键词（3～5个）、正文、参考文献和作者简介（单位、职称），并注明作者的电话号码、E-mail地址等联系方式。请到北京日本学研究中心网站（http://bjryzx.bfsu.edu.cn/）下载样稿，并严格按照样稿格式撰写论文。

（4）须提供一式两份打印稿并通过电子邮件（用word格式）发送至本刊编辑部（rbxyjtg@163.com），用字要规范，标点要正确（符号要占1格），物理单位和符号要符合国家标准和国际标准，外文字母及符号必须分清大、小写，正、斜体，黑、白体；上、下角的字母、数码、符号必须明显。各级标题层次一般可采用一、（一）、1.、（1）、1，不宜用①。

（5）参考文献与文中夹注保持一致。所引用的文字内容和出处请务必认真查校。引文出处或者说明性的注释，请采用脚注，置于每页下，具体格式为：

专著著录格式：作者、书名、出版社、出版年、页码。

期刊著录格式：作者、文章名、期刊名、卷号（期号）。

论文集、会议录著录格式：作者、论文集名称、出版者，出版年、页码。

学位论文著录格式：作者、题目、产生单位、产生年。

译著著录格式：国籍、作者、书名、译者、出版社、出版年、页码。

网络电子文献著录格式：作者、题目、公开日期、引用网页。

4. 来稿不拘形式，既欢迎就某个问题进行深入探讨的学术研究论文，也欢迎学术争鸣性质的文章，学术综述、书介书评、读书札记、译稿（附论文原文）等均受欢迎。

5. 本刊所刊用文章必须是作者的原创性研究成果，文责自负，不代表编辑部观点，不接受一稿数投。本刊有权压缩删改文章，作者如不同意删改请在来稿末声明。

6.《日本学研究》注重稿件质量，采用双向匿名审稿制，每篇稿件聘请2~3名相关领域的专家进行评审，选稿标准注重学术建树和学术贡献。每期征稿截止后三个月内向作者通知审稿结果。

7. 来稿一经刊登，将向作者寄送两本样刊。不支付稿酬。

8. 初校由作者进行校对。在初校过程中，原则上不接受除笔误以外的大幅修改。

投稿邮箱：rbxyjtg@163.com
咨询电话：(010) 88816584
邮寄地址：邮政编码100089
中国北京市西三环北路2号 北京外国语大学216信箱
北京日本学研究中心《日本学研究》编辑委员会（收）

图书在版编目（CIP）数据

日本学研究. 第31辑 / 郭连友主编. -- 北京 : 社会科学文献出版社, 2020.12
ISBN 978-7-5201-7034-5

Ⅰ.①日… Ⅱ.①郭… Ⅲ.①日本-研究-丛刊 Ⅳ.①K313.07-55

中国版本图书馆CIP数据核字（2020）第264021号

日本学研究 第31辑

主　　编 / 郭连友

出 版 人 / 王利民
责任编辑 / 卫　羚　袁卫华　周志静

出　　版 / 社会科学文献出版社 · 人文分社（010）59367215
地址：北京市北三环中路甲29号院华龙大厦　邮编：100029
网址：www.ssap.com.cn
发　　行 / 市场营销中心（010）59367081　59367083
印　　装 / 三河市龙林印务有限公司

规　　格 / 开　本：787mm × 1092mm　1/16
印　张：19.25　字　数：315千字
版　　次 / 2020年12月第1版　2020年12月第1次印刷
书　　号 / ISBN 978-7-5201-7034-5
定　　价 / 98.00元

本书如有印装质量问题，请与读者服务中心（010-59367028）联系